해커스 공인중개사

단원별 기출문제집

2차 부동산공법

land.Hackers.com

합격으로 이끄는 명쾌한 비법,
필수 기출문제와 풍부한 해설을 한 번에!

지금 이 순간에도 공인중개사 시험 합격을 위해 열심히 공부에 매진하고 있을 수험생 여러분을 생각하며 최고의 기출문제집을 쓰겠다는 일념으로 본서를 집필했습니다. 기출문제는 모든 문제의 초석이 되는 문제의 왕(王)입니다. 기출문제를 통해 출제경향과 출제비중을 파악할 수 있으며, 이를 통해 우리가 공부하는 내용과 방법의 가이드를 제시하는 것입니다. 따라서 반드시 시험에 합격하기 위해서는 기출문제를 꼼꼼하게 풀어보는 것이 기본입니다.

부디 본 교재를 통해 수험생 여러분이 보다 효율적인 방법으로 부동산공법 과목을 공부하시길 바라며, 앞으로도 수험생의 입장에서 더욱 열심히 노력하고 정진하는 강사가 되겠습니다.

수험생의 정확하고 효율적인 문제풀이를 위하여 본서는 다음과 같은 내용에 중점을 두고 집필했습니다.

1. 최신의 기출문제를 모두 반영했습니다.
최근 7개년의 부동산공법 기출문제를 거의 대부분 반영했습니다. 다만, 출제경향을 벗어나거나 중요하지 않은 지엽적인 문제는 과감하게 생략하고, 출제가능성이 높은 중요한 문제는 예전 문제라도 수록하여 최신 출제경향과 중요한 지문을 반복적으로 풀어볼 수 있도록 함으로써 기출문제집 본연의 역할에 충실한 교재가 되도록 했습니다.

2. 충실한 해설과 설명을 수록했습니다.
문제마다 해설과 설명을 충실하게 수록하여 기출문제집만으로 충분한 공부를 할 수 있습니다. 또한, 기본서의 '용어 + 내용 + 체계'를 그대로 사용하여 기출문제를 풀면서 모르는 내용을 기본서나 요약집에서 찾아볼 수 있어 자연스럽게 이론공부와 문제풀이가 연결되도록 했습니다.

3. 최신의 개정법령을 모두 반영했습니다.
부동산공법은 개정이 빈번하게 이루어지고 있어 예전의 기출문제를 그대로 풀어보는 데 어려움이 있습니다. 따라서 지금까지 개정된 법령에 맞게 기출문제를 수정하여 수험생의 혼란을 사전에 방지했고, 이후에 개정되는 사항은 **해커스 공인중개사(https://land.hackers.com)** 온라인 서점에 교재개정자료로 게재하겠습니다.

본서가 출간되기까지 많은 도움을 주신 (주)챔프스터디 전재윤 대표님께 깊은 감사를 드리며, 깔끔한 편집과 정확한 교정으로 도움을 주신 해커스 출판사 팀원들에게도 고마운 마음을 전합니다. 그리고 본서를 애용해 주시는 수험생 여러분, 언제나 믿음과 격려로 함께 해주시는 동료 교수님들께도 진심으로 감사드립니다.

"모든 수험생 여러분이 이 책을 통하여 한 번에 합격(一通)하시기를 진심으로 기원합니다."

2025년 1월
한종민, 해커스 공인중개사시험 연구소

이 책의 차례

학습계획표	5
이 책의 특징	6
공인중개사 안내	8
공인중개사 시험안내	10
출제경향분석	12

제1편 국토의 계획 및 이용에 관한 법률

제1장	총칙	16
제2장	광역도시계획	22
제3장	도시·군기본계획	26
제4장	도시·군관리계획	31
제5장	용도지역·지구·구역제	40
제6장	도시·군계획시설	63
제7장	지구단위계획	78
제8장	개발행위허가	86
제9장	보칙·벌칙	105

제2편 도시개발법

제1장	도시개발구역의 지정	110
제2장	도시개발사업의 시행자	120
제3장	도시개발사업의 시행	130
제4장	비용부담 등	148

제3편 도시 및 주거환경정비법

제1장	총칙	154
제2장	기본계획의 수립 및 정비구역의 지정 등	158
제3장	정비사업의 시행	166
제4장	비용부담 등	195

제4편 건축법

제1장	총칙	202
제2장	건축물의 건축	216
제3장	대지와 도로	229
제4장	구조·재료 및 건축설비	235
제5장	지역 및 지구의 건축물	238
제6장	특별건축구역, 건축협정, 보칙·벌칙	244

제5편 주택법

제1장	총칙	254
제2장	주택의 건설	263
제3장	주택의 공급	284
제4장	리모델링	295
제5장	보칙·벌칙	298

제6편 농지법

제1장	총칙	304
제2장	농지의 소유	307
제3장	농지의 이용 및 보전 등	311

부록

빈출지문 노트	320

학습계획표

학습계획표 이용방법

이 책의 특징에 수록된 '학습계획표 이용방법'을 참고하여 자유롭게 학습계획표를 선택하실 수 있습니다.

학습계획표

구분	월	화	수	목	금	토	일
부동산공법	1편 1~4장	1편 5~9장	2편	3편	4편 1~5장	4편 6장~ 5편 3장	5편 4장~ 6편

자기주도 학습계획표

구분	학습 범위	학습 기간
1		
2		
3		
4		
5		
6		
7		
8		
9		
10		

이 책의 특징

교재 미리보기

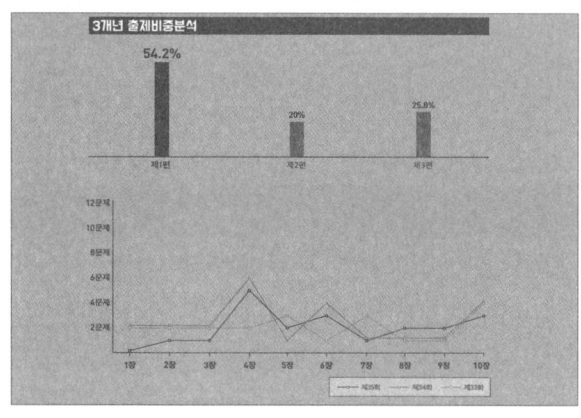

출제비중분석
최근 3개년의 편별 출제비중 및 장별 기출문제 수를 그래프로 제시하여 본격적으로 문제풀이를 시작하기 전에 해당 편·장의 중요도를 한 눈에 확인할 수 있도록 구성하였습니다.

필수 기출문제
- 10개년 기출문제 중 출제가능성이 높은 문제를 엄선하여 수록하였고, 수험생들의 학습 편의성을 고려하여 문제에 최신 개정법령을 반영하였습니다.
- 본인의 학습 수준에 맞는 문제를 선택하여 풀어볼 수 있도록 문제별로 난이도를 표시하였고, 반복학습이 중요한 기출문제의 특성을 고려하여 회독표시를 할 수 있도록 구성하였습니다.

풍부한 톺아보기
- 톺아보기란 '샅샅이 더듬어 뒤지면서 찾아보다'라는 순 우리말로 단순히 정답과 해설만 제시하는 것이 아닌, 기출문제를 깊이 있게 이해할 수 있도록 학습에 도움이 되는 자세하고 풍부한 해설을 제공하고자 하였습니다.
- 톺아보기 코너 중 '더 알아보기'에서 관련 판례, 비교 표 등 다양한 요소로 학습 이해도를 높일 수 있도록 구성하였고, 주요 지문에 ★표시를 하여 전략적으로 시험에 대비할 수 있도록 하였습니다.

교재 활용비법

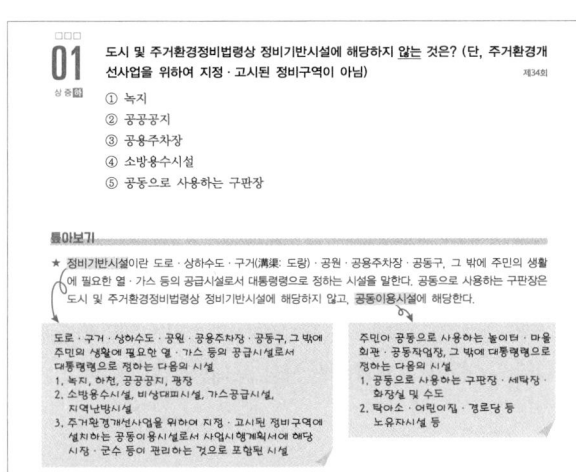

합격으로 이끄는 나만의 맞춤 교재 만들기

한 걸음
난이도 하 ~ 중의 문제를 중심으로 풀이하고 톺아보기를 확인하는 과정을 통하여 자신의 실력이 어느 정도인지를 파악합니다.

두 걸음
실력을 보강하기 위하여 추가 학습할 부분은 기본서에서 꼼꼼히 확인하고 필요한 내용을 메모하여 학습의 기반을 다집니다.

세 걸음
난이도 상의 문제를 풀어보는 것을 통하여 향상된 실력을 확인하고, 문제풀이를 반복적으로 진행하여 실전에 대비합니다.

학습계획 이용방법

* p.5에서 학습계획표를 확인할 수 있습니다.

수험생의 성향에 따라 학습계획을 선택할 수 있습니다.

학습계획표
한 과목을 1주에 걸쳐 1회독 할 수 있는 학습계획표로, 한 과목씩 집중적으로 공부하고 싶은 수험생에게 추천합니다.

자기주도 학습계획표
자율적으로 일정을 설정할 수 있는 학습계획표로 자신의 학습속도에 맞추어 진도를 설정하고 싶은 수험생에게 추천합니다.

[작성예시표]

구분	학습 범위	학습 기간
1	1편 1장	1월 1일~1월 3일 / 3월 1일~3월 2일
2	1편 1장~2장	1월 4일~1월 6일 / 4월 5일~4월 6일

공인중개사 안내

공인중개사란?

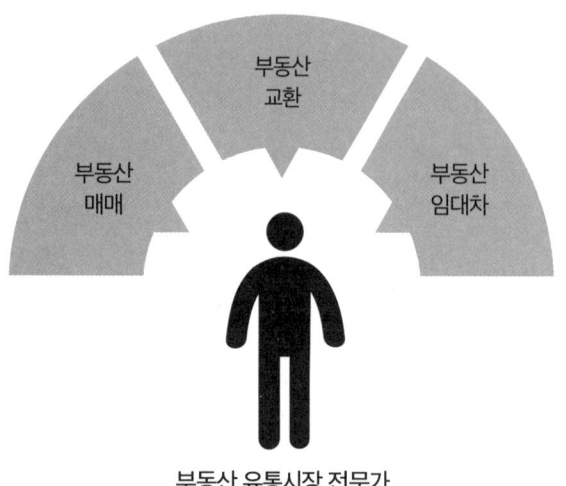

부동산 유통시장 전문가

- 일정한 수수료를 받고 토지나 주택 등 중개대상물에 대하여 거래당사자간의 매매, 교환, 임대차 그 밖의 권리의 득실·변경에 관한 행위를 알선·중개하는 업무입니다.

- 공토지나 건축물의 부동산중개업 외에도 부동산의 관리·분양 대행, 경·공매대상물의 입찰·매수신청 대리, 부동산의 이용·개발 및 거래에 대한 상담 등 다양한 업무를 수행할 수 있습니다.

공인중개사의 업무

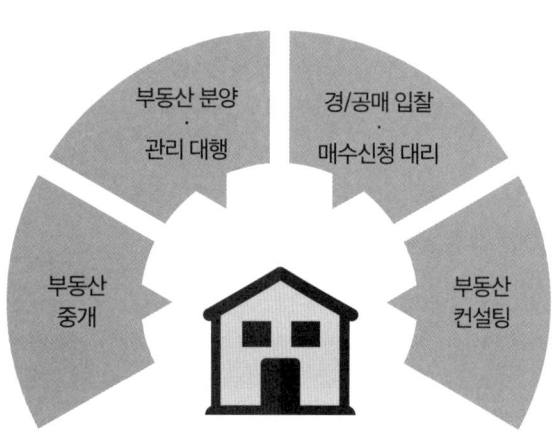

공인중개사 업무

- 공인중개사는 「공인중개사법」에 따라 공인중개사 자격을 취득한 자로, 타인의 의뢰에 의하여 일정한 수수료를 받고 토지나 건물 등에 관한 매매·교환·임대차 등의 중개를 전문으로 할 수 있는 법적 자격을 갖춘 사람을 의미합니다.

- 공인중개사는 부동산유통시장에서 원활한 부동산거래가 이루어지도록 서비스를 제공하는 전문직업인으로서 그 역할과 책무가 어느 때보다도 중요시되고 있습니다.

공인중개사의 진로

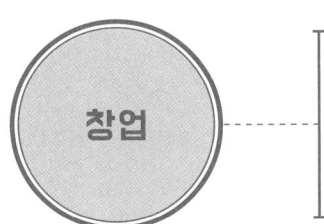

공인중개사 시험에 합격하면 소정의 교육을 거쳐 중개법인, 개인 및 합동 공인중개사 사무소, 투자신탁회사 등을 설립하여 중개 업무에 종사할 수 있다는 점이 공인중개사의 가장 큰 매력입니다. 특히 중개사무소의 경우 소규모의 자본으로도 창업이 가능하므로 다양한 연령대의 수험생들이 공인중개사 시험을 준비하고 있습니다.

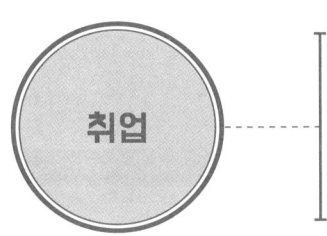

공인중개사는 중개법인, 중개사무소 및 부동산 관련 회사에 취업이 가능합니다. 또한 일반 기업의 부동산팀 및 관재팀, 은행 등의 부동산 금융분야, 정부재투자기관에도 취업이 가능하며, 여러 기업에서 공인중개사 자격증을 취득한 사원에게 승급 우대 또는 자격증 수당 등의 혜택을 제공하고 있습니다.

종래의 부동산 중개사무소 개업 외에 부동산의 입지환경과 특성을 조사·분석하여 부동산의 이용을 최대화할 수 있는 방안을 연구하고 자문하는 부동산 컨설팅업이 최근 들어 부각되고 있어 단순 중개업무 이외에 법률·금융의 전문적 지식을 요하는 전문가로서의 역할을 기대할 수 있습니다.

한국토지주택공사, 한국자산관리공사 등 공기업에서는 채용 시 공인중개사 자격증 소지자에게 2~3%의 가산점을 부여하고 있으며, 경찰공무원 시험에서도 가산점 2점을 주고 있습니다.

공인중개사 시험안내

응시자격

학력, 나이, 내·외국인을 불문하고 제한이 없습니다.

* 단, 법에 의한 응시자격 결격사유에 해당하는 자는 제외합니다(www.Q-Net.or.kr/site/junggae에서 확인 가능).

원서접수방법

- 국가자격시험 공인중개사 홈페이지(www.Q-Net.or.kr/site/junggae) 및 모바일큐넷(APP)에 접속하여 소정의 절차를 거쳐 원서를 접수합니다.
  * 5일간 정기 원서접수 시행, 2일간 빈자리 추가접수 도입(정기 원서접수 기간 종료 후 환불자 범위 내에서만 선착순으로 빈자리 추가접수를 실시하므로 조기 마감될 수 있음)
- 원서접수 시 최근 6개월 이내 촬영한 여권용 사진(3.5cm×4.5cm)을 JPG파일로 첨부합니다.
- 제35회 시험 기준 응시수수료는 1차 13,700원, 2차 14,300원, 1·2차 동시 응시의 경우 28,000원입니다.

시험과목

차수	시험과목	시험범위
1차 (2과목)	부동산학개론	• 부동산학개론: 부동산학 총론, 부동산학 각론 • 부동산감정평가론
	민법 및 민사특별법 중 부동산 중개에 관련되는 규정	• 민법: 총칙 중 법률행위, 질권을 제외한 물권법, 계약법 중 총칙·매매·교환·임대차 • 민사특별법: 주택임대차보호법, 상가건물 임대차보호법, 집합건물의 소유 및 관리에 관한 법률, 가등기담보 등에 관한 법률, 부동산 실권리자명의 등기에 관한 법률
2차 (3과목)	공인중개사의 업무 및 부동산 거래신고에 관한 법령 및 중개실무	• 공인중개사법 • 부동산 거래신고 등에 관한 법률 • 중개실무(부동산거래 전자계약 포함)
	부동산공법 중 부동산 중개에 관련되는 규정	• 국토의 계획 및 이용에 관한 법률 • 도시개발법 • 도시 및 주거환경정비법 • 주택법 • 건축법 • 농지법
	부동산공시에 관한 법령 및 부동산 관련 세법*	• 부동산등기법 • 공간정보의 구축 및 관리 등에 관한 법률(제2장 제4절 및 제3장) • 부동산 관련 세법(상속세, 증여세, 법인세, 부가가치세 제외)

* 부동산공시에 관한 법령 및 부동산 관련 세법 과목은 내용의 구성 편의상 '부동산공시법령'과 '부동산세법'으로 분리하였습니다.
* 답안은 시험시행일 현재 시행되고 있는 법령 등을 기준으로 작성합니다.

시험시간

구분		시험과목 수	입실시간	시험시간
1차 시험		2과목 (과목당 40문제)	09:00까지	09:30~11:10(100분)
2차 시험	1교시	2과목 (과목당 40문제)	12:30까지	13:00~14:40(100분)
	2교시	1과목 (과목당 40문제)	15:10까지	15:30~16:20(50분)

* 위 시험시간은 일반응시자 기준이며, 장애인 등 장애 유형에 따라 편의제공 및 시험시간 연장이 가능합니다(장애 유형별 편의제공 및 시험시간 연장 등 세부내용은 국가자격시험 공인중개사 홈페이지 공지사항 참고).

시험방법

- 1년에 1회 시험을 치르며, 1차 시험과 2차 시험을 같은 날에 구분하여 시행합니다.
- 모두 객관식 5지 선택형으로 출제됩니다.
- 답안은 OCR 카드에 작성하며, 전산자동 채점방식으로 채점합니다.

합격자 결정방법

- 1·2차 시험 공통으로 매 과목 100점 만점으로 하여 매 과목 40점 이상, 전 과목 평균 60점 이상 득점자를 합격자로 합니다.
- 1차 시험에 불합격한 사람의 2차 시험은 무효로 합니다.
- 1차 시험 합격자는 다음 회의 시험에 한하여 1차 시험을 면제합니다.

최종 정답 및 합격자 발표

- 최종 정답 발표는 인터넷(www.Q-Net.or.kr/site/junggae)을 통하여 확인 가능합니다.
- 최종 합격자 발표는 시험을 치른 1달 후에 인터넷(www.Q-Net.or.kr/site/junggae)을 통하여 확인 가능합니다.

출제경향분석

제35회 시험 총평

제35회 공인중개사 부동산공법 시험문제는 난이도 상인 문제가 16문제(40%), 중인 문제가 11문제(27.5%), 하인 문제가 13문제(32.5%) 가량으로 분석되어 역대 가장 어려운 시험으로 평가합니다. 특히 「국토의 계획 및 이용에 관한 법률」, 「도시개발법」, 「도시 및 주거환경정비법」, 「주택법」, 「농지법」에서 시행규칙의 내용까지 물어보는 문제가 5문제이고, 난이도 중인 문제도 지문 하나하나에 함정을 두어 실제 수험생이 느끼는 체감 난이도는 더욱 어려웠을 것이라고 생각합니다.

10개년 출제경향분석

구분	제26회	제27회	제28회	제29회	제30회	제31회	제32회	제33회	제34회	제35회	계	비율(%)
국토의 계획 및 이용에 관한 법률	12	12	12	12	12	12	12	12	12	12	120	30
도시개발법	6	6	6	6	6	6	6	6	6	6	60	15
도시 및 주거환경정비법	6	6	6	6	6	6	6	6	6	6	60	15
건축법	7	7	7	7	7	7	7	7	7	7	70	17.5
주택법	7	7	7	7	7	7	7	7	7	7	70	17.5
농지법	2	2	2	2	2	2	2	2	2	2	20	5
총계	40	40	40	40	40	40	40	40	40	40	400	100

10개년 평균 편별 출제비중   *총 문제 수: 40문제

제36회 수험대책

1편	「국토의 계획 및 이용에 관한 법률」은 출제비중이 가장 높고 내용이 방대하여 고득점을 위한 체계도 중심의 용어 및 내용정리가 필요합니다. 국토의 선계획 및 후개발 체계를 다루며, 선계획의 핵심은 광역도시계획, 도시·군기본계획, 도시·군관리계획입니다. 다음으로 도시·군관리계획의 내용인 용도지역·용도지구·용도구역, 공간재구조화계획으로 지정하는 용도구역, 도시·군계획시설사업, 장기미집행 시설부지의 매수청구, 지구단위계획도 중요합니다. 후개발의 핵심은 개발행위허가, 성장관리계획, 개발밀도관리구역 및 기반시설부담구역입니다.
2편	「도시개발법」은 도시개발사업의 절차법이며 절차에 대한 체계도 중심의 내용정리가 필요합니다. 핵심은 개발계획과 도시개발구역의 지정, 시행자의 지정·변경, 도시개발조합, 수용방식, 환지계획, 환지처분 및 도시개발채권입니다.
3편	「도시 및 주거환경정비법」은 정비사업에 관한 절차법이며 절차에 대한 체계도 중심의 내용정리가 필요합니다. 2편에 비해 내용이 더 많고, 최근 시험에서 지엽적이고 어려운 내용을 물어보는 경우가 대부분이었지만, 역시 중요논점 위주로 공부해야 합니다. 핵심은 용어정의, 정비기본계획, 재건축진단, 안전진단, 정비구역, 시행방법·시행자, 정비사업조합, 사업시행계획, 관리처분계획, 이전·고시 및 비용부담입니다.
4편	「건축법」은 건축물의 건축과 관련된 기술적인 색채가 강한 법이며 건축허가를 기본으로 절차의 이해와 건축기준과 관련된 암기가 필요합니다. 핵심은 「건축법」의 적용대상으로서 건축물과 용도, 건축·대수선 및 용도변경, 건축허가·건축신고, 대지의 조경, 공개공지, 건축선, 구조안전확인서, 면적·높이 등의 산정, 특별건축구역, 건축협정 및 결합건축입니다.
5편	「주택법」은 주택의 집단적인 건설과 공급에 관한 법이며 사업계획승인을 기본으로 절차의 이해와 건설기준과 관련된 암기가 필요합니다. 핵심은 용어정의, 사업주체로서 등록사업자와 주택조합, 사업계획승인, 매도청구, 주택의 공급과 관련하여 분양가상한제, 매도청구, 투기과열지구·조정대상지역, 전매행위제한, 리모델링 및 주택상환사채입니다.
6편	「농지법」은 출제비중이 가장 낮아 용어와 중요개념 위주의 정리가 필요합니다. 핵심은 용어정의, 농지소유제한, 농지취득자격증명, 위탁경영, 대리경작제, 농지의 임대차, 농업진흥지역 및 농지의 전용입니다.

land.Hackers.com
해커스 공인중개사 단원별 기출문제집

3개년 출제비중분석

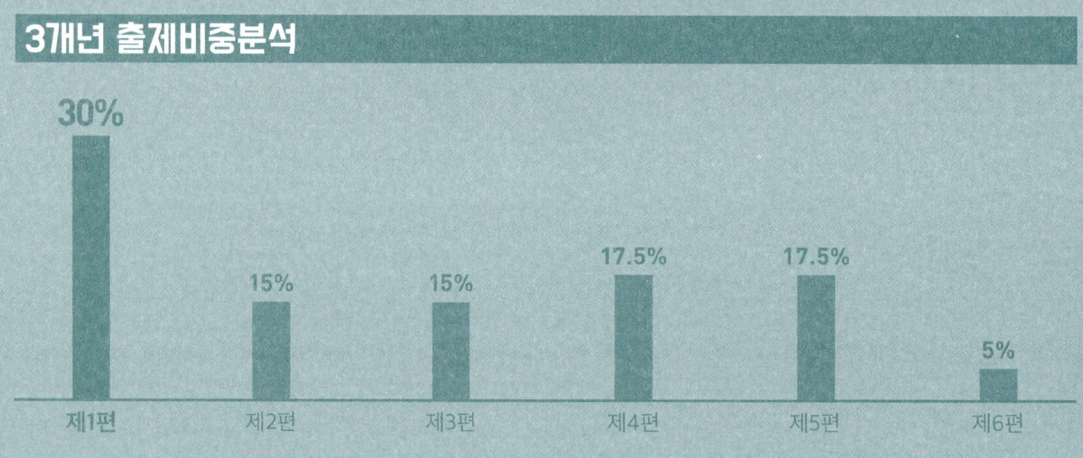

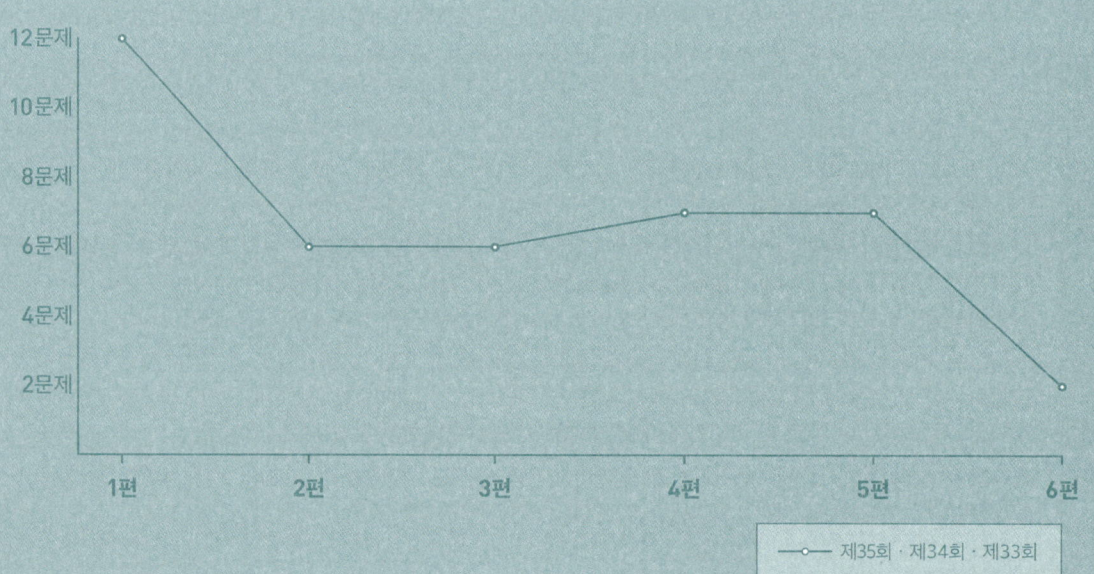

제1편

국토의 계획 및 이용에 관한 법률

제1장 총칙
제2장 광역도시계획
제3장 도시·군기본계획
제4장 도시·군관리계획
제5장 용도지역·지구·구역제
제6장 도시·군계획시설
제7장 지구단위계획
제8장 개발행위허가
제9장 보칙·벌칙

제1장 / 총칙

기본서 p.19~28

01 상중하

국토의 계획 및 이용에 관한 법령상 용어에 관한 설명으로 옳은 것은? 제35회

① 행정청이 설치하는 공동묘지는 공공시설에 해당한다.
② 성장관리계획구역에서의 난개발을 방지하고 계획적인 개발을 유도하기 위하여 수립하는 계획은 공간재구조화계획이다.
③ 자전거전용도로는 기반시설에 해당하지 않는다.
④ 지구단위계획구역의 지정에 관한 계획은 도시·군기본계획에 해당한다.
⑤ 기반시설부담구역은 기반시설을 설치하기 곤란한 지역을 대상으로 지정한다.

톺아보기

오답해설
② 성장관리계획구역에서의 난개발을 방지하고 계획적인 개발을 유도하기 위하여 수립하는 계획은 성장관리계획이다.
③ 자전거전용도로는 기반시설에 해당한다.
④ 지구단위계획구역의 지정에 관한 계획은 도시·군관리계획에 해당한다.
⑤ 기반시설부담구역은 기반시설의 설치가 필요한 지역을 대상으로 지정한다.

더 알아보기

공공시설
도로·공원·철도·수도, 그 밖에 대통령령으로 정하는 공공용 시설을 말한다.
1. 항만·공항, 광장·녹지·공공공지, 공동구, 하천·유수지·방화설비·방풍설비·방수설비·사방설비·방조설비, 하수도, 구거(溝渠: 도랑)
2. **행정청이 설치하는 시설로서 주차장, 저수지 및 그 밖에 국토교통부령으로 정하는 시설:** 운동장, 화장장·공동묘지·봉안시설

02 국토의 계획 및 이용에 관한 법령상 기반시설의 종류와 그 해당 시설의 연결이 틀린 것은?

제32회

① 교통시설 – 차량 검사 및 면허시설
② 공간시설 – 녹지
③ 유통·공급시설 – 방송·통신시설
④ 공공·문화체육시설 – 학교
⑤ 보건위생시설 – 폐기물처리 및 재활용시설

톺아보기

폐기물처리 및 재활용시설은 환경기초시설에 해당한다. 보건위생시설에는 장사시설, 도축장, 종합의료시설이 있다.

더 알아보기

기반시설

다음의 시설로서 대통령령으로 정하는 시설(해당 시설 그 자체의 기능발휘와 이용을 위하여 필요한 부대시설 및 편익시설을 포함한다)을 말한다.

1. 교통시설	도로·철도·항만·공항·주차장·자동차정류장·궤도, 차량 검사 및 면허시설
2. 공간시설	광장·공원·녹지·유원지·공공공지
3. 유통·공급시설	유통업무설비, 수도·전기·가스·열공급설비, 방송·통신시설, 공동구·시장, 유류저장 및 송유설비
4. 공공·문화체육시설	학교, 공공청사·문화시설·공공필요성이 인정되는 체육시설·연구시설·사회복지시설·공공직업훈련시설·청소년수련시설
5. 방재시설	하천·유수지(遊水池)·저수지, 방화설비·방풍설비·방수설비·사방설비·방조설비
6. 보건위생시설	장사시설, 도축장, 종합의료시설
7. 환경기초시설	하수도, 폐기물처리 및 재활용시설, 빗물저장 및 이용시설, 수질오염방지시설, 폐차장

정답 | 01 ① 02 ⑤

03

국토의 계획 및 이용에 관한 법령상 아래 내용을 뜻하는 용어는? 제30회 수정

> 도시·군계획 수립 대상지역의 일부에 대하여 토지이용을 합리화하고 그 기능을 증진시키며 미관을 개선하고 양호한 환경을 확보하며, 그 지역을 체계적·계획적으로 관리하기 위하여 수립하는 도시·군관리계획

① 일부관리계획 ② 지구단위계획 ③ 도시·군기본계획
④ 공간재구조화계획 ⑤ 도시혁신계획

톺아보기

지구단위계획이란 도시·군계획 수립 대상지역의 일부에 대하여 토지이용을 합리화하고 그 기능을 증진시키며 미관을 개선하고 양호한 환경을 확보하며, 그 지역을 체계적·계획적으로 관리하기 위하여 수립하는 도시·군관리계획을 말한다.

04

「국토의 계획 및 이용에 관한 법률」상 용어의 정의에 관한 조문의 일부이다. ( )에 들어갈 내용을 바르게 나열한 것은? 제30회

> '(㉠)'(이)란 토지의 이용 및 건축물의 용도·건폐율·용적률·높이 등에 대한 (㉡)의 제한을 강화하거나 완화하여 적용함으로써 (㉡)의 기능을 증진시키고 경관·안전 등을 도모하기 위하여 도시·군관리계획으로 결정하는 지역을 말한다.

① ㉠: 용도지구, ㉡: 용도지역
② ㉠: 용도지구, ㉡: 용도구역
③ ㉠: 용도지역, ㉡: 용도지구
④ ㉠: 용도지구, ㉡: 용도지역 및 용도구역
⑤ ㉠: 용도지역, ㉡: 용도구역 및 용도지구

톺아보기

★ '용도지구'란 토지의 이용 및 건축물의 용도·건폐율·용적률·높이 등에 대한 '용도지역'의 제한을 강화하거나 완화하여 적용함으로써 '용도지역'의 기능을 증진시키고 경관·안전 등을 도모하기 위하여 도시·군관리계획으로 결정하는 지역을 말한다.

05 국토의 계획 및 이용에 관한 법령상 도시·군관리계획을 시행하기 위한 사업으로 도시·군계획사업에 해당하는 것을 모두 고른 것은?

제29회

㉠ 도시·군계획시설사업
㉡ 「도시개발법」에 따른 도시개발사업
㉢ 「도시 및 주거환경정비법」에 따른 정비사업

① ㉠
② ㉠, ㉡
③ ㉠, ㉢
④ ㉡, ㉢
⑤ ㉠, ㉡, ㉢

톺아보기

도시·군계획사업에 해당하는 것은 ㉠㉡㉢ 모두이다.

더 알아보기

도시·군계획사업

도시·군계획사업이란 도시·군관리계획을 시행하기 위한 다음의 사업을 말한다.
1. 도시·군계획시설사업
2. 「도시개발법」에 따른 도시개발사업
3. 「도시 및 주거환경정비법」에 따른 정비사업

정답 | 03 ② 04 ① 05 ⑤

06

국토의 계획 및 이용에 관한 법령상 기반시설인 자동차정류장을 세분할 경우 이에 해당하지 않는 것은?

제27회 수정

상 중 하

① 물류터미널
② 공영차고지
③ 복합환승센터
④ 화물자동차 휴게소
⑤ 교통광장

톺아보기

자동차정류장은 여객자동차터미널, 물류터미널, 공영차고지, 공동차고지, 화물자동차 휴게소, 복합환승센터, 환승센터로 세분할 수 있다.

더 알아보기

기반시설의 세분

기반시설 중 도로·자동차정류장 및 광장은 다음과 같이 세분할 수 있다.

1. 도로	일반도로, 자동차전용도로, 보행자전용도로, 보행자우선도로, 자전거전용도로, 고가도로, 지하도로
2. 자동차정류장	여객자동차터미널, 물류터미널, 공영차고지, 공동차고지, 화물자동차 휴게소, 복합환승센터, 환승센터
3. 광장	교통광장, 일반광장, 경관광장, 지하광장, 건축물부설광장

07

국토의 계획 및 이용에 관한 법령상의 용어에 관한 설명으로 틀린 것은?

제21회 수정

상 중 하

① 도시·군계획은 도시·군기본계획과 도시·군관리계획으로 구분한다.
② 용도지역, 용도지구의 지정 또는 변경에 관한 계획은 도시·군관리계획으로 결정한다.
③ 지구단위계획은 도시·군계획 수립대상 지역의 일부에 대하여 체계적 관리를 위해 수립하는 도시·군관리계획을 말한다.
④ 도시·군관리계획을 시행하기 위한 「도시개발법」에 따른 도시개발사업은 도시·군계획사업에 포함된다.
⑤ 기반시설은 도시·군계획시설 중 도시·군관리계획으로 결정된 시설을 말한다.

톺아보기

★ 도시·군계획시설은 기반시설 중 도시·군관리계획으로 결정된 시설을 말한다.

08 국토의 계획 및 이용에 관한 법령상 지방자치단체의 장이 다른 법률에 따른 토지 이용에 관한 구역을 지정하는 경우에 관한 설명으로 <u>틀린</u> 것은? 제35회

① 지정하려는 구역의 면적이 $1km^2$ 미만인 경우 승인을 받지 않아도 된다.
② 농림지역에서 「농지법」에 따른 상수원보호구역을 지정하는 경우 국토교통부장관의 승인을 받아야 한다.
③ 지정하려는 구역이 도시·군기본계획에 반영된 경우에는 승인 없이 구역을 지정할 수 있다.
④ 승인을 받아 지정한 구역의 면적의 10%의 범위 안에서 면적을 증감시키는 경우에는 따로 승인을 받지 않아도 된다.
⑤ 지정된 구역을 변경하거나 해제하려면 도시·군관리계획의 입안권자의 의견을 들어야 한다.

톺아보기

중앙행정기관의 장이나 지방자치단체의 장은 다른 법률에 따라 지정되는 구역 등 중 $1km^2$(「도시개발법」에 의한 도시개발구역의 경우에는 $5km^2$) 이상의 구역 등을 지정하거나 변경하려면 중앙행정기관의 장은 국토교통부장관과 협의해야 하며 지방자치단체의 장은 국토교통부장관의 승인을 받아야 한다. 다만, 다음의 어느 하나에 해당하는 경우에는 국토교통부장관과의 협의를 거치지 않거나 국토교통부장관 또는 시·도지사의 승인을 받지 않는다.

1. 다른 법률에 따라 지정하거나 변경하려는 구역 등이 도시·군기본계획에 반영된 경우
2. 보전관리지역·생산관리지역·농림지역 또는 자연환경보전지역에서 다음의 지역을 지정하려는 경우
   • 「농지법」에 따른 농업진흥지역
   • 「한강수계 상수원수질개선 및 주민지원 등에 관한 법률」에 따른 수변구역
   • 「수도법」에 따른 상수원보호구역
   • 「자연환경보전법」에 따른 생태·경관보전지역
   • 「야생생물 보호 및 관리에 관한 법률」에 따른 야생생물 특별보호구역
   • 「해양생태계의 보전 및 관리에 관한 법률」에 따른 해양보호구역
3. 군사상 기밀을 지켜야 할 필요가 있는 구역 등을 지정하려는 경우
4. 협의 또는 승인을 받은 구역 등을 대통령령으로 정하는 범위에서 변경하려는 경우
   • 협의 또는 승인을 얻은 구역 등의 면적의 10%의 범위 안에서 면적을 증감시키는 경우
   • 협의 또는 승인을 얻은 구역 등의 면적산정의 착오를 정정하기 위한 경우

정답 | 06 ⑤ 07 ⑤ 08 ②

제2장 / 광역도시계획

기본서 p.29~35

01 상**중**하

국토의 계획 및 이용에 관한 법령상 광역계획권에 관한 설명으로 옳은 것은?

제33회

① 광역계획권이 둘 이상의 도의 관할 구역에 걸쳐 있는 경우, 해당 도지사들은 공동으로 광역계획권을 지정하여야 한다.
② 광역계획권이 하나의 도의 관할 구역에 속하여 있는 경우, 도지사는 국토교통부장관과 공동으로 광역계획권을 지정 또는 변경하여야 한다.
③ 도지사가 광역계획권을 지정하려면 관계 중앙행정기관의 장의 의견을 들은 후 중앙도시계획위원회의 심의를 거쳐야 한다.
④ 국토교통부장관이 광역계획권을 변경하려면 관계 시·도지사, 시장 또는 군수의 의견을 들은 후 지방도시계획위원회의 심의를 거쳐야 한다.
⑤ 중앙행정기관의 장, 시·도지사, 시장 또는 군수는 국토교통부장관이나 도지사에게 광역계획권의 지정 또는 변경을 요청할 수 있다.

톺아보기

[오답해설]
★ ① 광역계획권이 둘 이상의 시·도의 관할 구역에 걸쳐 있는 경우 국토교통부장관이 지정한다.
★ ② 광역계획권이 도의 관할 구역에 속하여 있는 경우 도지사가 지정한다.
③ 도지사가 광역계획권을 지정하거나 변경하려면 관계 중앙행정기관의 장, 관계 시·도지사, 시장 또는 군수의 의견을 들은 후 지방도시계획위원회의 심의를 거쳐야 한다.
★ ④ 국토교통부장관은 광역계획권을 지정하거나 변경하려면 관계 시·도지사, 시장 또는 군수의 의견을 들은 후 중앙도시계획위원회의 심의를 거쳐야 한다.

02 국토의 계획 및 이용에 관한 법령상 광역도시계획에 관한 설명으로 틀린 것은?

제32회

① 광역도시계획의 수립기준은 국토교통부장관이 정한다.
② 광역계획권이 같은 도의 관할 구역에 속하여 있는 경우 관할 도지사가 광역도시계획을 수립하여야 한다.
③ 시·도지사, 시장 또는 군수는 광역도시계획을 수립하거나 변경하려면 미리 관계 시·도, 시 또는 군의 의회와 관계 시장 또는 군수의 의견을 들어야 한다.
④ 시장 또는 군수가 기초조사정보체계를 구축한 경우에는 등록된 정보의 현황을 5년마다 확인하고 변동사항을 반영하여야 한다.
⑤ 광역계획권을 지정한 날부터 3년이 지날 때까지 관할 시장 또는 군수로부터 광역도시계획의 승인신청이 없는 경우 관할 도지사가 광역도시계획을 수립하여야 한다.

톺아보기

★ 광역계획권이 같은 도의 관할 구역에 속하여 있는 경우 관할 시장 또는 군수가 공동으로 광역도시계획을 수립해야 한다.

더 알아보기

광역도시계획의 수립권자

국토교통부장관, 시·도지사, 시장 또는 군수는 다음의 구분에 따라 광역도시계획을 수립해야 한다.
1. 광역계획권이 같은 도의 관할 구역에 속하여 있는 경우: 관할 시장 또는 군수가 공동으로 수립
2. 광역계획권이 둘 이상의 시·도의 관할 구역에 걸쳐 있는 경우: 관할 시·도지사가 공동으로 수립
3. 시장 또는 군수가 협의를 거쳐 요청하는 경우나 광역계획권을 지정한 날부터 3년이 지날 때까지 관할 시장 또는 군수로부터 광역도시계획의 승인신청이 없는 경우: 관할 도지사가 수립
4. 국가계획과 관련된 광역도시계획의 수립이 필요한 경우나 광역계획권을 지정한 날부터 3년이 지날 때까지 관할 시·도지사로부터 광역도시계획의 승인신청이 없는 경우: 국토교통부장관이 수립

정답 | 01 ⑤ 02 ②

03 국토의 계획 및 이용에 관한 법령상 광역도시계획에 관한 설명으로 틀린 것은?

제31회

① 도지사는 시장 또는 군수가 협의를 거쳐 요청하는 경우에는 단독으로 광역도시계획을 수립할 수 있다.
② 광역도시계획의 수립기준은 국토교통부장관이 정한다.
③ 광역도시계획의 수립을 위한 공청회는 광역계획권 단위로 개최하되, 필요한 경우에는 광역계획권을 여러 개의 지역으로 구분하여 개최할 수 있다.
④ 국토교통부장관은 광역도시계획을 수립하였을 때에는 직접 그 내용을 공고하고 일반이 열람할 수 있도록 하여야 한다.
⑤ 광역도시계획을 공동으로 수립하는 시·도지사는 그 내용에 관하여 서로 협의가 되지 아니하면 공동이나 단독으로 국토교통부장관에게 조정을 신청할 수 있다.

톺아보기

국토교통부장관은 직접 광역도시계획을 수립 또는 변경하거나 승인했을 때에는 시·도지사에게 관계 서류를 송부해야 하며, 관계 서류를 받은 시·도지사는 그 내용을 해당 시·도의 공보와 인터넷 홈페이지에 게재하여 공고하고 일반이 30일 이상 열람할 수 있도록 해야 한다.

04 국토의 계획 및 이용에 관한 법령상 광역도시계획에 관한 설명으로 틀린 것은?

제29회

① 중앙행정기관의 장, 시·도지사, 시장 또는 군수는 국토교통부장관이나 도지사에게 광역계획권의 변경을 요청할 수 있다.
② 둘 이상의 특별시·광역시·특별자치시·특별자치도·시 또는 군의 공간구조 및 기능을 상호 연계시키고 환경을 보전하며 광역시설을 체계적으로 정비하기 위하여 필요한 경우에는 광역계획권을 지정할 수 있다.
③ 국가계획과 관련된 광역도시계획의 수립이 필요한 경우 광역도시계획의 수립권자는 국토교통부장관이다.
④ 광역계획권이 둘 이상의 시·도의 관할 구역에 걸쳐 있는 경우에는 관할 시·도지사가 공동으로 광역계획권을 지정하여야 한다.
⑤ 국토교통부장관, 시·도지사, 시장 또는 군수는 광역도시계획을 수립하려면 미리 공청회를 열어 주민과 관계 전문가 등으로부터 의견을 들어야 한다.

톺아보기

★ 광역계획권이 둘 이상의 시·도의 관할 구역에 걸쳐 있는 경우에는 국토교통부장관이 광역계획권을 지정한다.

더 알아보기

광역계획권의 지정권자

국토교통부장관 또는 도지사는 다음의 구분에 따라 인접한 둘 이상의 특별시·광역시·특별자치시·특별자치도·시 또는 군의 관할 구역 전부 또는 일부를 대통령령으로 정하는 바에 따라 광역계획권으로 지정할 수 있다.
1. 광역계획권이 둘 이상의 시·도의 관할 구역에 걸쳐 있는 경우: 국토교통부장관이 지정
2. 광역계획권이 도의 관할 구역에 속하여 있는 경우: 도지사가 지정

---

05 국토의 계획 및 이용에 관한 법령상 광역도시계획에 관한 설명으로 옳은 것은? 제27회

① 국토교통부장관이 광역계획권을 지정하려면 관계 지방도시계획위원회의 심의를 거쳐야 한다.
② 도지사가 시장 또는 군수의 요청으로 관할 시장 또는 군수와 공동으로 광역도시계획을 수립하는 경우에는 국토교통부장관의 승인을 받지 않고 광역도시계획을 수립할 수 있다.
③ 중앙행정기관의 장은 국토교통부장관에게 광역계획권의 변경을 요청할 수 없다.
④ 시장 또는 군수가 광역도시계획을 수립하거나 변경하려면 국토교통부장관의 승인을 받아야 한다.
⑤ 광역계획권은 인접한 둘 이상의 특별시·광역시·시 또는 군의 관할 구역 단위로 지정하여야 하며, 그 관할 구역의 일부만을 광역계획권에 포함시킬 수는 없다.

톺아보기

[오답해설]

★ ① 국토교통부장관은 광역계획권을 지정하거나 변경하려면 관계 시·도지사, 시장 또는 군수의 의견을 들은 후 중앙도시계획위원회의 심의를 거쳐야 한다.
★ ③ 중앙행정기관의 장, 시·도지사, 시장 또는 군수는 국토교통부장관이나 도지사에게 광역계획권의 지정 또는 변경을 요청할 수 있다.
★ ④ 시장 또는 군수는 광역도시계획을 수립하거나 변경하려면 도지사의 승인을 받아야 한다.
⑤ 인접한 둘 이상의 특별시·광역시·특별자치시·특별자치도·시 또는 군의 관할 구역 전부 또는 일부를 대통령령으로 정하는 바에 따라 광역계획권으로 지정할 수 있다.

정답 | 03 ④ 04 ④ 05 ②

제3장 / 도시·군기본계획

기본서 p.36~41

01 상**중**하

국토의 계획 및 이용에 관한 법령상 시장 또는 군수가 도시·군기본계획의 승인을 받으려 할 때, 도시·군기본계획안에 첨부하여야 할 서류에 해당하는 것은? 제33회

① 기초조사 결과
② 청문회의 청문조서
③ 해당 시·군 및 도의 의회의 심의·의결 결과
④ 해당 시·군 및 도의 지방도시계획위원회의 심의 결과
⑤ 관계 중앙행정기관의 장과의 협의 및 중앙도시계획위원회의 심의에 필요한 서류

톺아보기

시장 또는 군수는 도시·군기본계획의 승인을 받으려면 도시·군기본계획안에 다음의 서류를 첨부하여 도지사에게 제출해야 한다.
1. 기초조사 결과
2. 공청회개최 결과
3. 해당 시·군의 의회의 의견청취 결과
4. 해당 시·군에 설치된 지방도시계획위원회의 자문을 거친 경우에는 그 결과
5. 관계 행정기관의 장과의 협의 및 도의 지방도시계획위원회의 심의에 필요한 서류

02 국토의 계획 및 이용에 관한 법령상 도시·군기본계획에 관한 설명으로 틀린 것은?

제32회

① 「수도권정비계획법」에 의한 수도권에 속하고 광역시와 경계를 같이하지 아니한 시로서 인구 20만명 이하인 시는 도시·군기본계획을 수립하지 아니할 수 있다.
② 도시·군기본계획에는 기후변화 대응 및 에너지절약에 관한 사항에 대한 정책방향이 포함되어야 한다.
③ 광역도시계획이 수립되어 있는 지역에 대하여 수립하는 도시·군기본계획은 그 광역도시계획에 부합되어야 한다.
④ 시장 또는 군수는 5년마다 관할 구역의 도시·군기본계획에 대하여 타당성을 전반적으로 재검토하여 정비하여야 한다.
⑤ 특별시장·광역시장·특별자치시장 또는 특별자치도지사는 도시·군기본계획을 변경하려면 관계 행정기관의 장(국토교통부장관을 포함)과 협의한 후 지방도시계획위원회의 심의를 거쳐야 한다.

톺아보기

★ 「수도권정비계획법」에 의한 수도권에 속하지 않고 광역시와 경계를 같이하지 않은 시 또는 군으로서 인구 10만명 이하인 시 또는 군은 도시·군기본계획을 수립하지 않을 수 있다.

더 알아보기

도시·군기본계획 수립의무의 예외

다음의 어느 하나에 해당하는 시 또는 군은 도시·군기본계획을 수립하지 않을 수 있다.
1. 「수도권정비계획법」에 의한 수도권에 속하지 않고 광역시와 경계를 같이하지 않은 시 또는 군으로서 인구 10만명 이하인 시 또는 군
2. 관할 구역 전부에 대하여 광역도시계획이 수립되어 있는 시 또는 군으로서 해당 광역도시계획에 도시·군기본계획의 내용이 모두 포함되어 있는 시 또는 군

정답 | 01 ① 02 ①

03 국토의 계획 및 이용에 관한 법령상 도시·군기본계획에 관한 설명으로 틀린 것은?

제31회

① 시장 또는 군수는 인접한 시 또는 군의 관할 구역을 포함하여 도시·군기본계획을 수립하려면 미리 그 시장 또는 군수와 협의하여야 한다.
② 도시·군기본계획 입안일부터 5년 이내에 토지적성평가를 실시한 경우에는 토지적성평가를 하지 아니할 수 있다.
③ 시장 또는 군수는 도시·군기본계획을 수립하려면 미리 그 시 또는 군 의회의 의견을 들어야 한다.
④ 시장 또는 군수는 도시·군기본계획을 변경하려면 도지사와 협의한 후 지방도시계획위원회의 심의를 거쳐야 한다.
⑤ 시장 또는 군수는 5년마다 관할 구역의 도시·군기본계획에 대하여 타당성을 전반적으로 재검토하여 정비하여야 한다.

톺아보기

★ 시장 또는 군수는 도시·군기본계획을 수립하거나 변경하려면 도지사의 승인을 받아야 한다. 도지사는 도시·군기본계획을 승인하려면 관계 행정기관의 장과 협의한 후 지방도시계획위원회의 심의를 거쳐야 한다.

04 국토의 계획 및 이용에 관한 법령상 도시·군기본계획에 관한 설명으로 옳은 것은?

제24회

① 시장·군수는 관할 구역에 대해서만 도시·군기본계획을 수립할 수 있으며, 인접한 시 또는 군의 관할 구역을 포함하여 계획을 수립할 수 없다.
② 도시·군기본계획의 내용이 광역도시계획의 내용과 다를 때에는 국토교통부장관이 결정하는 바에 따른다.
③ 「수도권정비계획법」에 의한 수도권에 속하지 아니하고 광역시와 경계를 같이하지 아니한 인구 7만명의 군은 도시·군기본계획을 수립하지 아니할 수 있다.
④ 도시·군기본계획을 변경하는 경우에는 공청회를 개최하지 아니할 수 있다.
⑤ 광역시장이 도시·군기본계획을 수립하려면 국토교통부장관의 승인을 받아야 한다.

톺아보기

오답해설

★ ① 특별시장·광역시장·특별자치시장·특별자치도지사·시장 또는 군수는 지역여건상 필요하다고 인정되면 인접한 특별시·광역시·특별자치시·특별자치도·시 또는 군의 관할 구역 전부 또는 일부를 포함하여 도시·군기본계획을 수립할 수 있다.
★ ② 광역도시계획이 수립되어 있는 지역에 대하여 수립하는 도시·군기본계획은 그 광역도시계획에 부합되어야 하며, 도시·군기본계획의 내용이 광역도시계획의 내용과 다를 때에는 광역도시계획의 내용이 우선한다.
④ 특별시장·광역시장·특별자치시장·특별자치도지사·시장 또는 군수는 도시·군기본계획을 수립하거나 변경하려면 미리 공청회를 열어 주민과 관계 전문가 등으로부터 의견을 들어야 하며, 공청회에서 제시된 의견이 타당하다고 인정하면 도시·군기본계획에 반영해야 한다.
★ ⑤ 특별시장·광역시장·특별자치시장 또는 특별자치도지사는 도시·군기본계획을 수립하거나 변경하려는 경우 국토교통부장관의 승인을 받지 않는다.

정답 | 03 ④ 04 ③

05 국토의 계획 및 이용에 관한 법령상 도시·군기본계획에 관한 설명으로 옳은 것은?

제20회 수정

① 도시·군기본계획의 수립시 주민의 의견은 들어야 되나 관계 전문가로부터 의견을 들을 필요는 없다.
② 시장·군수는 인접한 시·군의 시장·군수와 협의를 거쳐 그 인접 시·군의 관할 구역 전부를 포함하는 도시·군기본계획을 수립할 수 있다.
③ 「수도권정비계획법」에 의한 수도권의 시로서 인구 10만명 이하인 시는 도시·군기본계획을 수립하지 아니할 수 있다.
④ 도시·군기본계획의 내용과 국가계획의 내용이 다를 때에는 도시·군기본계획의 내용이 우선한다.
⑤ 광역도시계획의 내용과 도시·군기본계획의 내용이 다를 때에는 도시·군기본계획의 내용이 우선한다.

톺아보기

오답해설

★ ① 도시·군기본계획을 수립 또는 변경하는 경우에는 공청회를 통해서 주민과 관계 전문가의 의견을 들어야 한다.
★ ③ 「수도권정비계획법」에 의한 수도권에 속하지 않고 광역시와 경계를 같이하지 않은 시 또는 군으로서 인구 10만명 이하인 시 또는 군의 경우 도시·군기본계획을 수립하지 않을 수 있다.
④ 국가계획의 내용이 우선한다.
⑤ 광역도시계획의 내용이 우선한다.

정답 | 05 ②

제4장 / 도시·군관리계획

기본서 p.42~57

01 국토의 계획 및 이용에 관한 법령상 도시·군계획에 관한 설명으로 옳은 것은?

제35회

① 도시·군기본계획의 내용이 광역도시계획의 내용과 다를 때에는 도시·군기본계획의 내용이 우선한다.
② 도시·군기본계획의 수립권자가 생활권계획을 따로 수립한 때에는 해당 계획이 수립된 생활권에 대해서는 도시·군관리계획이 수립된 것으로 본다.
③ 시장·군수가 미리 지방의회의 의견을 들어 수립한 도시·군기본계획의 경우 도지사는 지방도시계획위원회의 심의를 거치지 않고 해당 계획을 승인할 수 있다.
④ 주민은 공공청사의 설치에 관한 사항에 대하여 도시·군관리계획의 입안권자에게 그 계획의 입안을 제안할 수 있다.
⑤ 광역도시계획이나 도시·군기본계획을 수립할 때 도시·군관리계획을 함께 입안할 수 없다.

톺아보기

오답해설
① 도시·군기본계획의 내용이 광역도시계획의 내용과 다를 때에는 광역도시계획의 내용이 우선한다.
② 생활권계획이 수립된 생활권에 대해서는 도시·군기본계획이 수립된 것으로 본다.
③ 도지사는 도시·군기본계획을 승인하려면 관계 행정기관의 장과 협의(국토교통부장관을 포함한다)한 후 지방도시계획위원회의 심의를 거쳐야 한다. 협의와 심의절차를 생략할 수 없다.
⑤ 국토교통부장관, 시·도지사, 시장 또는 군수는 도시·군관리계획을 조속히 입안해야 할 필요가 있다고 인정되면 광역도시계획이나 도시·군기본계획을 수립할 때에 도시·군관리계획을 함께 입안할 수 있다.

정답 | 01 ④

02 국토의 계획 및 이용에 관한 법령상 도시·군관리계획의 결정에 관한 설명으로 옳은 것은?

제35회

① 도시·군관리계획 결정의 효력은 지형도면을 고시한 날의 다음 날부터 발생한다.
② 시가화조정구역의 지정에 관한 도시·군관리계획 결정 당시 이미 사업에 착수한 자는 그 결정에도 불구하고 신고 없이 그 사업을 계속할 수 있다.
③ 국토교통부장관이 도시·군관리계획을 직접 입안한 경우에는 시·도지사가 지형도면을 작성하여야 한다.
④ 시장·군수가 입안한 지구단위계획의 수립에 관한 도시·군관리계획은 시장·군수의 신청에 따라 도지사가 결정한다.
⑤ 시·도지사는 국가계획과 관련되어 국토교통부장관이 입안하여 결정한 도시·군관리계획을 변경하려면 미리 국토교통부장관과 협의하여야 한다.

톺아보기

오답해설

★ ① 도시·군관리계획 결정의 효력은 지형도면을 고시한 날부터 발생한다.
★ ② 시가화조정구역이나 수산자원보호구역의 지정에 관한 도시·군관리계획 결정 당시 이미 사업 또는 공사에 착수한 자는 도시·군관리계획결정의 고시일부터 3개월 이내에 그 사업 또는 공사의 내용을 관할 특별시장·광역시장·특별자치시장·특별자치도지사·시장 또는 군수에게 신고하고 그 사업이나 공사를 계속할 수 있다.
③ 국토교통부장관이 도시·군관리계획을 직접 입안한 경우에는 관계 특별시장·광역시장·특별자치시장·특별자치도지사·시장 또는 군수의 의견을 들어 국토교통부장관이 직접 지형도면을 작성할 수 있다.
★ ④ 시장 또는 군수가 입안한 지구단위계획구역의 지정·변경과 지구단위계획의 수립·변경에 관한 도시·군관리계획은 시장 또는 군수가 직접 결정한다.

03 국토의 계획 및 이용에 관한 법령상 주민이 도시·군관리계획의 입안권자에게 그 입안을 제안할 수 있는 사항이 아닌 것은?

제34회 수정

① 도시·군계획시설입체복합구역의 지정 및 변경과 도시·군계획시설입체복합구역의 건축제한·건폐율·용적률·높이 등에 관한 사항
② 지구단위계획구역의 지정 및 변경과 지구단위계획의 수립 및 변경에 관한 사항
③ 기반시설의 설치·정비 또는 개량에 관한 사항
④ 산업·유통개발진흥지구의 변경에 관한 사항
⑤ 시가화조정구역의 지정 및 변경에 관한 사항

톺아보기

시가화조정구역의 지정 및 변경에 관한 사항은 제안할 수 있는 사항이 아니다.

더 알아보기

도시·군관리계획 입안제안

주민(이해관계자를 포함한다)은 다음의 사항에 대하여 도시·군관리계획을 입안할 수 있는 자에게 도시·군관리계획의 입안을 제안할 수 있다.
1. 기반시설의 설치·정비 또는 개량에 관한 사항
2. 지구단위계획구역의 지정 및 변경과 지구단위계획의 수립 및 변경에 관한 사항
3. 다음의 어느 하나에 해당하는 용도지구의 지정 및 변경에 관한 사항
   - 산업·유통개발진흥지구
   - 용도지구 중 해당 용도지구에 따른 건축물이나 그 밖의 시설의 용도·종류 및 규모 등의 제한을 지구단위계획으로 대체하기 위한 용도지구
4. 도시·군계획시설입체복합구역의 지정 및 변경과 도시·군계획시설입체복합구역의 건축제한·건폐율·용적률·높이 등에 관한 사항

정답 | 02 ⑤ 03 ⑤

04 국토의 계획 및 이용에 관한 법령상 도시·군관리계획에 관한 설명으로 틀린 것은?

제32회

① 국토교통부장관은 국가계획과 관련된 경우 직접 도시·군관리계획을 입안할 수 있다.
② 주민은 산업·유통개발진흥지구의 지정에 관한 사항에 대하여 도시·군관리계획의 입안권자에게 도시·군관리계획의 입안을 제안할 수 있다.
③ 도시·군관리계획으로 입안하려는 지구단위계획구역이 상업지역에 위치하는 경우에는 재해취약성분석을 하지 아니할 수 있다.
④ 도시·군관리계획결정의 효력은 지형도면을 고시한 다음 날부터 발생한다.
⑤ 인접한 특별시·광역시·특별자치시·특별자치도·시 또는 군의 관할 구역에 대한 도시·군관리계획은 관계 특별시장·광역시장·특별자치시장·특별자치도지사·시장 또는 군수가 협의하여 공동으로 입안하거나 입안할 자를 정한다.

톺아보기

★ 도시·군관리계획결정의 효력은 지형도면을 고시한 날부터 발생한다.

05 국토의 계획 및 이용에 관한 법령상 도시·군관리계획의 결정에 관한 설명으로 틀린 것은?

제31회

① 시장 또는 군수가 입안한 지구단위계획구역의 지정·변경에 관한 도시·군관리계획은 시장 또는 군수가 직접 결정한다.
② 개발제한구역의 지정에 관한 도시·군관리계획은 국토교통부장관이 결정한다.
③ 시·도지사가 지구단위계획을 결정하려면 「건축법」에 따라 시·도에 두는 건축위원회와 도시계획위원회가 공동으로 하는 심의를 거쳐야 한다.
④ 국토교통부장관은 관계 중앙행정기관의 장의 요청이 없어도 국가안전보장상 기밀을 지켜야 할 필요가 있다고 인정되면 중앙도시계획위원회의 심의를 거치지 않고 도시·군관리계획을 결정할 수 있다.
⑤ 도시·군관리계획결정의 효력은 지형도면을 고시한 날부터 발생한다.

> **톺아보기**
>
> 국토교통부장관이나 시·도지사는 국방상 또는 국가안전보장상 기밀을 지켜야 할 필요가 있다고 인정되면(관계 중앙행정기관의 장이 요청할 때만 해당된다) 그 도시·군관리계획의 전부 또는 일부에 대하여 협의와 심의절차를 생략할 수 있다.

06 〔상중하〕 국토의 계획 및 이용에 관한 법령상 주민이 도시·군관리계획의 입안을 제안하는 경우에 관한 설명으로 틀린 것은? 제30회

① 도시·군관리계획의 입안을 제안받은 자는 제안자와 협의하여 제안된 도시·군관리계획의 입안 및 결정에 필요한 비용의 전부 또는 일부를 제안자에게 부담시킬 수 있다.
② 제안서에는 도시·군관리계획도서뿐만 아니라 계획설명서도 첨부해야 한다.
③ 도시·군관리계획의 입안을 제안받은 자는 그 처리 결과를 제안자에게 알려야 한다.
④ 산업·유통개발진흥지구의 지정 및 변경에 관한 사항은 입안제안의 대상에 해당하지 않는다.
⑤ 도시·군관리계획의 입안을 제안하려는 자가 토지소유자의 동의를 받아야 하는 경우 국·공유지는 동의대상 토지면적에서 제외된다.

> **톺아보기**
>
> ★ 산업·유통개발진흥지구의 지정 및 변경에 관한 사항은 주민의 입안제안의 대상에 해당한다.

정답 | 04 ④ 05 ④ 06 ④

07 상중하

국토의 계획 및 이용에 관한 법령상 주민이 도시·군관리계획의 입안을 제안하려는 경우 요구되는 제안 사항별 토지소유자의 동의요건으로 틀린 것은? (단, 동의대상 토지면적에서 국·공유지는 제외함) 제29회 수정

① 기반시설의 정비에 관한 사항: 대상 토지면적의 5분의 4 이상
② 도시·군계획시설 입체복합구역의 지정에 관한 사항: 대상 토지면적의 3분의 2 이상
③ 지구단위계획구역의 지정과 지구단위계획의 수립에 관한 사항: 대상 토지면적의 3분의 2 이상
④ 산업·유통개발진흥지구의 지정에 관한 사항: 대상 토지면적의 3분의 2 이상
⑤ 용도지구 중 해당 용도지구에 따른 건축물이나 그 밖의 시설의 용도·종류 및 규모 등의 제한을 지구단위계획으로 대체하기 위한 용도지구의 지정에 관한 사항: 대상 토지면적의 3분의 2 이상

톺아보기

토지면적의 5분의 4 이상의 동의를 받아야 한다.

더 알아보기

제안 전 동의

도시·군관리계획의 입안을 제안하려는 자는 다음의 구분에 따라 토지소유자의 동의를 받아야 한다. 이 경우 동의 대상 토지면적에서 국·공유지는 제외한다.

1. 기반시설의 설치·정비 또는 개량에 관한 사항, 도시·군계획시설 입체복합구역의 지정 및 변경과 도시·군계획시설 입체복합구역의 건축제한·건폐율·용적률·높이 등에 관한 사항에 대한 제안의 경우: 대상 토지면적의 5분의 4 이상
2. 지구단위계획구역의 지정 및 변경과 지구단위계획의 수립 및 변경에 관한 사항, 용도지구의 지정 및 변경에 관한 사항에 대한 제안의 경우: 대상 토지 면적의 3분의 2 이상

08 국토의 계획 및 이용에 관한 법령상 국토교통부장관이 결정할 수 있는 도시·군관리계획이 아닌 것은?

제29회 수정

① 개발제한구역의 지정에 관한 도시·군관리계획
② 도시자연공원구역의 지정에 관한 도시·군관리계획
③ 도시·군계획시설입체복합구역의 지정에 관한 도시·군관리계획
④ 국가계획과 연계하여 시가화조정구역의 지정이 필요한 경우 시가화조정구역의 지정에 관한 도시·군관리계획
⑤ 둘 이상의 시·도에 걸쳐 이루어지는 사업의 계획 중 도시·군관리계획으로 결정하여야 할 사항이 있는 경우 국토교통부장관이 입안한 도시·군관리계획

톺아보기

② 도시자연공원구역의 지정에 관한 도시·군관리계획은 시·도지사 또는 대도시 시장이 결정한다.

오답해설

★ ⑤ 국토교통부장관이 직접 입안한 도시·군관리계획은 국토교통부장관이 결정한다.

09 국토의 계획 및 이용에 관한 법령상 도시·군관리계획으로 결정하여야 하는 사항만을 모두 고른 것은? 제26회

⊙ 도시자연공원구역의 지정
ⓒ 개발밀도관리구역의 지정
ⓒ 도시개발사업에 관한 계획
ⓔ 기반시설의 정비에 관한 계획

① ⓒ
② ⓒ, ⓔ
③ ⊙, ⓒ, ⓒ
④ ⊙, ⓒ, ⓔ
⑤ ⊙, ⓒ, ⓔ

톺아보기

ⓒ 개발밀도관리구역의 지정은 도시·군관리계획으로 결정해야 하는 사항이 아니다.

더 알아보기

도시·군관리계획

특별시·광역시·특별자치시·특별자치도·시 또는 군의 개발·정비 및 보전을 위하여 수립하는 토지이용, 교통, 환경, 경관, 안전, 산업, 정보통신, 보건, 복지, 안보, 문화 등에 관한 다음의 계획을 말한다. 다만, 7. 및 8.은 공간재구조화계획으로 결정한다.

1. 용도지역·용도지구의 지정 또는 변경에 관한 계획
2. 개발제한구역, 도시자연공원구역, 시가화조정구역, 수산자원보호구역의 지정 또는 변경에 관한 계획
3. 기반시설의 설치·정비 또는 개량에 관한 계획
4. 도시개발사업이나 정비사업에 관한 계획
5. 지구단위계획구역의 지정 또는 변경에 관한 계획과 지구단위계획
6. 도시·군계획시설입체복합구역의 지정 또는 변경에 관한 계획
7. 도시혁신구역의 지정 또는 변경에 관한 계획과 도시혁신계획
8. 복합용도구역의 지정 또는 변경에 관한 계획과 복합용도계획

10 국토의 계획 및 이용에 관한 법령상 도시·군관리계획에 관한 설명으로 옳은 것은?

제23회 수정

① 입안권자가 용도지역·용도지구 또는 용도구역의 지정에 관한 도시·군관리계획을 입안하려면 해당 지방의회의 의견을 들어야 한다.
② 시장 또는 군수는 10년마다 관할 구역의 도시·군관리계획에 대하여 그 타당성 여부를 전반적으로 재검토하여 정비하여야 한다.
③ 도시·군관리계획결정은 고시가 된 날부터 그 효력이 발생한다.
④ 주민으로부터 도시·군관리계획의 입안을 제안받은 자는 제안된 도시·군관리계획의 입안 및 결정에 필요한 비용의 전부를 제안자에게 부담시켜야 한다.
⑤ 시가화조정구역의 지정에 관한 도시·군관리계획결정이 있는 경우에는 결정 당시 이미 허가를 받아 사업을 하고 있는 자라도 허가를 다시 받아야 한다.

톺아보기

오답해설

② 10년이 아니라 5년이다.
③ 도시·군관리계획결정은 지형도면을 고시한 날부터 그 효력이 발생한다.
④ 도시·군관리계획의 입안을 제안받은 자는 제안자와 협의하여 제안된 도시·군관리계획의 입안 및 결정에 필요한 비용의 전부 또는 일부를 제안자에게 부담시킬 수 있다.
⑤ 시가화조정구역의 지정에 관한 도시·군관리계획의 결정 당시 이미 사업 또는 공사에 착수한 자는 해당 사업 또는 공사를 계속하고자 하는 때에는 시가화조정구역의 지정에 관한 도시·군관리계획결정의 고시일부터 3개월 이내에 그 사업 또는 공사의 내용을 관할 특별시장·광역시장·특별자치시장·특별자치도지사·시장 또는 군수에게 신고해야 한다.

제5장 / 용도지역·지구·구역제

기본서 p.58~112

01 상중하

국토의 계획 및 이용에 관한 법령상 용도지역에 관한 설명으로 옳은 것은? 제35회

① 용도지역은 토지를 경제적·효율적으로 이용하기 위하여 필요한 경우 서로 중복되게 지정할 수 있다.
② 용도지역은 필요한 경우 도시·군기본계획으로 결정할 수 있다.
③ 주민은 상업지역에 산업·유통개발진흥지구를 지정하여 줄 것을 내용으로 하는 도시·군관리계획의 입안을 제안할 수 있다.
④ 바다인 공유수면의 매립구역이 둘 이상의 용도지역과 이웃하고 있는 경우 그 매립구역은 이웃하고 있는 가장 큰 용도지역으로 지정된 것으로 본다.
⑤ 관리지역에서 「농지법」에 따른 농업진흥지역으로 지정·고시된 지역은 「국토의 계획 및 이용에 관한 법률」에 따른 농림지역으로 결정·고시된 것으로 본다.

톺아보기

[오답해설]

★ ① 용도지역이란 토지의 이용 및 건축물의 용도, 건폐율, 용적률, 높이 등을 제한함으로써 토지를 경제적·효율적으로 이용하고 공공복리의 증진을 도모하기 위하여 서로 중복되지 않게 도시·군관리계획으로 결정하는 지역을 말한다.
★ ② 국토교통부장관, 시·도지사 또는 대도시 시장은 용도지역의 지정 또는 변경을 도시·군관리계획으로 결정한다.
③ 산업·유통개발진흥지구의 지정을 제안할 수 있는 대상지역은 자연녹지지역·계획관리지역 또는 생산관리지역이어야 한다.
④ 공유수면 매립구역이 둘 이상의 용도지역에 걸쳐 있거나 이웃하고 있는 경우 그 매립구역이 속할 용도지역은 도시·군관리계획결정으로 지정해야 한다.

02 국토의 계획 및 이용에 관한 법령상 용도지역·용도지구·용도구역에 관한 설명으로 옳은 것은? (단, 조례는 고려하지 않음) 제33회

① 대도시 시장은 유통상업지역에 복합용도지구를 지정할 수 있다.
② 대도시 시장은 재해의 반복 발생이 우려되는 지역에 대해서는 특정용도제한지구를 지정하여야 한다.
③ 용도지역 안에서의 건축물의 용도·종류 및 규모의 제한에 대한 규정은 도시·군계획시설에 대해서도 적용된다.
④ 공유수면의 매립목적이 그 매립구역과 이웃하고 있는 용도지역의 내용과 다른 경우 그 매립준공지역은 이와 이웃하고 있는 용도지역으로 지정된 것으로 본다.
⑤ 「택지개발촉진법」에 따른 택지개발지구로 지정·고시된 지역은 「국토의 계획 및 이용에 관한 법률」에 따른 도시지역으로 결정·고시된 것으로 본다.

톺아보기

★ ⑤ 「택지개발촉진법」에 따른 택지개발지구로 지정·고시된 지역은 「국토의 계획 및 이용에 관한 법률」에 따른 도시지역으로 결정·고시된 것으로 본다.

오답해설

★ ① 시·도지사 또는 대도시 시장은 일반주거지역·일반공업지역 및 계획관리지역에 복합용도지구를 지정할 수 있다.
② 시·도지사 또는 대도시 시장은 재해의 반복 발생이 우려되는 지역에 대해서는 방재지구의 지정 또는 변경을 도시·군관리계획으로 결정해야 한다.
★ ③ 도시·군계획시설에 대하여는 용도지역·용도지구 안에서의 건축제한의 규정을 적용하지 않는다.
④ 공유수면의 매립목적이 그 매립구역과 이웃하고 있는 용도지역의 내용과 다른 경우 그 매립구역이 속할 용도지역은 도시·군관리계획결정으로 지정해야 한다.

정답 | 01 ⑤ 02 ⑤

03 국토의 계획 및 이용에 관한 법령상 용도지역별 용적률의 최대한도에 관한 내용이다. ( )에 들어갈 숫자를 바르게 나열한 것은? (단, 조례, 기타 강화·완화조건은 고려하지 않음)

제33회

- 주거지역: (㉠)% 이하
- 계획관리지역: (㉡)% 이하
- 농림지역: (㉢)% 이하

① ㉠: 400, ㉡: 150, ㉢: 80
② ㉠: 400, ㉡: 200, ㉢: 80
③ ㉠: 500, ㉡: 100, ㉢: 80
④ ㉠: 500, ㉡: 100, ㉢: 100
⑤ ㉠: 500, ㉡: 150, ㉢: 100

톺아보기

- 주거지역: '500'% 이하
- 계획관리지역: '100'% 이하
- 농림지역: '80'% 이하

더 알아보기

용도지역별 건폐율 및 용적률의 최대한도(법률)

용도지역		건폐율	용적률
도시지역	주거지역	70% 이하	500% 이하
	상업지역	90% 이하	1,500% 이하
	공업지역	70% 이하	400% 이하
	녹지지역	20% 이하	100% 이하
관리지역	보전관리지역	20% 이하	80% 이하
	생산관리지역	20% 이하	80% 이하
	계획관리지역	40% 이하	100% 이하
농림지역	–	20% 이하	80% 이하
자연환경보전지역	–	20% 이하	80% 이하

04 국토의 계획 및 이용에 관한 법령상 용도지역별 용적률의 최대한도가 큰 순서대로 나열한 것은? (단, 조례 기타 강화·완화조건은 고려하지 않음) 제32회

> ㉠ 근린상업지역 ㉡ 준공업지역
> ㉢ 준주거지역 ㉣ 보전녹지지역
> ㉤ 계획관리지역

① ㉠ – ㉡ – ㉢ – ㉣ – ㉤
② ㉠ – ㉢ – ㉡ – ㉤ – ㉣
③ ㉡ – ㉤ – ㉠ – ㉣ – ㉢
④ ㉢ – ㉠ – ㉣ – ㉡ – ㉤
⑤ ㉢ – ㉡ – ㉠ – ㉤ – ㉣

톺아보기

㉠ 근린상업지역(900%) – ㉢ 준주거지역(500%) – ㉡ 준공업지역(400%) – ㉤ 계획관리지역(100%) – ㉣ 보전녹지지역(80%)

더 알아보기

용도지역의 건폐율 및 용적률의 최대한도(대통령령)

용도지역		세분		건폐율	용적률
도시지역	주거지역	전용	제1종	50% 이하	50% 이상 100% 이하
			제2종	50% 이하	50% 이상 150% 이하
		일반	제1종	60% 이하	100% 이상 200% 이하
			제2종	60% 이하	100% 이상 250% 이하
			제3종	50% 이하	100% 이상 300% 이하
		준		70% 이하	200% 이상 500% 이하
	상업지역	근린		70% 이하	200% 이상 900% 이하
		유통		80% 이하	200% 이상 1,100% 이하
		일반		80% 이하	200% 이상 1,300% 이하
		중심		90% 이하	200% 이상 1,500% 이하
	공업지역	전용		70% 이하	150% 이상 300% 이하
		일반		70% 이하	150% 이상 350% 이하
		준		70% 이하	150% 이상 400% 이하
	녹지지역	보전		20% 이하	50% 이상 80% 이하
		생산		20% 이하	50% 이상 100% 이하
		자연		20% 이하	50% 이상 100% 이하
관리지역	보전	–		20% 이하	50% 이상 80% 이하
	생산	–		20% 이하	50% 이상 80% 이하
	계획	–		40% 이하	50% 이상 100% 이하
농림지역		–		20% 이하	50% 이상 80% 이하
자연환경보전지역		–		20% 이하	50% 이상 80% 이하

정답 | 03 ③ 04 ②

05 국토의 계획 및 이용에 관한 법령상 아파트를 건축할 수 있는 용도지역은? 제29회
① 계획관리지역
② 일반공업지역
③ 유통상업지역
④ 제1종 일반주거지역
⑤ 제2종 전용주거지역

톺아보기

★ 아파트는 제2종 전용주거지역, 제2종 일반주거지역, 제3종 일반주거지역, 준주거지역, 중심상업지역, 일반상업지역, 근린상업지역 및 준공업지역에서 건축할 수 있다.

06 국토의 계획 및 이용에 관한 법령상 도시·군계획조례로 정할 수 있는 건폐율의 최대한도가 다음 중 가장 큰 지역은? 제29회
① 자연환경보전지역에 있는 「자연공원법」에 따른 자연공원
② 계획관리지역에 있는 「산업입지 및 개발에 관한 법률」에 따른 농공단지
③ 수산자원보호구역
④ 도시지역 외의 지역에 지정된 개발진흥지구
⑤ 자연녹지지역에 지정된 개발진흥지구

톺아보기

가장 큰 지역은 농공단지(70%)이다.
🔍 농공단지(70%) - 자연공원(60%) - 수산자원보호구역(40%) - 도시지역 외의 지역에 지정된 개발진흥지구(40%) - 자연녹지지역에 지정된 개발진흥지구(30%)

더 알아보기
건폐율의 조정

1. **취락지구**: 60% 이하(집단취락지구에 대하여는 개발제한구역의 지정 및 관리에 관한 특별조치법령이 정하는 바에 따른다)
2. **개발진흥지구**(도시지역 외의 지역 또는 자연녹지지역만 해당한다)
   - 도시지역 외의 지역에 지정된 경우: 40% 이하
   - 자연녹지지역에 지정된 경우: 30% 이하
3. **수산자원보호구역**: 40% 이하
4. 「자연공원법」에 따른 **자연공원**: 60% 이하
5. 「산업입지 및 개발에 관한 법률」에 따른 **농공단지**: 70% 이하
6. 공업지역에 있는 「산업입지 및 개발에 관한 법률」에 따른 국가산업단지 · 일반산업단지 · 도시첨단산업단지 및 준산업단지: 80% 이하

---

07 국토의 계획 및 이용에 관한 법령상 용도지역 중 도시지역에 해당하지 <u>않는</u> 것은?

제28회

① 계획관리지역　　　　② 자연녹지지역
③ 근린상업지역　　　　④ 전용공업지역
⑤ 생산녹지지역

톺아보기
계획관리지역은 도시지역에 해당하지 않는다.

정답 | 05 ⑤　06 ②　07 ①

08 상중하

국토의 계획 및 이용에 관한 법령상 도시지역 중 건폐율의 최대한도가 낮은 지역부터 높은 지역 순으로 옳게 나열한 것은? (단, 조례 등 기타 강화·완화조건은 고려하지 않음)   제27회

① 전용공업지역 – 중심상업지역 – 제1종 전용주거지역
② 보전녹지지역 – 유통상업지역 – 준공업지역
③ 자연녹지지역 – 일반상업지역 – 준주거지역
④ 일반상업지역 – 준공업지역 – 제2종 일반주거지역
⑤ 생산녹지지역 – 근린상업지역 – 유통상업지역

톺아보기

생산녹지지역(20%) – 근린상업지역(70%) – 유통상업지역(80%)

---

09 상중하

국토의 계획 및 이용에 관한 법령상 용도지역의 세분 중 '편리한 주거환경을 조성하기 위하여 필요한 지역'에 건축할 수 있는 건축물이 아닌 것은? (단, 건축물은 4층 이하이고, 조례는 고려하지 않음)   제27회 수정

① 일반음식점   ② 기숙사   ③ 고등학교
④ 양수장   ⑤ 단독주택

톺아보기

일반음식점(제2종 근린생활시설)은 제1종 일반주거지역에서 건축할 수 없다.

> **더 알아보기**
>
> 제1종 일반주거지역에서 건축할 수 있는 건축물
>
> 1. 단독주택
> 2. 공동주택(아파트를 제외한다)
> 3. 제1종 근린생활시설
> 4. 교육연구시설 중 유치원·초등학교·중학교 및 고등학교
> 5. 노유자시설

10 국토의 계획 및 이용에 관한 법령상 용도지역에 관한 설명으로 **틀린** 것은? 제26회

① 도시지역의 축소에 따른 용도지역의 변경을 도시·군관리계획으로 입안하는 경우에는 주민 및 지방의회의 의견청취절차를 생략할 수 있다.
② 「택지개발촉진법」에 따른 택지개발지구로 지정·고시되었다가 택지개발사업의 완료로 지구 지정이 해제되면 그 지역은 지구 지정 이전의 용도지역으로 환원된 것으로 본다.
③ 관리지역에서 「농지법」에 따른 농업진흥지역으로 지정·고시된 지역은 「국토의 계획 및 이용에 관한 법률」에 따른 농림지역으로 결정·고시된 것으로 본다.
④ 용도지역을 다시 세부 용도지역으로 나누어 지정하려면 도시·군관리계획으로 결정하여야 한다.
⑤ 도시지역이 세부 용도지역으로 지정되지 아니한 경우에는 용도지역의 용적률 규정을 적용할 때에 보전녹지지역에 관한 규정을 적용한다.

톺아보기

개발사업의 완료로 구역 등이 해제되는 경우에는 지정하기 이전의 용도지역으로 환원되지 않는다.

정답 | 08 ⑤ 09 ① 10 ②

11 국토의 계획 및 이용에 관한 법령상 용도지역에 관한 설명으로 옳은 것은? (단, 조례는 고려하지 않음)

제24회 수정

① 저층주택 중심의 편리한 주거환경을 조성하기 위하여 필요한 지역은 제2종 전용주거지역으로 지정한다.
② 환경을 저해하지 아니하는 공업의 배치를 위하여 필요한 지역은 준공업지역으로 지정한다.
③ 공유수면의 매립구역이 둘 이상의 용도지역에 걸쳐 있는 경우에는 걸친 부분의 면적이 가장 큰 용도지역과 같은 용도지역으로 지정된 것으로 본다.
④ 도시지역에 대해 세부 용도지역이 지정되지 아니한 경우 건폐율에 대해서는 자연녹지지역에 관한 규정을 적용한다.
⑤ 하나의 대지가 녹지지역과 그 밖의 다른 용도지역에 걸쳐 있으면서, 녹지지역의 건축물이 고도지구에 걸쳐 있는 경우에는 그 건축물 및 대지의 전부에 대하여 고도지구에 관한 규정을 적용한다.

톺아보기

오답해설

① 제1종 일반주거지역에 관한 설명이다.
② 일반공업지역에 관한 설명이다.
★ ③ 공유수면의 매립목적이 그 매립구역과 이웃하고 있는 용도지역의 내용과 다른 경우 및 그 매립구역이 둘 이상의 용도지역에 걸쳐 있거나 이웃하고 있는 경우 그 매립구역이 속할 용도지역은 도시·군관리계획결정으로 지정해야 한다.
★ ④ 도시지역이 세부 용도지역으로 지정되지 않은 경우에는 건폐율의 최대한도를 적용할 때에 보전녹지지역에 관한 규정을 적용한다.

12 국토의 계획 및 이용에 관한 법령상 도시지역으로 결정·고시된 것으로 볼 수 있는 경우는?

제20회 수정

① 「산업입지 및 개발에 관한 법률」에 따라 농공단지로 지정·고시된 지역
② 「어촌·어항법」에 따른 어항구역으로서 농림지역에 연접한 공유수면으로 지정·고시된 지역
③ 취락지구로서 「도시개발법」에 따라 도시개발구역으로 지정·고시된 지역
④ 「항만법」에 따른 항만구역으로서 계획관리지역에 연접한 공유수면으로 지정·고시된 지역
⑤ 「택지개발촉진법」에 따라 택지개발지구로 지정·고시된 지역

톺아보기

도시지역으로 결정·고시되는 경우는 다음과 같다.
1. 「항만법」에 따른 항만구역으로서 도시지역에 연접한 공유수면
2. 「어촌·어항법」에 따른 어항구역으로서 도시지역에 연접한 공유수면
3. 「산업입지 및 개발에 관한 법률」에 따른 국가산업단지, 일반산업단지 및 도시첨단산업단지
4. 「택지개발촉진법」에 따른 택지개발지구
5. 「전원개발촉진법」에 따른 전원개발사업구역 및 예정구역(수력발전소 또는 송·변전설비만을 설치하기 위한 전원개발사업구역 및 예정구역은 제외한다)

정답 | 11 ⑤ 12 ⑤

13

국토의 계획 및 이용에 관한 법령상 개발진흥지구를 세분하여 지정할 수 있는 지구에 해당하지 않는 것은? (단, 조례는 고려하지 않음)   제35회

① 주거개발진흥지구
② 중요시설물개발진흥지구
③ 복합개발진흥지구
④ 특정개발진흥지구
⑤ 관광 · 휴양개발진흥지구

톺아보기

★ 개발진흥지구는 주거개발진흥지구, 산업 · 유통개발진흥지구, 관광 · 휴양개발진흥지구, 복합개발진흥지구 및 특정개발진흥지구로 세분하여 지정할 수 있다.

더 알아보기

용도지구의 세분

종류	세분
경관지구	자연경관지구, 시가지경관지구, 특화경관지구
방재지구	시가지방재지구, 자연방재지구
보호지구	역사문화환경보호지구, 중요시설물보호지구, 생태계보호지구
취락지구	자연취락지구, 집단취락지구
개발진흥지구	주거개발진흥지구, 산업 · 유통개발진흥지구, 관광 · 휴양개발진흥지구, 복합개발진흥지구, 특정개발진흥지구

14

국토의 계획 및 이용에 관한 법령상 용도지구에 관한 설명이다. ( )에 들어갈 내용으로 옳은 것은?   제34회

- 집단취락지구: (㉠) 안의 취락을 정비하기 위하여 필요한 지구
- 복합개발진흥지구: 주거기능, (㉡)기능, 유통 · 물류기능 및 관광 · 휴양기능 중 2 이상의 기능을 중심으로 개발 · 정비할 필요가 있는 지구

① ㉠: 개발제한구역, ㉡: 공업
② ㉠: 자연취락지구, ㉡: 상업
③ ㉠: 개발제한구역, ㉡: 상업
④ ㉠: 관리지역, ㉡: 공업
⑤ ㉠: 관리지역, ㉡: 교통

> **톺아보기**
>
> ★ • 집단취락지구: '개발제한구역' 안의 취락을 정비하기 위하여 필요한 지구
> • 복합개발진흥지구: 주거기능, '공업'기능, 유통·물류기능 및 관광·휴양기능 중 2 이상의 기능을 중심으로 개발·정비할 필요가 있는 지구

15 상 중 하

국토의 계획 및 이용에 관한 법령상 시·도지사가 복합용도지구를 지정할 수 있는 용도지역에 해당하는 것을 모두 고른 것은? 제34회

㉠ 준주거지역	㉡ 근린상업지역
㉢ 일반공업지역	㉣ 계획관리지역
㉤ 일반상업지역	

① ㉠, ㉡
② ㉢, ㉣
③ ㉠, ㉡, ㉢
④ ㉢, ㉣, ㉤
⑤ ㉠, ㉡, ㉣, ㉤

> **톺아보기**
>
> 해당하는 것은 ㉢㉣이다.
> ★ 시·도지사 또는 대도시 시장은 일반주거지역·일반공업지역 및 계획관리지역에 복합용도지구를 지정할 수 있다.

정답 | 13 ② 14 ① 15 ②

16. 국토의 계획 및 이용에 관한 법령상 공업기능 및 유통·물류기능을 중심으로 개발·정비할 필요가 있는 용도지구는? 제31회

① 복합용도지구
② 주거개발진흥지구
③ 산업·유통개발진흥지구
④ 관광·휴양개발진흥지구
⑤ 특정개발진흥지구

톺아보기

★ '산업·유통개발진흥지구'란 공업기능 및 유통·물류기능을 중심으로 개발·정비할 필요가 있는 지구를 말한다.

17. 국토의 계획 및 이용에 관한 법령상 자연취락지구 안에서 건축할 수 있는 건축물에 해당하지 않는 것은? (단, 4층 이하의 건축물이고, 조례는 고려하지 않음) 제31회

① 동물 전용의 장례식장
② 단독주택
③ 도축장
④ 마을회관
⑤ 한의원

톺아보기

동물 전용의 장례식장(장례시설)은 자연취락지구 안에서 건축할 수 없다.

더 알아보기

자연취락지구 안에서 건축할 수 있는 건축물

1. 단독주택
2. 제1종 근린생활시설
3. 제2종 근린생활시설(휴게음식점·제과점, 일반음식점, 제조업소·수리점, 단란주점 및 안마시술소는 제외한다)
4. 운동시설
5. 창고(농업·임업·축산업·수산업용만 해당한다)
6. 동물 및 식물 관련 시설
7. 교정 및 국방·군사시설
8. 방송통신시설
9. 발전시설

18 상중하

국토의 계획 및 이용에 관한 법령상 용도지구와 그 세분(細分)이 바르게 연결된 것만을 모두 고른 것은? (단, 조례는 고려하지 않음) 제30회

> ㉠ 보호지구 – 역사문화환경보호지구, 중요시설물보호지구, 생태계보호지구
> ㉡ 방재지구 – 자연방재지구, 시가지방재지구, 특정개발방재지구
> ㉢ 경관지구 – 자연경관지구, 주거경관지구, 시가지경관지구
> ㉣ 취락지구 – 자연취락지구, 농어촌취락지구, 집단취락지구

① ㉠
② ㉣
③ ㉠, ㉢
④ ㉡, ㉣
⑤ ㉢, ㉣

톺아보기

바르게 연결된 것은 ㉠이다.
㉡ 방재지구 – 시가지방재지구, 자연방재지구
㉢ 경관지구 – 자연경관지구, 시가지경관지구, 특화경관지구
㉣ 취락지구 – 자연취락지구, 집단취락지구

정답 | 16 ③ 17 ① 18 ①

19 상중하

국토의 계획 및 이용에 관한 법령상 국가 또는 지방자치단체가 자연취락지구 안의 주민의 생활편익과 복지증진 등을 위하여 시행하거나 지원할 수 있는 사업만을 모두 고른 것은?

제30회

> ㉠ 어린이놀이터 · 마을회관의 설치
> ㉡ 쓰레기처리장 · 하수처리시설의 개량
> ㉢ 하천정비 등 재해방지를 위한 시설의 설치
> ㉣ 주택의 개량

① ㉠, ㉡, ㉢
② ㉠, ㉡, ㉣
③ ㉠, ㉢, ㉣
④ ㉡, ㉢, ㉣
⑤ ㉠, ㉡, ㉢, ㉣

톺아보기

자연취락지구에 시행 · 지원할 수 있는 사업에 해당하는 것은 ㉠㉡㉢㉣ 모두이다.

더 알아보기

자연취락지구에 대한 지원

국가나 지방자치단체는 자연취락지구 안의 주민의 생활편익과 복지증진 등을 위하여 다음의 사업을 시행하거나 그 사업을 지원할 수 있다.
1. 자연취락지구 안에 있거나 자연취락지구에 연결되는 도로 · 수도공급설비 · 하수도 등의 정비
2. 어린이놀이터 · 공원 · 녹지 · 주차장 · 학교 · 마을회관 등의 설치 · 정비
3. 쓰레기처리장 · 하수처리시설 등의 설치 · 개량
4. 하천정비 등 재해방지를 위한 시설의 설치 · 개량
5. 주택의 신축 · 개량

20 상중하

국토의 계획 및 이용에 관한 법령상 용도지구 안에서의 건축제한 등에 관한 설명으로 틀린 것은? (단, 건축물은 도시·군계획시설이 아니며, 조례는 고려하지 않음)

제29회

① 지구단위계획 또는 관계 법률에 따른 개발계획을 수립하지 아니하는 개발진흥지구에서는 개발진흥지구의 지정목적 범위에서 해당 용도지역에서 허용되는 건축물을 건축할 수 있다.
② 고도지구 안에서는 도시·군관리계획으로 정하는 높이를 초과하는 건축물을 건축할 수 없다.
③ 일반주거지역에 지정된 복합용도지구 안에서는 장례시설을 건축할 수 있다.
④ 방재지구 안에서는 용도지역 안에서의 층수제한에 있어 1층 전부를 필로티 구조로 하는 경우 필로티 부분을 층수에서 제외한다.
⑤ 자연취락지구 안에서는 4층 이하의 방송통신시설을 건축할 수 있다.

톺아보기

일반주거지역에 지정된 복합용도지구 안에서는 장례시설을 건축할 수 없다.

더 알아보기

일반주거지역에 지정된 복합용도지구에서의 건축제한

일반주거지역에 지정된 복합용도지구에서는 해당 용도지역에서 허용되는 건축물 외에 준주거지역에서 허용되는 건축물 중 도시·군계획조례가 정하는 건축물을 건축할 수 있다. 다만, 다음의 건축물은 제외한다.
1. 제2종 근린생활시설 중 안마시술소
2. 관람장
3. 공장
4. 위험물저장 및 처리시설
5. 동물 및 식물 관련 시설
6. 장례시설

정답 | 19 ⑤ 20 ③

21 상중하

국토의 계획 및 이용에 관한 법령상 용도지역·용도지구·용도구역에 관한 설명으로 틀린 것은?   제28회

① 국토교통부장관이 용도지역을 지정하는 경우에는 도시·군관리계획으로 결정한다.
② 시·도지사는 도시자연공원구역의 변경을 도시·군관리계획으로 결정할 수 있다.
③ 시·도지사는 법률에서 정하고 있는 용도지구 외에 새로운 용도지구를 신설할 수 없다.
④ 집단취락지구란 개발제한구역 안의 취락을 정비하기 위하여 필요한 지구를 말한다.
⑤ 방재지구의 지정을 도시·군관리계획으로 결정하는 경우 도시·군관리계획의 내용에는 해당 방재지구의 재해저감대책을 포함하여야 한다.

톺아보기

★ 시·도지사 또는 대도시 시장은 지역여건상 필요하면 대통령령으로 정하는 기준에 따라 그 시·도 또는 대도시의 조례로 용도지구의 명칭 및 지정목적, 건축이나 그 밖의 행위의 금지 및 제한에 관한 사항 등을 정하여 법령에서 정한 용도지구 외의 용도지구의 지정 또는 변경을 도시·군관리계획으로 결정할 수 있다.

22 상중하

국토의 계획 및 이용에 관한 법령상 해당 구역으로 지정되면 「건축법」 제69조에 따른 특별건축구역으로 지정된 것으로 보는 구역을 모두 고른 것은? 제35회

┌─────────────────────────┐
│ ㉠ 도시혁신구역   │
│ ㉡ 복합용도구역   │
│ ㉢ 시가화조정구역   │
│ ㉣ 도시자연공원구역   │
└─────────────────────────┘

① ㉠
② ㉠, ㉡
③ ㉢, ㉣
④ ㉡, ㉢, ㉣
⑤ ㉠, ㉡, ㉢, ㉣

톺아보기

해당하는 것은 ㉠㉡이다.
㉠ 도시혁신구역으로 지정된 지역은 「건축법」에 따른 특별건축구역으로 지정된 것으로 본다.
㉡ 복합용도구역으로 지정된 지역은 「건축법」에 따른 특별건축구역으로 지정된 것으로 본다.

정답 | 21 ③ 22 ②

23 국토의 계획 및 이용에 관한 법령상 시가화조정구역 안에서 특별시장·광역시장·특별자치시장·특별자치도지사·시장 또는 군수의 허가를 받아 할 수 있는 행위에 해당하지 않는 것은? (단, 도시·군계획사업은 고려하지 않음)   제33회

① 농업·임업 또는 어업을 영위하는 자가 관리용건축물로서 기존 관리용건축물의 면적을 제외하고 33m²를 초과하는 것을 건축하는 행위
② 주택의 증축(기존 주택의 면적을 포함하여 100m² 이하에 해당하는 면적의 증축을 말한다)
③ 마을공동시설로서 정자 등 간이휴게소의 설치
④ 마을공동시설로서 농로·제방 및 사방시설의 설치
⑤ 마을공동시설로서 농기계수리소 및 농기계용 유류판매소(개인소유의 것을 포함한다)의 설치

톺아보기

관리용건축물로서 기존 관리용건축물의 면적을 포함하여 33m² 이하인 것이다.

더 알아보기

시가화조정구역에서의 허가대상 행위

시가화조정구역에서는 도시·군계획사업의 경우 외에는 다음의 어느 하나에 해당하는 행위에 한정하여 특별시장·광역시장·특별자치시장·특별자치도지사·시장 또는 군수의 허가를 받아 그 행위를 할 수 있다.

1. 농업·임업 또는 어업을 영위하는 자가 대통령령으로 정하는 다음에 해당하는 농업·임업 또는 어업용의 건축물이나 그 밖의 시설을 건축하는 행위
   (1) 축사, 퇴비사, 잠실
   (2) 창고(저장 및 보관시설을 포함한다)
   (3) 생산시설(단순가공시설을 포함한다)
   (4) 관리용건축물로서 기존 관리용건축물의 면적을 포함하여 33m² 이하인 것
   (5) 양어장
2. 마을공동시설, 공익시설·공공시설, 광공업 등 주민의 생활을 영위하는 데에 필요한 행위로서 대통령령으로 정하는 행위
   (1) 주택 및 그 부속건축물의 건축으로서 다음에 해당하는 행위
     • 주택의 증축(기존 주택의 면적을 포함하여 100m² 이하에 해당하는 면적의 증축을 말한다)
     • 부속건축물의 건축(주택 또는 이에 준하는 건축물에 부속되는 것에 한하되, 기존건축물의 면적을 포함하여 33m² 이하에 해당하는 면적의 신축·증축·재축 또는 대수선을 말한다)
   (2) 기존 건축물의 동일한 용도 및 규모 안에서의 개축·재축 및 대수선
   (3) 종교시설의 증축(새로운 대지조성은 허용되지 않으며, 증축면적은 시가화조정구역 지정 당시의 종교시설 연면적의 200%를 초과할 수 없다)

(4) 마을공동시설의 설치로서 다음에 해당하는 행위
- 농로 · 제방 및 사방시설의 설치
- 새마을회관의 설치
- 정자 등 간이휴게소의 설치
- 농기계수리소 및 농기계용 유류판매소(개인소유의 것을 포함한다)의 설치 … [이하 (8)까지 생략]

3. 입목의 벌채, 조림, 육림, 토석의 채취, 그 밖에 대통령령으로 정하는 경미한 행위

24 국토의 계획 및 이용에 관한 법령상 시가화조정구역에 관한 설명으로 옳은 것은?

제32회

① 시가화조정구역은 도시지역과 그 주변지역의 무질서한 시가화를 방지하고 계획적 · 단계적인 개발을 도모하기 위하여 시 · 도지사가 도시 · 군기본계획으로 결정하여 지정하는 용도구역이다.
② 시가화유보기간은 5년 이상 20년 이내의 기간이다.
③ 시가화유보기간이 끝나면 국토교통부장관 또는 시 · 도지사는 이를 고시하여야 하고, 시가화조정구역 지정 결정은 그 고시일 다음 날부터 그 효력을 잃는다.
④ 공익상 그 구역 안에서의 사업시행이 불가피한 것으로서 주민의 요청에 의하여 시 · 도지사가 시가화조정구역의 지정목적 달성에 지장이 없다고 인정한 도시 · 군계획사업은 시가화조정구역에서 시행할 수 있다.
⑤ 시가화조정구역에서 입목의 벌채, 조림, 육림행위는 허가 없이 할 수 있다.

톺아보기

★ ② 시가화유보기간은 5년 이상 20년 이내의 기간이다.

오답해설

① 시 · 도지사는 도시지역과 그 주변지역의 무질서한 시가화를 방지하고 계획적 · 단계적인 개발을 도모하기 위하여 시가화조정구역의 지정 또는 변경을 도시 · 군관리계획으로 결정할 수 있다.
★ ③ 시가화조정구역의 지정에 관한 도시 · 군관리계획의 결정은 시가화유보기간이 끝난 날의 다음 날부터 그 효력을 잃는다.
④ 시가화조정구역에서의 도시 · 군계획사업은 대통령령으로 정하는 사업(국방상 또는 공익상 시가화조정구역 안에서의 사업시행이 불가피한 것으로서 관계 중앙행정기관의 장의 요청에 의하여 국토교통부장관이 시가화조정구역의 지정목적 달성에 지장이 없다고 인정하는 도시 · 군계획사업)만 시행할 수 있다.
⑤ 시가화조정구역에서 입목의 벌채, 조림, 육림행위는 특별시장 · 광역시장 · 특별자치시장 · 특별자치도지사 · 시장 또는 군수의 허가를 받아 그 행위를 할 수 있다.

정답 | 23 ① 24 ②

25 국토의 계획 및 이용에 관한 법령상 도시혁신구역에 관한 설명으로 옳은 것을 모두 고른 것은?

제31회 수정

> ㉠ 공간재구조화계획의 결정권자는 도시·군기본계획에 따른 도심·부도심 또는 생활권의 중심지역을 도시혁신구역으로 지정할 수 있다.
> ㉡ 도시혁신구역에 대하여는 「주차장법」에 따른 부설주차장의 설치 규정에도 불구하고 도시혁신계획으로 따로 정할 수 있다.
> ㉢ 다른 법률에서 공간재구조화계획의 결정을 의제하고 있는 경우에는 「국토의 계획 및 이용에 관한 법률」에 따르지 않고 도시혁신구역을 지정할 수 있다.

① ㉠
② ㉠, ㉡
③ ㉠, ㉢
④ ㉡, ㉢
⑤ ㉠, ㉡, ㉢

톺아보기

옳은 것은 ㉠㉡이다.
㉢ 다른 법률에서 공간재구조화계획의 결정을 의제하고 있는 경우에도 「국토의 계획 및 이용에 관한 법률」에 따르지 않고 도시혁신구역의 지정과 도시혁신계획을 결정할 수 없다.

26 국토의 계획 및 이용에 관한 법령상 용도구역의 지정에 관한 설명으로 옳은 것은?

제24회

① 국토교통부장관은 개발제한구역의 지정을 도시·군기본계획으로 결정할 수 있다.
② 시·도지사는 도시자연공원구역의 지정을 광역도시계획으로 결정할 수 있다.
③ 시·도지사는 도시자연공원구역에서 해제되는 구역 중 계획적인 개발이 필요한 지역의 전부 또는 일부에 대하여 지구단위계획구역을 도시·군관리계획으로 지정할 수 있다.
④ 시·도지사는 수산자원보호구역의 변경을 도시·군기본계획으로 결정할 수 있다.
⑤ 국토교통부장관은 시가화조정구역의 변경을 광역도시계획으로 결정할 수 있다.

톺아보기

오답해설

★ ① 국토교통부장관은 개발제한구역의 지정 또는 변경을 도시·군관리계획으로 결정할 수 있다.
② 시·도지사 또는 대도시 시장은 도시자연공원구역의 지정 또는 변경을 도시·군관리계획으로 결정할 수 있다.
★ ④ 해양수산부장관은 수산자원보호구역의 지정 또는 변경을 도시·군관리계획으로 결정할 수 있다.
★ ⑤ 시·도지사는 시가화조정구역의 지정 또는 변경을 도시·군관리계획으로 결정할 수 있다. 다만, 국가계획과 연계하여 시가화조정구역의 지정 또는 변경이 필요한 경우에는 국토교통부장관이 직접 시가화조정구역의 지정 또는 변경을 도시·군관리계획으로 결정할 수 있다.

정답 | 25 ② 26 ③

27 대지로 조성된 1,000m²의 토지가 700m²는 제2종 일반주거지역, 나머지는 제1종 일반주거지역에 걸쳐 있을 때, 국토의 계획 및 이용에 관한 법령상 이 토지에 건축할 수 있는 건축물의 최대 연면적은? (단, 해당 토지가 속해 있는 지역의 제2종 일반주거지역 및 제1종 일반주거지역의 용적률의 최대한도는 각각 150% 및 100%로 하고, 다른 건축제한이나 인센티브는 고려하지 않음) 제20회

① 850m²
② 1,000m²
③ 1,150m²
④ 1,350m²
⑤ 1,500m²

톺아보기

- 1,000m²의 대지가 700m²는 제2종 일반주거지역에 걸쳐 있고, 나머지 300m²는 제1종 일반주거지역에 걸쳐 있는 경우로서 가장 작은 부분의 규모가 330m² 이하인 경우에는 전체 대지의 용적률은 각 부분이 전체 대지면적에서 차지하는 비율을 고려하여 각 용도지역별 용적률을 가중평균한 값을 적용한다.
- 문제의 경우 가중평균한 용적률은 (700m² × 150%) +(300m² × 100%) / 1,000m² = 135%이다.
  따라서 연면적은 1,000m² × 135% = 1,350m²가 된다.

정답 | 27 ④

제6장 / 도시·군계획시설

기본서 p.113~138

01 상중하

국토의 계획 및 이용에 관한 법령상 도시·군계획시설(이하 '시설'이라 함)에 관한 설명으로 옳은 것은? 제35회

① 시설결정의 고시일부터 10년 이내에 실시계획의 인가만 있고 시설사업이 진행되지 아니하는 경우 그 부지의 소유자는 그 토지의 매수를 청구할 수 있다.
② 공동구가 설치된 경우 쓰레기수송관은 공동구협의회의 심의를 거쳐야 공동구에 수용할 수 있다.
③ 「택지개발촉진법」에 따른 택지개발지구가 200만m²를 초과하는 경우에는 공동구를 설치하여야 한다.
④ 시설결정의 고시일부터 20년이 지날 때까지 시설사업이 시행되지 아니하는 경우 그 시설결정은 20년이 되는 날에 효력을 잃는다.
⑤ 시설결정의 고시일부터 10년 이내에 시설사업이 시행되지 아니하는 경우 그 부지 내에 건물만을 소유한 자도 시설결정 해제를 위한 도시·군관리계획 입안을 신청할 수 있다.

톺아보기

[오답해설]
① 실시계획의 인가나 그에 상당하는 절차가 진행된 경우는 매수청구할 수 없다.
② 공동구가 설치된 경우에는 대통령령으로 정하는 바에 따라 공동구에 수용해야 할 시설이 모두 수용되도록 해야 한다.
  1. 공동구에 수용해야 하는 시설: 전선로, 통신선로, 수도관, 열수송관, 중수도관, 쓰레기수송관
  2. 공동구협의회의 심의를 거쳐 수용할 수 있는 시설: 가스관, 하수도관, 그 밖의 시설
④ 시설결정의 고시일부터 20년이 지날 때까지 시설사업이 시행되지 않은 경우 그 시설결정은 20년이 되는 날의 다음 날에 그 효력을 잃는다.
⑤ 도시·군계획시설결정의 고시일부터 10년 이내에 도시·군계획시설사업이 시행되지 않은 경우로서 단계별 집행계획상 해당 도시·군계획시설의 실효시까지 집행계획이 없는 경우에는 그 도시·군계획시설 부지로 되어 있는 토지의 소유자는 해제를 위한 도시·군관리계획의 입안을 신청할 수 있다.

정답 | 01 ③

02 국토의 계획 및 이용에 관한 법령상 도시·군계획시설사업의 시행에 관한 설명으로 옳은 것은?

제34회

① 「도시 및 주거환경정비법」에 따라 도시·군관리계획의 결정이 의제되는 경우에는 해당 도시·군계획시설결정의 고시일부터 3개월 이내에 도시·군계획시설에 대하여 단계별 집행계획을 수립해야 한다.
② 5년 이내에 시행하는 도시·군계획시설사업은 단계별 집행계획 중 제1단계 집행계획에 포함되어야 한다.
③ 한국토지주택공사가 도시·군계획시설사업의 시행자로 지정을 받으려면 토지소유자 총수의 3분의 2 이상에 해당하는 자의 동의를 받아야 한다.
④ 국토교통부장관은 국가계획과 관련되거나 그 밖에 특히 필요하다고 인정되는 경우에는 관계 특별시장·광역시장·특별자치시장·특별자치도지사·시장 또는 군수의 의견을 들어 직접 도시·군계획시설사업을 시행할 수 있다.
⑤ 사업시행자는 도시·군계획시설사업 대상 시설을 둘 이상으로 분할하여 도시·군계획시설사업을 시행해서는 안 된다.

톺아보기

오답해설
① 「도시 및 주거환경정비법」에 따라 도시·군관리계획의 결정이 의제되는 경우에는 해당 도시·군계획시설결정의 고시일부터 2년 이내에 단계별 집행계획을 수립할 수 있다.
② 3년 이내에 시행하는 도시·군계획시설사업은 제1단계 집행계획에 포함되도록 해야 한다.
★ ③ 한국토지주택공사는 토지소유자의 동의를 받을 필요 없이 도시·군계획시설사업의 시행자로 지정을 받을 수 있다.
⑤ 도시·군계획시설사업의 시행자는 도시·군계획시설사업을 효율적으로 추진하기 위하여 필요하다고 인정되면 사업시행대상 지역 또는 대상 시설을 둘 이상으로 분할하여 도시·군계획시설사업을 시행할 수 있다.

더 알아보기

민간시행자의 지정요건

다음에 해당하지 않는 자가 도시·군계획시설사업의 시행자로 지정을 받으려면 도시·군계획시설사업의 대상인 토지(국·공유지는 제외한다)면적의 3분의 2 이상에 해당하는 토지를 소유하고, 토지소유자 총수의 2분의 1 이상에 해당하는 자의 동의를 얻어야 한다.
1. 국가 또는 지방자치단체
2. 대통령령으로 정하는 다음의 공공기관: 한국토지주택공사 등
3. 그 밖에 대통령령으로 정하는 자: 지방공사 등

03

국토의 계획 및 이용에 관한 법령상 도시·군계획시설사업 시행을 위한 타인의 토지에의 출입 등에 관한 설명으로 옳은 것은? 제34회

① 타인의 토지에 출입하려는 행정청인 사업시행자는 출입하려는 날의 7일 전까지 그 토지의 소유자·점유자 또는 관리인에게 그 일시와 장소를 알려야 한다.
② 토지의 소유자·점유자 또는 관리인의 동의 없이 타인의 토지를 재료적치장 또는 임시통로로 일시사용한 사업시행자는 사용한 날부터 14일 이내에 시장 또는 군수의 허가를 받아야 한다.
③ 토지 점유자가 승낙하지 않는 경우에도 사업시행자는 시장 또는 군수의 허가를 받아 일몰 후에 울타리로 둘러싸인 타인의 토지에 출입할 수 있다.
④ 토지에의 출입에 따라 손실을 입은 자가 보상에 관하여 국토교통부장관에게 조정을 신청하지 않는 경우에는 관할 토지수용위원회에 재결을 신청할 수 없다.
⑤ 사업시행자가 행정청인 경우라도 허가를 받지 않으면 타인의 토지에 출입할 수 없다.

톺아보기

★ ① 타인의 토지에 출입하려는 행정청인 사업시행자는 출입하려는 날의 7일 전까지 그 토지의 소유자·점유자 또는 관리인에게 그 일시와 장소를 알려야 한다.

오답해설

② 타인의 토지를 재료적치장 또는 임시통로로 일시사용하거나 나무, 흙, 돌, 그 밖의 장애물을 변경 또는 제거하려는 자는 토지의 소유자·점유자 또는 관리인의 동의를 받아야 한다. 다만, 토지나 장애물의 소유자·점유자 또는 관리인이 현장에 없거나 주소 또는 거소가 불분명하여 그 동의를 받을 수 없는 경우에는 행정청인 도시·군계획시설사업의 시행자는 관할 특별시장·광역시장·특별자치시장·특별자치도지사·시장 또는 군수에게 그 사실을 통지해야 하며, 행정청이 아닌 도시·군계획시설사업의 시행자는 미리 관할 특별시장·광역시장·특별자치시장·특별자치도지사·시장 또는 군수의 허가를 받아야 한다.
③ 일출 전이나 일몰 후에는 그 토지 점유자의 승낙 없이 택지나 담장 또는 울타리로 둘러싸인 타인의 토지에 출입할 수 없다.
④ 손실을 보상할 자나 손실을 입은 자는 협의가 성립되지 않거나 협의를 할 수 없는 경우에는 관할 토지수용위원회에 재결을 신청할 수 있다.
★ ⑤ 행정청인 도시·군계획시설사업의 시행자는 허가를 받지 않고 타인의 토지에 출입할 수 있다.

정답 | 02 ④   03 ①

04 국토의 계획 및 이용에 관한 법령상 토지에의 출입에 관한 규정의 일부이다. (   ) 에 들어갈 내용을 바르게 나열한 것은?

제33회

> 제130조(토지에의 출입 등) ① 국토교통부장관, 시·도지사, 시장 또는 군수나 도시·군계획시설사업의 시행자는 다음 각 호의 행위를 하기 위하여 필요하면 타인의 토지에 출입하거나 타인의 토지를 재료적치장 또는 임시통로로 일시사용할 수 있으며, 특히 필요한 경우에는 나무, 흙, 돌, 그 밖의 장애물을 변경하거나 제거할 수 있다.
> 1. 〈생략〉
> 2. (㉠), (㉡) 및 제67조 제4항에 따른 기반시설설치계획에 관한 기초조사 〈이하 생략〉

① ㉠: 기반시설부담구역, ㉡: 성장관리계획구역
② ㉠: 성장관리계획구역, ㉡: 시가화조정구역
③ ㉠: 시가화조정구역, ㉡: 기반시설부담구역
④ ㉠: 개발밀도관리구역, ㉡: 시가화조정구역
⑤ ㉠: 개발밀도관리구역, ㉡: 기반시설부담구역

톺아보기

'개발밀도관리구역', '기반시설부담구역' 및 제67조 제4항에 따른 기반시설설치계획에 관한 기초조사

더 알아보기

타인토지의 출입 등

국토교통부장관, 시·도지사, 시장 또는 군수나 도시·군계획시설사업의 시행자는 다음의 행위를 하기 위하여 필요하면 타인의 토지에 출입하거나 타인의 토지를 재료적치장 또는 임시통로로 일시사용할 수 있으며, 특히 필요한 경우에는 나무, 흙, 돌, 그 밖의 장애물을 변경하거나 제거할 수 있다.
1. 도시·군계획 및 광역도시계획에 관한 기초조사
2. 개발밀도관리구역, 기반시설부담구역 및 기반시설설치계획에 관한 기초조사
3. 도시·군계획시설사업에 관한 조사·측량 또는 시행
4. 지가의 동향 및 토지거래의 상황에 관한 조사

05 국토의 계획 및 이용에 관한 법령상 도시·군계획시설에 관한 설명으로 틀린 것은? (단, 조례는 고려하지 않음)
제32회 수정

① 도시·군계획시설 부지의 매수의무자인 지방공사는 도시·군계획시설채권을 발행하여 그 대금을 지급할 수 있다.
② 도시·군계획시설 부지의 매수의무자는 매수하기로 결정한 토지를 매수결정을 알린 날부터 2년 이내에 매수하여야 한다.
③ 공동구가 설치된 경우 하수도관은 공동구협의회의 심의를 거쳐 공동구에 수용할 수 있다.
④ 국가계획으로 설치하는 광역시설은 그 광역시설의 설치·관리를 사업종목으로 하여 다른 법률에 따라 설립된 법인이 설치·관리할 수 있다.
⑤ 도시·군계획시설채권의 상환기간은 10년 이내로 한다.

톺아보기

★ 지방공사는 도시·군계획시설채권을 발행할 수 없다.

더 알아보기

도시·군계획시설채권

다음의 어느 하나에 해당하는 경우로서 매수의무자가 지방자치단체인 경우에는 도시·군계획시설채권을 발행하여 지급할 수 있다.
1. 토지소유자가 원하는 경우
2. 대통령령으로 정하는 부재부동산 소유자의 토지 또는 비업무용 토지로서 매수대금이 3천만원을 초과하여 그 초과하는 금액을 지급하는 경우

정답 | 04 ⑤ 05 ①

06 국토의 계획 및 이용에 관한 법령상 도시·군계획시설사업에 관한 설명으로 <u>틀린</u> 것은?

제32회

① 도시·군계획시설은 기반시설 중 도시·군관리계획으로 결정된 시설이다.
② 도시·군계획시설사업이 같은 도의 관할 구역에 속하는 둘 이상의 시 또는 군에 걸쳐 시행되는 경우에는 국토교통부장관이 시행자를 정한다.
③ 한국토지주택공사는 도시·군계획시설사업 대상 토지소유자 동의요건을 갖추지 않아도 도시·군계획시설사업의 시행자로 지정을 받을 수 있다.
④ 도시·군계획시설사업 실시계획에는 사업의 착수예정일 및 준공예정일도 포함되어야 한다.
⑤ 도시·군계획시설사업 실시계획인가 내용과 다르게 도시·군계획시설사업을 하여 토지의 원상회복명령을 받은 자가 원상회복을 하지 아니하면 「행정대집행법」에 따른 행정대집행에 따라 원상회복을 할 수 있다.

톺아보기

★ 도시·군계획시설사업이 둘 이상의 특별시·광역시·특별자치시·특별자치도·시 또는 군의 관할 구역에 걸쳐 시행되게 되는 경우에는 관계 특별시장·광역시장·특별자치시장·특별자치도지사·시장 또는 군수가 서로 협의하여 시행자를 정한다.

07 국토의 계획 및 이용에 관한 법령상 사업시행자가 공동구를 설치하여야 하는 지역 등을 모두 고른 것은? (단, 지역 등의 규모는 200만m²를 초과함) 제31회

㉠ 「공공주택 특별법」에 따른 공공주택지구
㉡ 「도시 및 주거환경정비법」에 따른 정비구역
㉢ 「산업입지 및 개발에 관한 법률」에 따른 일반산업단지
㉣ 「도청이전을 위한 도시건설 및 지원에 관한 특별법」에 따른 도청이전신도시

① ㉠, ㉡, ㉢
② ㉠, ㉡, ㉣
③ ㉠, ㉢, ㉣
④ ㉡, ㉢, ㉣
⑤ ㉠, ㉡, ㉢, ㉣

톺아보기

해당하는 것은 ㉠㉡㉣이다.
㉢ 「산업입지 및 개발에 관한 법률」에 따른 일반산업단지는 공동구를 설치해야 하는 지역이 아니다.

더 알아보기

공동구의 설치의무

다음에 해당하는 지역 등이 200만m²를 초과하는 경우에는 사업시행자는 공동구를 설치해야 한다.
1. 「도시개발법」에 따른 도시개발구역
2. 「택지개발촉진법」에 따른 택지개발지구
3. 「경제자유구역의 지정 및 운영에 관한 특별법」에 따른 경제자유구역
4. 「도시 및 주거환경정비법」에 따른 정비구역
5. 그 밖에 대통령령으로 정하는 지역
   • 「공공주택 특별법」에 따른 공공주택지구
   • 「도청이전을 위한 도시건설 및 지원에 관한 특별법」에 따른 도청이전신도시

정답 | 06 ② 07 ②

08 국토의 계획 및 이용에 관한 법령상 도시·군계획시설에 관한 설명으로 옳은 것은?

제29회

① 「도시개발법」에 따른 도시개발구역이 200만m²를 초과하는 경우 해당 구역에서 개발사업을 시행하는 자는 공동구를 설치하여야 한다.
② 공동구관리자는 10년마다 해당 공동구의 안전 및 유지관리계획을 수립·시행하여야 한다.
③ 도시·군계획시설 부지의 매수청구시 매수의무자가 매수하지 아니하기로 결정한 날부터 1년이 경과하면 토지소유자는 해당 용도지역에서 허용되는 건축물을 건축할 수 있다.
④ 도시·군계획시설 부지로 되어 있는 토지의 소유자는 도시·군계획시설결정의 실효시까지 그 토지의 도시·군계획시설결정 해제를 위한 도시·군관리계획 입안을 신청할 수 없다.
⑤ 도시·군계획시설에 대해서 시설결정이 고시된 날부터 10년이 지날 때까지 도시·군계획시설사업이 시행되지 아니한 경우 그 도시·군계획시설의 결정은 효력을 잃는다.

톺아보기

★ ① 「도시개발법」에 따른 도시개발구역이 200만m²를 초과하는 경우 해당 구역에서 개발사업을 시행하는 자는 공동구를 설치해야 한다.

[오답해설]

★ ② 공동구관리자는 5년마다 공동구의 안전 및 유지관리계획을 수립·시행해야 한다.
★ ③ 매수청구를 한 토지의 소유자는 매수의무자가 ⊙ 매수하지 않기로 결정한 경우 또는 ⓒ 매수결정을 알린 날부터 2년이 지날 때까지 해당 토지를 매수하지 않는 경우 개발행위허가를 받아 대통령령으로 정하는 건축물 또는 공작물을 설치할 수 있다.
  1. 단독주택으로서 3층 이하인 것
  2. 제1종 근린생활시설로서 3층 이하인 것
  3. 제2종 근린생활시설(다중생활시설, 단란주점, 안마시술소 및 노래연습장은 제외)로서 3층 이하인 것
  4. 공작물
④ 도시·군계획시설결정의 고시일부터 10년 이내에 그 도시·군계획시설의 설치에 관한 도시·군계획시설사업이 시행되지 않은 경우로서 단계별 집행계획상 해당 도시·군계획시설의 실효시까지 집행계획이 없는 경우에는 그 도시·군계획시설 부지로 되어 있는 토지의 소유자는 대통령령으로 정하는 바에 따라 해당 도시·군계획시설에 대한 도시·군관리계획 입안권자에게 그 토지의 도시·군계획시설결정 해제를 위한 도시·군관리계획 입안을 신청할 수 있다.
★ ⑤ 도시·군계획시설결정이 고시된 도시·군계획시설에 대하여 그 고시일부터 20년이 지날 때까지 그 시설의 설치에 관한 도시·군계획시설사업이 시행되지 않는 경우 그 도시·군계획시설결정은 그 고시일부터 20년이 되는 날의 다음 날에 그 효력을 잃는다.

09 국토의 계획 및 이용에 관한 법령상 도시·군계획시설사업의 시행 등에 관한 설명으로 틀린 것은?
제28회

① 지방자치단체가 직접 시행하는 경우에는 이행보증금을 예치하여야 한다.
② 광역시장이 단계별 집행계획을 수립하고자 하는 때에는 미리 관계 행정기관의 장과 협의하여야 하며, 해당 지방의회의 의견을 들어야 한다.
③ 둘 이상의 시 또는 군의 관할 구역에 걸쳐 시행되는 도시·군계획시설사업이 광역도시계획과 관련된 경우 도지사는 관계 시장 또는 군수의 의견을 들어 직접 시행할 수 있다.
④ 시행자는 도시·군계획시설사업을 효율적으로 추진하기 위하여 필요하다고 인정되면 사업시행대상 지역을 둘 이상으로 분할하여 시행할 수 있다.
⑤ 행정청인 시행자는 이해관계인의 주소 또는 거소(居所)가 불분명하여 서류를 송달할 수 없는 경우 그 서류의 송달에 갈음하여 그 내용을 공시할 수 있다.

톺아보기
★ 지방자치단체가 시행자일 경우 이행보증금을 예치하지 않는다.

10 국토의 계획 및 이용에 관한 법령상 광역계획권과 광역시설에 관한 설명으로 틀린 것은?
제28회 수정

① 국토교통부장관은 인접한 둘 이상의 특별시·광역시·특별자치시의 관할 구역 전부 또는 일부를 광역계획권으로 지정할 수 있다.
② 광역시설의 설치 및 관리는 공동구의 설치에 관한 규정에 따른다.
③ 장사시설, 도축장은 광역시설이 될 수 있다.
④ 관계 특별시장·광역시장·특별자치시장·특별자치도지사는 협약을 체결하거나 협의회 등을 구성하여 광역시설을 설치·관리할 수 있다.
⑤ 국가계획으로 설치하는 광역시설은 그 광역시설의 설치·관리를 사업목적 또는 사업종목으로 하여 다른 법률에 따라 설립된 법인이 설치·관리할 수 있다.

톺아보기
광역시설의 설치 및 관리는 도시·군계획시설의 설치·관리에 관한 규정(「국토의 계획 및 이용에 관한 법률」 제43조)에 따른다.

정답 | 08 ① 09 ① 10 ②

11 국토의 계획 및 이용에 관한 법령상 도시·군계획시설사업에 관한 설명으로 틀린 것은?

제27회

① 도시·군관리계획으로 결정된 하천의 정비사업은 도시·군계획시설사업에 해당한다.
② 한국토지주택공사가 도시·군계획시설사업의 시행자로 지정을 받으려면 사업대상 토지면적의 3분의 2 이상의 토지소유자의 동의를 받아야 한다.
③ 도시·군계획시설사업의 시행자는 도시·군계획시설사업에 필요한 토지나 건축물을 수용할 수 있다.
④ 행정청인 도시·군계획시설사업의 시행자가 도시·군계획시설사업에 의하여 새로 공공시설을 설치한 경우 새로 설치된 공공시설은 그 시설을 관리할 관리청에 무상으로 귀속된다.
⑤ 도시·군계획시설결정의 고시일로부터 20년이 지날 때까지 그 시설의 설치에 관한 도시·군계획시설사업이 시행되지 아니하는 경우, 그 도시·군계획시설결정은 그 고시일로부터 20년이 되는 날의 다음 날에 효력을 잃는다.

톺아보기

한국토지주택공사가 시행자로 지정받으려는 경우에는 토지소유자의 동의가 필요 없다.

12 국토의 계획 및 이용에 관한 법령상 도시·군계획시설에 관한 설명으로 옳은 것은?

제26회

① 도시지역에서 사회복지시설을 설치하려면 미리 도시·군관리계획으로 결정하여야 한다.
② 도시·군계획시설 부지에 대한 매수청구의 대상은 지목이 대(垈)인 토지에 한정되며, 그 토지에 있는 건축물은 포함되지 않는다.
③ 용도지역 안에서의 건축물의 용도·종류 및 규모의 제한에 대한 규정은 도시·군계획시설에 대해서도 적용된다.
④ 도시·군계획시설 부지에서 도시·군관리계획을 입안하는 경우에는 그 계획의 입안을 위한 토지적성평가를 실시하지 아니할 수 있다.
⑤ 도시·군계획시설사업의 시행자가 행정청인 경우, 시행자의 처분에 대해서는 행정심판을 제기할 수 없다.

톺아보기

오답해설
① 도시지역에서 사회복지시설을 설치하려는 경우에는 미리 도시·군관리계획으로 결정하지 않는다.
★ ② 도시·군계획시설의 부지로 되어 있는 토지 중 지목(地目)이 대(垈)인 토지(그 토지에 있는 건축물 및 정착물을 포함한다)의 소유자는 대통령령으로 정하는 바에 따라 특별시장·광역시장·특별자치시장·특별자치도지사·시장 또는 군수에게 그 토지의 매수를 청구할 수 있다.
③ 도시·군계획시설에 대하여는 용도지역·용도지구 안에서의 건축제한의 규정을 적용하지 않는다.
⑤ 도시·군계획시설사업 시행자의 처분에 대하여는 「행정심판법」에 따라 행정심판을 제기할 수 있다. 이 경우 행정청이 아닌 시행자의 처분에 대하여는 그 시행자를 지정한 자에게 행정심판을 제기해야 한다.

정답 | 11 ② 12 ④

13 국토의 계획 및 이용에 관한 법령상 도시·군계획시설에 관한 설명으로 옳은 것은?

제24회

① 도시지역에서 장사시설·종합의료시설·폐차장인 기반시설을 설치하려는 경우에는 미리 도시·군관리계획으로 결정해야 한다.
② 도시·군계획시설결정의 고시일부터 10년 이내에 도시·군계획시설사업에 관한 실시계획의 인가만 있고 사업이 시행되지 않는 경우에는 그 시설부지의 매수청구권이 인정된다.
③ 지방의회로부터 장기미집행 시설의 해제권고를 받은 시장·군수는 도지사가 결정한 도시·군관리계획의 해제를 도시·군관리계획으로 결정할 수 있다.
④ 도지사가 시행한 도시·군계획시설사업으로 그 도에 속하지 않는 군이 현저히 이익을 받는 경우, 해당 도지사와 군수간의 비용부담에 관한 협의가 성립되지 않는 때에는 행정안전부장관이 결정하는 바에 따른다.
⑤ 도시·군계획시설사업이 둘 이상의 지방자치단체의 관할 구역에 걸쳐 시행되는 경우, 사업시행자에 대한 협의가 성립되지 않는 때에는 사업면적이 가장 큰 지방자치단체가 사업시행자가 된다.

톺아보기

오답해설

① 도시지역에서 장사시설·종합의료시설·폐차장인 기반시설을 설치하려는 경우에는 미리 도시·군관리계획으로 결정하지 않는다.
★ ② 도시·군계획시설결정의 고시일부터 10년 이내에 그 도시·군계획시설의 설치에 관한 도시·군계획시설사업이 시행되지 않는 경우(실시계획의 인가나 그에 상당하는 절차가 진행된 경우는 제외한다) 매수청구할 수 있다.
③ 시장 또는 군수는 도지사가 결정한 도시·군관리계획의 해제가 필요한 경우에는 도지사에게 그 결정을 신청해야 한다.
★ ⑤ 협의가 성립되지 않는 경우 같은 도의 관할 구역에 속하는 경우에는 관할 도지사가, 둘 이상의 시·도의 관할 구역에 걸치는 경우에는 국토교통부장관이 시행자를 지정한다.

14 상중하

甲 소유의 토지는 A광역시 B구에 소재한 지목이 대(垈)인 토지로서 한국토지주택공사를 사업시행자로 하는 도시·군계획시설 부지이다. 甲의 토지에 대해 국토의 계획 및 이용에 관한 법령상 도시·군계획시설 부지의 매수청구권이 인정되는 경우, 이에 관한 설명으로 옳은 것은? (단, 도시·군계획시설의 설치의무자는 사업시행자이며, 조례는 고려하지 않음) 제27회

① 甲의 토지의 매수의무자는 B구청장이다.
② 甲이 매수청구를 할 수 있는 대상은 토지이며, 그 토지에 있는 건축물은 포함되지 않는다.
③ 甲이 원하는 경우 매수의무자는 도시·군계획시설채권을 발행하여 그 대금을 지급할 수 있다.
④ 매수의무자는 매수청구를 받은 날부터 6개월 이내에 매수 여부를 결정하여 甲과 A광역시장에게 알려야 한다.
⑤ 매수청구에 대해 매수의무자가 매수하지 아니하기로 결정한 경우 甲은 자신의 토지에 2층의 다세대주택을 건축할 수 있다.

톺아보기

오답해설

① 사업시행자인 한국토지주택공사가 매수의무자이다.
② 토지에 있는 건축물 및 정착물을 포함하여 매수청구할 수 있다.
★ ③ 매수의무자가 지방자치단체인 경우에만 도시·군계획시설채권을 발행하여 대금을 지급할 수 있다.
⑤ 매수청구에 대해 매수의무자가 매수하지 않기로 결정한 경우 다세대주택은 건축할 수 없다.

더 알아보기

장기미집행 도시·군계획시설 부지의 건축제한의 완화

매수청구를 한 토지의 소유자는 매수의무자가 ㉠ 매수하지 않기로 결정한 경우 또는 ㉡ 매수결정을 알린 날부터 2년이 지날 때까지 해당 토지를 매수하지 않는 경우 개발행위허가를 받아 다음의 건축물 또는 공작물을 설치할 수 있다.
1. 단독주택으로서 3층 이하인 것
2. 제1종 근린생활시설로서 3층 이하인 것
3. 제2종 근린생활시설(단란주점, 다중생활시설, 안마시술소 및 노래연습장은 제외한다)로서 3층 이하인 것
4. 공작물

정답 | 13 ④ 14 ④

15 국토의 계획 및 이용에 관한 법령상 매수의무자인 지방자치단체가 매수청구를 받은 장기미집행 도시·군계획시설 부지 중 지목이 대(垈)인 토지를 매수할 때에 관한 설명으로 틀린 것은?

제25회

① 토지소유자가 원하면 도시·군계획시설채권을 발행하여 매수대금을 지급할 수 있다.
② 도시·군계획시설채권의 상환기간은 10년 이내에서 정해진다.
③ 매수청구된 토지의 매수가격·매수절차 등에 관하여 「국토의 계획 및 이용에 관한 법률」에 특별한 규정이 있는 경우 외에는 「공익사업을 위한 토지 등의 취득 및 보상에 관한 법률」을 준용한다.
④ 비업무용 토지로서 매수대금이 2천만원을 초과하는 경우 매수의무자는 그 초과하는 금액에 대해서 도시·군계획시설채권을 발행하여 지급할 수 있다.
⑤ 매수의무자가 매수하기로 결정한 토지는 매수결정을 알린 날부터 2년 이내에 매수하여야 한다.

톺아보기

비업무용 토지로서 매수대금이 3천만원을 초과하는 경우 매수의무자는 그 초과하는 금액에 대해서 도시·군계획시설채권을 발행하여 지급할 수 있다.

더 알아보기

도시·군계획시설채권을 발행하여 매수대금을 지급하는 경우

다음에 해당하는 경우로서 매수의무자가 지방자치단체인 경우에는 도시·군계획시설채권을 발행하여 지급할 수 있다.
1. 토지소유자가 원하는 경우
2. 부재부동산 소유자의 토지 또는 비업무용 토지로서 매수대금이 3천만원을 초과하여 그 초과하는 금액을 지급하는 경우

16 국토의 계획 및 이용에 관한 법령상 도시·군계획시설결정의 실효 등에 관한 설명으로 옳은 것은?

제23회

① 도시·군계획시설결정이 고시된 도시·군계획시설에 대하여 고시일부터 10년이 지날 때까지 그 시설의 설치에 관한 사업이 시행되지 아니하는 경우 그 결정은 효력을 잃는다.
② 지방의회는 도시·군계획시설결정·고시일부터 10년이 지날 때까지 해당 시설의 설치에 관한 사업이 시행되지 아니하는 경우에는 그 현황과 단계별 집행계획을 수립하여야 한다.
③ 장기미집행 도시·군계획시설결정의 해제를 권고받은 시장 또는 군수는 그 시설의 해제를 위한 도시·군관리계획의 결정을 국토교통부장관에게 신청하여야 한다.
④ 장기미집행 도시·군계획시설결정의 해제를 신청받은 도지사는 특별한 사유가 없으면 신청을 받은 날부터 1년 이내에 해당 도시·군계획시설의 해제를 위한 도시·군관리계획결정을 하여야 한다.
⑤ 시장 또는 군수는 도시·군계획시설결정이 효력을 잃으면 지체 없이 그 사실을 고시하여야 한다.

톺아보기

오답해설

① 도시·군계획시설결정이 고시된 도시·군계획시설에 대하여 그 고시일부터 20년이 지날 때까지 그 시설의 설치에 관한 도시·군계획시설사업이 시행되지 않는 경우 그 도시·군계획시설결정은 그 고시일부터 20년이 되는 날의 다음 날에 그 효력을 잃는다.
② 특별시장·광역시장·특별자치시장·특별자치도지사·시장 또는 군수는 도시·군계획시설결정이 고시된 도시·군계획시설(국토교통부장관이 결정·고시한 도시·군계획시설은 제외한다)을 설치할 필요성이 없어진 경우 또는 그 고시일부터 10년이 지날 때까지 해당 시설의 설치에 관한 도시·군계획시설사업이 시행되지 않는 경우에는 대통령령으로 정하는 바에 따라 그 현황과 단계별 집행계획을 해당 지방의회에 보고해야 한다.
③ 장기미집행 도시·군계획시설 등의 해제를 권고받은 지방자치단체의 장은 특별한 사유가 있는 경우를 제외하고는 해당 장기미집행 도시·군계획시설 등의 해제권고를 받은 날부터 1년 이내에 해제를 위한 도시·군관리계획을 결정해야 한다. 이 경우 시장 또는 군수는 도지사가 결정한 도시·군관리계획의 해제가 필요한 경우에는 도지사에게 그 결정을 신청해야 한다.
⑤ 국토교통부장관, 시·도지사 또는 대도시 시장은 도시·군계획시설결정이 효력을 잃으면 대통령령으로 정하는 바에 따라 지체 없이 그 사실을 고시해야 한다.

제7장 / 지구단위계획

기본서 p.139~149

01 국토의 계획 및 이용에 관한 법령상 지구단위계획구역의 지정에 관한 설명으로 옳은 것은? (단, 조례는 고려하지 않음) 제34회

① 「산업입지 및 개발에 관한 법률」에 따른 준산업단지에 대하여는 지구단위계획구역을 지정할 수 없다.
② 도시지역 내 복합적인 토지이용을 증진시킬 필요가 있는 지역으로서 지구단위계획구역을 지정할 수 있는 지역에 일반공업지역은 해당하지 않는다.
③ 「택지개발촉진법」에 따라 지정된 택지개발지구에서 시행되는 사업이 끝난 후 5년이 지나면 해당 지역은 지구단위계획구역으로 지정해야 한다.
④ 도시지역 외의 지역을 지구단위계획구역으로 지정하려면 지정하려는 구역면적의 3분의 2 이상이 계획관리지역이어야 한다.
⑤ 농림지역에 위치한 산업·유통개발진흥지구는 지구단위계획구역으로 지정할 수 있는 대상 지역에 포함되지 않는다.

톺아보기

오답해설
① 준산업단지에 지구단위계획구역을 지정할 수 있다.
★ ③ 택지개발지구에서 시행되는 사업이 끝난 후 10년이 지난 지역은 지구단위계획구역으로 지정해야 한다.
④ 지정하려는 구역면적의 100분의 50 이상이 계획관리지역이어야 한다.
⑤ 농림지역에 위치한 산업·유통개발진흥지구는 지구단위계획구역으로 지정할 수 있다.

02 국토의 계획 및 이용에 관한 법령상 도시·군관리계획결정의 실효에 관한 설명이다. ( )에 들어갈 공통된 숫자로 옳은 것은?

제34회

> 지구단위계획(주민이 입안을 제안한 것에 한정한다)에 관한 도시·군관리계획결정의 고시일부터 ( )년 이내에 「국토의 계획 및 이용에 관한 법률」 또는 다른 법률에 따라 허가·인가·승인 등을 받아 사업이나 공사에 착수하지 않으면 그 ( )년이 된 날의 다음 날에 그 지구단위계획에 관한 도시·군관리계획결정은 효력을 잃는다.

① 2 ② 3 ③ 5
④ 10 ⑤ 20

톺아보기

★ 지구단위계획(주민이 입안을 제안한 것에 한정한다)에 관한 도시·군관리계획결정의 고시일부터 '5'년 이내에 「국토의 계획 및 이용에 관한 법률」 또는 다른 법률에 따라 허가·인가·승인 등을 받아 사업이나 공사에 착수하지 않으면 그 '5'년이 된 날의 다음 날에 그 지구단위계획에 관한 도시·군관리계획결정은 효력을 잃는다.

정답 | 01 ② 02 ③

03 국토의 계획 및 이용에 관한 법령상 지구단위계획구역과 지구단위계획에 관한 설명으로 틀린 것은? (단, 조례는 고려하지 않음) 제32회

① 지구단위계획이 수립되어 있는 지구단위계획구역에서 공사기간 중 이용하는 공사용 가설건축물을 건축하려면 그 지구단위계획에 맞게 하여야 한다.
② 지구단위계획은 해당 용도지역의 특성을 고려하여 수립한다.
③ 시장 또는 군수가 입안한 지구단위계획구역의 지정·변경에 관한 도시·군관리계획은 시장 또는 군수가 직접 결정한다.
④ 지구단위계획구역 및 지구단위계획은 도시·군관리계획으로 결정한다.
⑤ 「관광진흥법」에 따라 지정된 관광단지의 전부 또는 일부에 대하여 지구단위계획구역을 지정할 수 있다.

톺아보기

공사기간 중 이용하는 공사용 가설건축물은 제외된다.

더 알아보기

지구단위계획구역에서의 건축제한

지구단위계획구역에서 건축물을 건축 또는 용도변경하거나 공작물을 설치하려면 그 지구단위계획에 맞게 해야 한다. 다만, 일정 기간 내 철거가 예상되는 경우 등 대통령령으로 정하는 다음의 어느 하나에 해당하는 가설건축물은 제외한다.

1. 존치기간(연장된 존치기간을 포함한 총존치기간을 말한다)이 3년의 범위에서 해당 특별시·광역시·특별자치시·특별자치도·시 또는 군의 도시·군계획조례로 정한 존치기간 이내인 가설건축물. 다만, 다음의 어느 하나에 해당하는 가설건축물의 경우에는 각각 다음의 기준에 따라 존치기간을 연장할 수 있다.
   (1) 국가 또는 지방자치단체가 공익목적으로 건축하는 가설건축물 또는 전시를 위한 견본주택이나 그 밖에 이와 비슷한 가설건축물: 횟수별 3년의 범위에서 도시·군계획조례로 정하는 횟수만큼
   (2) 「건축법」에 따라 허가를 받아 도시·군계획시설 및 도시·군계획시설예정지에서 건축하는 가설건축물: 도시·군계획사업이 시행될 때까지
2. 재해복구기간 중 이용하는 재해복구용 가설건축물
3. 공사기간 중 이용하는 공사용 가설건축물

04 국토의 계획 및 이용에 관한 법령상 도시지역 외 지구단위계획구역에서 지구단위계획에 의한 건폐율 등의 완화적용에 관한 설명으로 틀린 것은? 제29회

① 해당 용도지역 또는 개발진흥지구에 적용되는 건폐율의 150% 이내에서 건폐율을 완화하여 적용할 수 있다.
② 해당 용도지역 또는 개발진흥지구에 적용되는 용적률의 200% 이내에서 용적률을 완화하여 적용할 수 있다.
③ 해당 용도지역에 적용되는 건축물 높이의 120% 이내에서 높이제한을 완화하여 적용할 수 있다.
④ 계획관리지역에 지정된 개발진흥지구 내의 지구단위계획구역에서는 건축물의 용도·종류 및 규모 등을 완화하여 적용할 수 있다.
⑤ 계획관리지역 외의 지역에 지정된 개발진흥지구 내의 지구단위계획구역에서는 건축물의 용도·종류 및 규모 등을 완화하여 적용할 경우 아파트 및 연립주택은 허용되지 아니한다.

톺아보기

도시지역 외 지구단위계획구역에서는 건축물의 높이제한을 완화하여 적용할 수 없다.

더 알아보기

지구단위계획구역에서 행위제한 등의 완화

구분	건축제한	건폐율	용적률	높이제한	주차장 설치
도시지역	완화적용	150%	200%	120%	100%
도시지역 외	완화적용	150%	200%	×	×

정답 | 03 ① 04 ③

05 국토의 계획 및 이용에 관한 법령상 지구단위계획 등에 관한 설명으로 틀린 것은?

제28회

① 「관광진흥법」에 따라 지정된 관광특구에 대하여 지구단위계획구역을 지정할 수 있다.
② 도시지역 외의 지역도 지구단위계획구역으로 지정될 수 있다.
③ 건축물의 형태·색채에 관한 계획도 지구단위계획의 내용으로 포함될 수 있다.
④ 지구단위계획으로 차량진입금지구간을 지정한 경우 「주차장법」에 따른 주차장 설치기준을 최대 80%까지 완화하여 적용할 수 있다.
⑤ 주민은 시장 또는 군수에게 지구단위계획구역의 지정에 관한 사항에 대하여 도시·군관리계획의 입안을 제안할 수 있다.

톺아보기

지구단위계획구역의 지정목적이 다음의 어느 하나에 해당하는 경우에는 지구단위계획으로 「주차장법」에 의한 주차장 설치기준을 100%까지 완화하여 적용할 수 있다.
1. 한옥마을을 보존하고자 하는 경우
2. 차 없는 거리를 조성하고자 하는 경우(지구단위계획으로 보행자전용도로를 지정하거나 차량의 출입을 금지한 경우를 포함한다)
3. 그 밖에 국토교통부령이 정하는 경우: 원활한 교통소통 또는 보행환경 조성을 위하여 도로에서 대지로의 차량통행이 제한되는 차량진입금지구간을 지정한 경우

06 국토의 계획 및 이용에 관한 법령상 지구단위계획에 관한 설명으로 <u>틀린</u> 것은?

제27회 수정

① 지구단위계획은 도시·군관리계획으로 결정한다.
② 두 개의 노선이 교차하는 대중교통 결절지로부터 2km 이내에 위치한 지역은 지구단위계획구역으로 지정하여야 한다.
③ 시·도지사는 「도시개발법」에 따라 지정된 도시개발구역의 전부 또는 일부에 대하여 지구단위계획구역을 지정할 수 있다.
④ 지구단위계획의 수립기준은 국토교통부장관이 정한다.
⑤ 도시지역 외의 지역으로서 용도지구를 폐지하고 그 용도지구에서의 행위제한 등을 지구단위계획으로 대체하려는 지역은 지구단위계획구역으로 지정될 수 있다.

톺아보기

세 개 이상의 노선이 교차하는 대중교통 결절지(結節地)로부터 1km 이내에 위치한 지역에 대하여 지구단위계획구역을 지정할 수 있다.

정답 | 05 ④ 06 ②

07 상중하

국토의 계획 및 이용에 관한 법령상 일반상업지역 내의 지구단위계획구역에서 건폐율이 60%이고 대지면적이 400m²인 부지에 건축물을 건축하려는 자가 그 부지 중 100m²를 공공시설의 부지로 제공하는 경우, 지구단위계획으로 완화하여 적용할 수 있는 건폐율의 최대한도(%)는 얼마인가? (단, 조례는 고려하지 않으며, 건축주가 용도폐지되는 공공시설을 무상양수 받은 경우가 아님) 제27회

① 60   ② 65   ③ 70
④ 75   ⑤ 80

톺아보기

완화할 수 있는 건폐율의 최대한도는 60% × [1 + (100m² ÷ 400m²)] = 75%이다.

더 알아보기

완화할 수 있는 건폐율

해당 용도지역에 적용되는 건폐율 × [1 + (공공시설 등의 부지로 제공하는 면적 ÷ 원래의 대지면적)] 이내

08 국토의 계획 및 이용에 관한 법령상 지구단위계획에 대한 설명으로 옳은 것은?

제15회 수정

① 자연녹지지역에 지정된 10만m² 규모의 근린공원이 해제된 경우 해당 지역은 지구단위계획구역으로 지정해야 한다.
② 지구단위계획에는 보행안전 등을 고려한 교통처리계획이 반드시 포함되어야 한다.
③ 생산관리지역에 지정된 주거개발진흥지구는 지구단위계획을 수립하여 개발할 수 있다.
④ 지구단위계획구역 안에서 건폐율 및 용적률을 완화하여 적용하는 경우에는 해당 용도지역 또는 용도지구에 적용되는 건폐율의 150% 및 용적률의 200%를 각각 초과할 수 없다.
⑤ 지구단위계획수립을 통해서 복합개발진흥지구를 산업·유통개발진흥지구로 변경할 수 없다.

톺아보기

오답해설

★ ① 공원에서 해제되는 지역으로서 그 면적이 30만m² 이상인 지역은 지구단위계획구역으로 지정해야 한다.
★ ② 지구단위계획에는 다음의 사항을 포함한 둘 이상의 사항이 포함되어야 한다.
　1. 대통령령으로 정하는 기반시설의 배치와 규모
　2. 건축물의 용도제한, 건축물의 건폐율 또는 용적률, 건축물 높이의 최고한도 또는 최저한도
③ 주거개발진흥지구는 계획관리지역에 지정된 경우에 한하여 지구단위계획구역으로 지정할 수 있다.
⑤ 지구단위계획으로 용도지구를 대통령령으로 정하는 범위에서 세분하거나 변경할 수 있다.

정답 | 07 ④　08 ④

제8장 / 개발행위허가

기본서 p.150~174

01

국토의 계획 및 이용에 관한 법령상 개발행위허가(이하 '허가'라 함)에 관한 설명으로 옳은 것은?

제35회

① 도시·군계획사업에 의하여 10층 이상의 건축물을 건축하려는 경우에는 허가를 받아야 한다.
② 건축물의 건축에 대한 허가를 받은 자가 그 건축을 완료하고 「건축법」에 따른 건축물의 사용승인을 받은 경우 허가권자의 준공검사를 받지 않아도 된다.
③ 허가를 받은 건축물의 연면적을 5% 범위에서 축소하려는 경우에는 허가권자에게 미리 신고하여야 한다.
④ 허가의 신청이 있는 경우 특별한 사유가 없으면 도시계획위원회의 심의 또는 기타 협의 기간을 포함하여 15일 이내에 허가 또는 불허가의 처분을 하여야 한다.
⑤ 국토교통부장관이 지구단위계획구역으로 지정된 지역에 대하여 허가의 제한을 연장하려면 중앙도시계획위원회의 심의를 거쳐야 한다.

톺아보기

오답해설

★ ① 도시·군계획사업에 의한 개발행위는 허가를 받지 않는다.
③ 경미한 사항을 변경한 때에는 지체 없이 그 사실을 허가권자에게 통지해야 한다.
④ 허가권자는 개발행위허가의 신청에 대하여 특별한 사유가 없으면 15일(심의 또는 협의기간을 제외한다) 이내에 허가 또는 불허가의 처분을 해야 한다.
⑤ 지구단위계획구역으로 지정된 지역에 대해서는 중앙도시계획위원회나 지방도시계획위원회의 심의를 거치지 않고 한 차례만 2년 이내의 기간 동안 개발행위허가의 제한을 연장할 수 있다.

02 국토의 계획 및 이용에 관한 법령상 개발행위허가에 관한 설명으로 틀린 것은?

제34회

① 농림지역에 물건을 1개월 이상 쌓아놓는 행위는 개발행위허가의 대상이 아니다.
② 「사방사업법」에 따른 사방사업을 위한 개발행위에 대하여 허가를 하는 경우 중앙도시계획위원회와 지방도시계획위원회의 심의를 거치지 않는다.
③ 일정 기간 동안 개발행위허가를 제한할 수 있는 대상 지역에 지구단위계획구역은 포함되지 않는다.
④ 기반시설부담구역으로 지정된 지역에 대해서는 중앙도시계획위원회나 지방도시계획위원회의 심의를 거치지 않고 개발행위허가의 제한을 연장할 수 있다.
⑤ 개발행위허가의 제한을 연장하는 경우 그 연장기간은 2년을 넘을 수 없다.

톺아보기

★ 지구단위계획구역으로 지정된 지역에 대해서는 개발행위허가를 제한할 수 있다.

더 알아보기

개발행위허가의 제한

국토교통부장관, 시·도지사, 시장 또는 군수는 다음의 어느 하나에 해당되는 지역으로서 도시·군관리계획상 특히 필요하다고 인정되는 지역에 대해서는 중앙도시계획위원회나 지방도시계획위원회의 심의를 거쳐 한 차례만 3년 이내의 기간 동안 개발행위허가를 제한할 수 있다. 다만, 3.부터 5.까지에 해당하는 지역에 대해서는 중앙도시계획위원회나 지방도시계획위원회의 심의를 거치지 않고 한 차례만 2년 이내의 기간 동안 개발행위허가의 제한을 연장할 수 있다.

1. 녹지지역이나 계획관리지역으로서 수목이 집단적으로 자라고 있거나 조수류 등이 집단적으로 서식하고 있는 지역 또는 우량농지 등으로 보전할 필요가 있는 지역
2. 개발행위로 인하여 주변의 환경·경관·미관·「국가유산기본법」에 따른 국가유산 등이 크게 오염되거나 손상될 우려가 있는 지역
3. 도시·군기본계획이나 도시·군관리계획을 수립하고 있는 지역으로서 그 도시·군기본계획이나 도시·군관리계획이 결정될 경우 용도지역·용도지구 또는 용도구역의 변경이 예상되고 그에 따라 개발행위허가의 기준이 크게 달라질 것으로 예상되는 지역
4. 지구단위계획구역으로 지정된 지역
5. 기반시설부담구역으로 지정된 지역

정답 | 01 ② 02 ③

03 국토의 계획 및 이용에 관한 법령상 개발행위허가에 관한 설명으로 옳은 것은? (단, 조례는 고려하지 않음)

제33회

① 「사방사업법」에 따른 사방사업을 위한 개발행위를 허가하려면 지방도시계획위원회의 심의를 거쳐야 한다.
② 토지의 일부가 도시·군계획시설로 지형도면고시가 된 해당 토지의 분할은 개발행위허가를 받아야 한다.
③ 국토교통부장관은 개발행위로 인하여 주변의 환경이 크게 오염될 우려가 있는 지역에서 개발행위허가를 제한하고자 하는 경우 중앙도시계획위원회의 심의를 거쳐야 한다.
④ 시·도지사는 기반시설부담구역으로 지정된 지역에 대해서는 10년간 개발행위허가를 제한할 수 있다.
⑤ 토지분할을 위한 개발행위허가를 받은 자는 그 개발행위를 마치면 시·도지사의 준공검사를 받아야 한다.

톺아보기

오답해설

① 「사방사업법」에 따른 사방사업을 위한 개발행위는 중앙도시계획위원회와 지방도시계획위원회의 심의를 거치지 않는다.
② 토지의 일부가 도시·군계획시설로 지형도면고시가 된 해당 토지의 분할은 개발행위허가를 받지 않고 할 수 있다.
★ ④ 국토교통부장관, 시·도지사, 시장 또는 군수는 기반시설부담구역으로 지정된 지역에 대해서는 중앙도시계획위원회나 지방도시계획위원회의 심의를 거쳐 한 차례만 3년 이내의 기간 동안 개발행위허가를 제한할 수 있다. 다만, 중앙도시계획위원회나 지방도시계획위원회의 심의를 거치지 않고 한 차례만 2년 이내의 기간 동안 개발행위허가의 제한을 연장할 수 있다.
★ ⑤ 토지분할에 대한 개발행위허가를 받은 자는 그 개발행위를 마치면 특별시장·광역시장·특별자치시장·특별자치도지사·시장 또는 군수의 준공검사를 받지 않는다.

04 국토의 계획 및 이용에 관한 법령상 개발행위허가를 받은 자가 행정청인 경우 개발행위에 따른 공공시설의 귀속에 관한 설명으로 옳은 것은? (단, 다른 법률은 고려하지 않음) 제33회

① 개발행위허가를 받은 자가 새로 공공시설을 설치한 경우, 새로 설치된 공공시설은 그 시설을 관리할 관리청에 무상으로 귀속된다.
② 개발행위로 용도가 폐지되는 공공시설은 새로 설치한 공공시설의 설치비용에 상당하는 범위에서 개발행위허가를 받은 자에게 무상으로 양도할 수 있다.
③ 공공시설의 관리청이 불분명한 경우 하천에 대하여는 국토교통부장관을 관리청으로 본다.
④ 관리청에 귀속되거나 개발행위허가를 받은 자에게 양도될 공공시설은 준공검사를 받음으로써 관리청과 개발행위허가를 받은 자에게 각각 귀속되거나 양도된 것으로 본다.
⑤ 개발행위허가를 받은 자는 국토교통부장관의 허가를 받아 그에게 귀속된 공공시설의 처분으로 인한 수익금을 도시·군계획사업 외의 목적에 사용할 수 있다.

톺아보기

★ ① 개발행위허가를 받은 자가 새로 공공시설을 설치한 경우, 새로 설치된 공공시설은 그 시설을 관리할 관리청에 무상으로 귀속된다.

[오답해설]

★ ② 개발행위허가를 받은 자가 행정청인 경우 종래의 공공시설은 개발행위허가를 받은 자에게 무상으로 귀속된다.
③ 관리청이 불분명한 경우에는 도로 등에 대하여는 국토교통부장관을, 하천에 대하여는 환경부장관을 관리청으로 보고, 그 외의 재산에 대하여는 기획재정부장관을 관리청으로 본다.
④ 개발행위허가를 받은 자가 행정청인 경우 개발행위허가를 받은 자는 개발행위가 끝나 준공검사를 마친 때에는 해당 시설의 관리청에 공공시설의 종류와 토지의 세목(細目)을 통지해야 한다. 이 경우 공공시설은 그 통지한 날에 해당 시설을 관리할 관리청과 개발행위허가를 받은 자에게 각각 귀속된 것으로 본다.
⑤ 개발행위허가를 받은 자가 행정청인 경우 개발행위허가를 받은 자는 그에게 귀속된 공공시설의 처분으로 인한 수익금을 도시·군계획사업 외의 목적에 사용해서는 안 된다.

더 알아보기

공공시설의 귀속

개발행위허가를 받은 자	새로 설치된 공공시설	용도폐지되는 종래의 공공시설
행정청인 경우	관리청에 무상귀속	개발행위허가를 받은 자에게 무상귀속
행정청이 아닌 경우	관리청에 무상귀속	새로 설치한 공공시설의 설치비용에 상당하는 범위에서 개발행위허가를 받은 자에게 무상양도 가능

정답 | 03 ③ 04 ①

05

국토의 계획 및 이용에 관한 법령상 개발행위허가의 기준에 해당하지 않는 것은? (단, 관련 인·허가 등의 의제는 고려하지 않음)   제31회

① 자금조달계획이 목적사업의 실현에 적합하도록 수립되어 있을 것
② 도시·군계획으로 경관계획이 수립되어 있는 경우에는 그에 적합할 것
③ 공유수면매립의 경우 매립목적이 도시·군관리계획에 적합할 것
④ 토지의 분할 및 물건을 쌓아놓는 행위에 입목의 벌채가 수반되지 아니할 것
⑤ 도시·군계획조례로 정하는 도로의 너비에 관한 기준에 적합할 것

톺아보기

자금조달계획은 개발행위허가의 기준에 해당하지 않는다.

06

국토의 계획 및 이용에 관한 법령상 개발행위허가에 관한 설명으로 옳은 것은? (단, 다른 법령은 고려하지 않음)   제30회

① 재해복구를 위한 응급조치로서 공작물의 설치를 하려는 자는 도시·군계획사업에 의한 행위가 아닌 한 개발행위허가를 받아야 한다.
② 국가나 지방자치단체가 시행하는 개발행위에도 이행보증금을 예치하게 해야 한다.
③ 환경오염방지조치를 할 것을 조건으로 개발행위허가를 하려는 경우에는 미리 개발행위허가를 신청한 자의 의견을 들어야 한다.
④ 개발행위허가를 받은 자가 행정청인 경우, 그가 기존의 공공시설에 대체되는 공공시설을 설치하면 기존의 공공시설은 대체되는 공공시설의 설치비용에 상당하는 범위에서 개발행위허가를 받은 자에게 무상으로 양도될 수 있다.
⑤ 개발행위허가를 받은 자가 행정청이 아닌 경우, 개발행위로 용도가 폐지되는 공공시설은 개발행위허가를 받은 자에게 전부 무상으로 귀속된다.

톺아보기

오답해설
① 재해복구를 위한 응급조치는 개발행위허가를 받지 않는다.
★ ② 국가나 지방자치단체는 이행보증금을 예치하지 않는다.
④ 개발행위허가를 받은 자가 행정청인 경우, 종래의 공공시설은 개발행위허가를 받은 자에게 무상으로 귀속된다.
★ ⑤ 개발행위허가를 받은 자가 행정청이 아닌 경우, 용도가 폐지되는 공공시설은 새로 설치한 공공시설의 설치비용에 상당하는 범위에서 개발행위허가를 받은 자에게 무상으로 양도할 수 있다.

07 국토의 계획 및 이용에 관한 법령상 개발행위허가에 관한 설명으로 **틀린** 것은? (단, 조례는 고려하지 않음)

제26회 수정

① 토지분할에 대해 개발행위허가를 받은 자가 그 개발행위를 마치면 관할 행정청의 준공검사를 받아야 한다.
② 건축물의 건축에 대해 개발행위허가를 받은 후 건축물 연면적을 5% 범위에서 확대하려면 변경허가를 받아야 한다.
③ 자연녹지지역에서는 도시계획위원회의 심의를 통하여 개발행위허가의 기준을 강화 또는 완화하여 적용할 수 있다.
④ 도시·군관리계획의 시행을 위한 「도시개발법」에 따른 도시개발사업에 의해 건축물을 건축하는 경우에는 개발행위허가를 받지 않아도 된다.
⑤ 토지의 일부를 국유지 또는 공용지로 하기 위해 토지를 분할하는 경우에는 개발행위허가를 받지 않아도 된다.

톺아보기

토지분할은 준공검사대상에 해당하지 않는다.

더 알아보기

준공검사대상

다음의 행위에 대한 개발행위허가를 받은 자는 그 개발행위를 마치면 국토교통부령으로 정하는 바에 따라 특별시장·광역시장·특별자치시장·특별자치도지사·시장 또는 군수의 준공검사를 받아야 한다.
1. 건축물의 건축
2. 공작물의 설치
3. 토지의 형질변경
4. 토석의 채취

정답 | 05 ① 06 ③ 07 ①

08 국토의 계획 및 이용에 관한 법령상 성장관리계획구역에서 30% 이하의 범위에서 성장관리계획으로 정하는 바에 따라 건폐율을 완화하여 적용할 수 있는 지역이 아닌 것은? (단, 조례는 고려하지 않음)   제35회

① 생산관리지역   ② 생산녹지지역   ③ 보전녹지지역
④ 자연녹지지역   ⑤ 농림지역

톺아보기

성장관리계획구역에서는 다음의 구분에 따른 범위에서 성장관리계획으로 정하는 바에 따라 특별시·광역시·특별자치시·특별자치도·시 또는 군의 조례로 정하는 비율까지 건폐율을 완화하여 적용할 수 있다.
1. 계획관리지역: 50% 이하
2. 생산관리지역·농림지역 및 자연녹지지역과 생산녹지지역: 30% 이하

09 국토의 계획 및 이용에 관한 법령상 성장관리계획에 관한 설명으로 옳은 것은? (단, 조례, 기타 강화·완화조건은 고려하지 않음)   제33회

① 시장 또는 군수는 공업지역 중 향후 시가화가 예상되는 지역의 전부 또는 일부에 대하여 성장관리계획구역을 지정할 수 있다.
② 성장관리계획구역 내 생산녹지지역에서는 30% 이하의 범위에서 성장관리계획으로 정하는 바에 따라 건폐율을 완화하여 적용할 수 있다.
③ 성장관리계획구역 내 보전관리지역에서는 125% 이하의 범위에서 성장관리계획으로 정하는 바에 따라 용적률을 완화하여 적용할 수 있다.
④ 시장 또는 군수는 성장관리계획구역을 지정할 때에는 도시·군관리계획의 결정으로 해야 한다.
⑤ 시장 또는 군수는 성장관리계획구역을 지정하려면 성장관리계획구역안을 7일간 일반이 열람할 수 있도록 해야 한다.

톺아보기

오답해설

★ ① 특별시장·광역시장·특별자치시장·특별자치도지사·시장 또는 군수는 녹지지역, 관리지역, 농림지역 및 자연환경보전지역에서 성장관리계획구역을 지정할 수 있다.
★ ③ 성장관리계획구역 내 계획관리지역에서는 125% 이하의 범위에서 성장관리계획으로 정하는 바에 따라 용적률을 완화하여 적용할 수 있다.
④ 성장관리계획구역의 지정은 도시·군관리계획으로 결정하는 사항이 아니다.
⑤ 성장관리계획구역안을 14일 이상 일반이 열람할 수 있도록 해야 한다.

10 국토의 계획 및 이용에 관한 법령상 성장관리계획구역을 지정할 수 있는 지역이 아닌 것은? 제32회

① 녹지지역
② 관리지역
③ 주거지역
④ 자연환경보전지역
⑤ 농림지역

톺아보기

주거지역은 성장관리계획구역을 지정할 수 있는 지역이 아니다.

더 알아보기

성장관리계획구역

특별시장·광역시장·특별자치시장·특별자치도지사·시장 또는 군수는 녹지지역, 관리지역, 농림지역 및 자연환경보전지역 중 다음의 어느 하나에 해당하는 지역의 전부 또는 일부에 대하여 성장관리계획구역을 지정할 수 있다.

1. 개발수요가 많아 무질서한 개발이 진행되고 있거나 진행될 것으로 예상되는 지역
2. 주변의 토지이용이나 교통여건 변화 등으로 향후 시가화가 예상되는 지역
3. 주변지역과 연계하여 체계적인 관리가 필요한 지역
4. 「토지이용규제 기본법」에 따른 지역·지구 등의 변경으로 토지이용에 대한 행위제한이 완화되는 지역
5. 그 밖에 난개발의 방지와 체계적인 관리가 필요한 지역으로서 대통령령으로 정하는 지역

정답 | 08 ③ 09 ② 10 ④

11. 국토의 계획 및 이용에 관한 법령상 성장관리계획에 관한 설명으로 옳은 것을 모두 고른 것은?

제31회 수정

㉠ 기반시설의 배치와 규모에 관한 사항은 성장관리계획에 포함되지 않는다.
㉡ 주거지역·상업지역 및 공업지역은 성장관리계획구역의 지정대상 지역이 아니다.
㉢ 계획관리지역에서 경관계획을 포함하는 성장관리계획을 수립한 경우에는 50% 이하의 범위에서 조례로 건폐율을 정할 수 있다.

① ㉠
② ㉡
③ ㉠, ㉢
④ ㉡, ㉢
⑤ ㉠, ㉡, ㉢

톺아보기

㉠ 도로, 공원 등 기반시설의 배치와 규모에 관한 사항은 성장관리계획에 포함되는 사항이다.

12. 국토의 계획 및 이용에 관한 법령상 개발밀도관리구역에 관한 설명으로 틀린 것은?

제35회

① 개발밀도관리구역의 변경고시는 당해 지방자치단체의 공보에 게재하는 방법에 의한다.
② 개발밀도관리구역으로 지정될 수 있는 지역에 농림지역은 포함되지 않는다.
③ 개발밀도관리구역의 지정은 해당 지방자치단체에 설치된 지방도시계획위원회의 심의대상이다.
④ 개발밀도관리구역에서는 해당 용도지역에 적용되는 건폐율의 최대한도의 50% 범위에서 건폐율을 강화하여 적용한다.
⑤ 개발밀도관리구역은 기반시설부담구역으로 지정될 수 없다.

톺아보기

★ 개발밀도관리구역에서는 해당 용도지역에 적용되는 용적률의 최대한도의 50% 범위에서 용적률을 강화하여 적용한다.

13 국토의 계획 및 이용에 관한 법령상 기반시설부담구역에 관한 설명으로 옳은 것은?

제35회

① 공원의 이용을 위하여 필요한 편의시설은 기반시설부담구역에 설치가 필요한 기반시설에 해당하지 않는다.
② 기반시설부담구역에서 기존 건축물을 철거하고 신축하는 경우에는 기존 건축물의 건축연면적을 포함하는 건축행위를 기반시설설치비용의 부과대상으로 한다.
③ 지구단위계획을 수립한 경우에는 기반시설설치계획을 수립한 것으로 본다.
④ 기반시설부담구역 내에서 신축된「건축법 시행령」상의 종교집회장은 기반시설설치비용의 부과대상이다.
⑤ 기반시설부담구역으로 지정된 지역에 대해서는 개발행위허가의 제한을 연장할 수 있다.

톺아보기

오답해설

① 기반시설부담구역에 설치가 필요한 기반시설이란 다음의 기반시설(해당 시설의 이용을 위하여 필요한 부대시설 및 편의시설을 포함한다)을 말한다.
  1. 도로(인근의 간선도로로부터 기반시설부담구역까지의 진입도로를 포함한다)
  2. 공원
  3. 녹지
  4. 학교(「고등교육법」에 따른 대학은 제외한다)
  5. 수도(인근의 수도로부터 기반시설부담구역까지 연결하는 수도를 포함한다)
  6. 하수도(인근의 하수도로부터 기반시설부담구역까지 연결하는 하수도를 포함한다)
  7. 폐기물처리 및 재활용시설 등
② 기존 건축물을 철거하고 신축하는 경우에는 기존 건축물의 건축연면적을 초과하는 건축행위만 부과대상으로 한다.
④ 종교집회장은 기반시설을 유발하는 시설에서 제외되는 건축물로서 기반시설설치비용의 부과대상이 아니다.
⑤ 기반시설부담구역으로 지정된 지역에 대해서는 개발행위허가의 제한을 연장할 수 있다.

정답 | 11 ④   12 ④   13 ③

14 국토의 계획 및 이용에 관한 법령상 개발밀도관리구역에 관한 설명으로 틀린 것은?

제34회

① 도시·군계획시설사업의 시행자인 시장 또는 군수는 개발밀도관리구역에 관한 기초조사를 하기 위하여 필요하면 타인의 토지에 출입할 수 있다.
② 개발밀도관리구역의 지정기준, 개발밀도관리구역의 관리 등에 관하여 필요한 사항은 대통령령으로 정하는 바에 따라 국토교통부장관이 정한다.
③ 개발밀도관리구역에서는 해당 용도지역에 적용되는 용적률의 최대한도의 50% 범위에서 용적률을 강화하여 적용한다.
④ 시장 또는 군수는 개발밀도관리구역을 지정하거나 변경하려면 해당 지방자치단체에 설치된 지방도시계획위원회의 심의를 거쳐야 한다.
⑤ 기반시설을 설치하거나 그에 필요한 용지를 확보하게 하기 위하여 개발밀도관리구역에 기반시설부담구역을 지정할 수 있다.

톺아보기

★ ⑤ 기반시설부담구역이란 개발밀도관리구역 외의 지역으로서 개발로 인하여 도로, 공원, 녹지 등 대통령령으로 정하는 기반시설의 설치가 필요한 지역을 대상으로 기반시설을 설치하거나 그에 필요한 용지를 확보하게 하기 위하여 지정·고시하는 구역을 말한다.

오답해설
③ 개발밀도관리구역에서는 해당 용도지역에 적용되는 용적률의 최대한도의 50% 범위에서 용적률을 강화하여 적용한다.

15. 국토의 계획 및 이용에 관한 법령상 개발행위에 따른 기반시설의 설치에 관한 설명으로 틀린 것은? (단, 조례는 고려하지 않음)

제33회

① 개발밀도관리구역에서는 해당 용도지역에 적용되는 용적률의 최대한도의 50% 범위에서 강화하여 적용한다.
② 기반시설의 설치가 필요하다고 인정하는 지역으로서, 해당 지역의 전년도 개발행위허가 건수가 전전년도 개발행위허가 건수보다 20% 이상 증가한 지역에 대하여는 기반시설부담구역으로 지정하여야 한다.
③ 기반시설부담구역이 지정되면 기반시설설치계획을 수립하여야 하며, 이를 도시·군관리계획에 반영하여야 한다.
④ 기반시설설치계획은 기반시설부담구역의 지정고시일부터 3년이 되는 날까지 수립하여야 한다.
⑤ 기반시설설치비용의 관리 및 운용을 위하여 기반시설부담구역별로 특별회계를 설치하여야 한다.

톺아보기

★ 기반시설부담구역의 지정·고시일부터 1년이 되는 날까지 기반시설설치계획을 수립하지 않으면 그 1년이 되는 날의 다음 날에 기반시설부담구역의 지정은 해제된 것으로 본다.

정답 | 14 ⑤ 15 ④

16 국토의 계획 및 이용에 관한 법령상 개발행위에 따른 기반시설의 설치에 관한 설명으로 옳은 것은? (단, 조례는 고려하지 않음)   제32회

① 시장 또는 군수가 개발밀도관리구역을 변경하는 경우 관할 지방도시계획위원회의 심의를 거치지 않아도 된다.
② 기반시설부담구역의 지정고시일부터 2년이 되는 날까지 기반시설설치계획을 수립하지 아니하면 그 2년이 되는 날에 기반시설부담구역의 지정은 해제된 것으로 본다.
③ 시장 또는 군수는 기반시설설치비용 납부의무자가 지방자치단체로부터 건축허가를 받은 날부터 3개월 이내에 기반시설설치비용을 부과하여야 한다.
④ 시장 또는 군수는 개발밀도관리구역에서는 해당 용도지역에 적용되는 용적률의 최대한도의 50% 범위에서 용적률을 강화하여 적용한다.
⑤ 기반시설설치비용 납부의무자는 사용승인신청 후 7일까지 그 비용을 내야 한다.

톺아보기

오답해설

① 특별시장·광역시장·특별자치시장·특별자치도지사·시장 또는 군수는 개발밀도관리구역을 지정하거나 변경하려면 해당 지방자치단체에 설치된 지방도시계획위원회의 심의를 거쳐야 한다.
★ ② 기반시설부담구역의 지정·고시일부터 1년이 되는 날까지 기반시설설치계획을 수립하지 않으면 그 1년이 되는 날의 다음 날에 기반시설부담구역의 지정은 해제된 것으로 본다.
★ ③⑤ 특별시장·광역시장·특별자치시장·특별자치도지사·시장 또는 군수는 납부의무자가 국가 또는 지방자치단체로부터 건축허가를 받은 날부터 2개월 이내에 기반시설설치비용을 부과해야 하고, 납부의무자는 사용승인신청시까지 이를 내야 한다.

17 □□□ 상중하

「국토의 계획 및 이용에 관한 법률」 조문의 일부이다. (   )에 들어갈 숫자로 옳은 것은?

제31회

> 제68조(기반시설설치비용의 부과대상 및 산정기준) ① 기반시설부담구역에서 기반시설설치비용의 부과대상인 건축행위는 제2조 제20호에 따른 시설로서 (   )m^2(기존 건축물의 연면적을 포함한다)를 초과하는 건축물의 신축·증축행위로 한다.

① 100
② 200
③ 300
④ 400
⑤ 500

톺아보기

★ 기반시설부담구역에서 기반시설설치비용의 부과대상인 건축행위는 '200'm^2(기존 건축물의 연면적을 포함한다)를 초과하는 건축물의 신축·증축행위로 한다.

정답 | 16 ④ 17 ②

18 국토의 계획 및 이용에 관한 법령상 기반시설을 유발하는 시설에서 제외되는 건축물에 해당하지 않는 것은?

제31회

상중하

① 「유아교육법」에 따른 사립유치원
② 「도시재정비 촉진을 위한 특별법」에 따라 공급하는 임대주택
③ 상업지역에 설치하는 「농수산물유통 및 가격안정에 관한 법률」에 따른 농수산물집하장
④ 주한 국제기구 소유의 건축물
⑤ 「택지개발촉진법」에 따른 택지개발예정지구에서 지구단위계획을 수립하여 개발하는 토지에 건축하는 건축물

톺아보기

녹지지역·관리지역·농림지역 및 자연환경보전지역에 설치하는 「농수산물유통 및 가격안정에 관한 법률」에 따른 농수산물집하장이다.

더 알아보기

기반시설을 유발하는 시설에서 제외되는 건축물(영 별표1)

1. 국가 또는 지방자치단체가 건축하는 건축물
2. 「농업·농촌 및 식품산업 기본법」에 따른 농촌, 「지방자치법」에 따른 읍·면의 지역(군에 속하는 경우는 제외한다) 또는 동의 지역 중 녹지지역·관리지역·농림지역 및 자연환경보전지역에 설치하는 다음의 어느 하나에 해당하는 건축물
   (1) 「가축분뇨의 관리 및 이용에 관한 법률」에 따른 처리시설
   (2) 「건축법 시행령」에 따른 동물 및 식물 관련시설
   (3) 「농산물가공산업 육성법」에 따라 자금을 지원받아 설치하는 농산물가공품 생산을 위한 공장
   (4) 「농수산물유통 및 가격안정에 관한 법률」에 따른 농수산물공판장, 농수산물집하장
   … [이하 (11)까지 생략]
3. 「도시재정비 촉진을 위한 특별법」에 따라 공급하는 임대주택
4. 「유아교육법」에 따른 사립유치원
5. 다음의 지역·지구·구역·단지 등에서 지구단위계획을 수립하여 개발하는 토지에 건축하는 건축물
   (1) 「택지개발촉진법」에 따른 택지개발예정지구
   (2) 「산업입지 및 개발에 관한 법률」에 따른 산업단지
   (3) 「도시개발법」에 따른 도시개발구역
   (4) 「공공주택건설 등에 관한 특별법」에 따른 공공주택지구
   (5) 「도시 및 주거환경정비법」의 주거환경개선사업, 재개발사업, 재건축사업을 위한 정비구역 … [이하 (12)까지 생략]
6. 주한 외국정부기관, 주한 국제기구 또는 외국 원조단체 소유의 건축물
… (이하 38.까지 생략)

19 국토의 계획 및 이용에 관한 법령상 시장 또는 군수가 주민의 의견을 들어야 하는 경우로 명시되어 있지 않은 것은? (단, 국토교통부장관이 따로 정하는 경우는 고려하지 않음) 제30회 수정

① 광역도시계획을 수립하려는 경우
② 성장관리계획을 수립하려는 경우
③ 시범도시사업계획을 수립하려는 경우
④ 기반시설부담구역을 지정하려는 경우
⑤ 개발밀도관리구역을 지정하려는 경우

톺아보기

개발밀도관리구역을 지정하려는 경우에는 주민의견청취가 명시되어 있지 않다.

20 국토의 계획 및 이용에 관한 법령상 광역시의 기반시설부담구역에 관한 설명으로 틀린 것은? 제30회

① 기반시설부담구역이 지정되면 광역시장은 대통령령으로 정하는 바에 따라 기반시설설치계획을 수립해야 하며, 이를 도시·군관리계획에 반영해야 한다.
② 기반시설부담구역의 지정은 해당 광역시에 설치된 지방도시계획위원회의 심의 대상이다.
③ 광역시장은 「국토의 계획 및 이용에 관한 법률」의 개정으로 인하여 행위제한이 완화되는 지역에 대하여는 이를 기반시설부담구역으로 지정할 수 없다.
④ 지구단위계획을 수립한 경우에는 기반시설설치계획을 수립한 것으로 본다.
⑤ 기반시설부담구역의 지정고시일부터 1년이 되는 날까지 광역시장이 기반시설설치계획을 수립하지 아니하면 그 1년이 되는 날의 다음 날에 기반시설부담구역의 지정은 해제된 것으로 본다.

톺아보기

★ 행위제한이 완화되는 지역에 대하여는 기반시설부담구역으로 지정해야 한다.

정답 | 18 ③ 19 ⑤ 20 ③

21. 국토의 계획 및 이용에 관한 법령상 건축물별 기반시설유발계수가 다음 중 가장 큰 것은?

제30회

① 단독주택
② 장례시설
③ 관광휴게시설
④ 제2종 근린생활시설
⑤ 비금속 광물제품 제조공장

톺아보기

관광휴게시설(1.9) > 제2종 근린생활시설(1.6) > 비금속 광물제품 제조공장(1.3) > 단독주택(0.7) = 장례시설(0.7)

더 알아보기

건축물별 기반시설유발계수

1. 단독주택: 0.7
2. 공동주택: 0.7
3. 제1종 근린생활시설: 1.3
4. 제2종 근린생활시설: 1.6
5. 문화 및 집회시설: 1.4
6. 종교시설: 1.4
7. 판매시설: 1.3
8. 운수시설: 1.4
9. 의료시설: 0.9
10. 교육연구시설: 0.7
11. 노유자시설: 0.7
12. 수련시설: 0.7
13. 운동시설: 0.7
14. 업무시설: 0.7
15. 숙박시설: 1.0
16. 위락시설: 2.1
17. 공장(생략)
18. 창고시설: 0.5
19. 위험물저장 및 처리시설: 0.7
20. 자동차관련시설: 0.7
21. 동물 및 식물관련시설: 0.7
22. 자원순환관련시설: 1.4
23. 교정시설: 0.7
24. 국방·군사시설: 0.7
25. 방송통신시설: 0.8
26. 발전시설: 0.7
27. 묘지관련시설: 0.7
28. 관광휴게시설: 1.9
29. 장례시설: 0.7
30. 야영장시설: 0.7

22 국토의 계획 및 이용에 관한 법령상 개발밀도관리구역 및 기반시설부담구역에 관한 설명으로 옳은 것은?
제29회

① 개발밀도관리구역에서는 해당 용도지역에 적용되는 건폐율 또는 용적률을 강화 또는 완화하여 적용할 수 있다.
② 군수가 개발밀도관리구역을 지정하려면 지방도시계획위원회의 심의를 거쳐 도지사의 승인을 받아야 한다.
③ 주거·상업지역에서의 개발행위로 기반시설의 수용능력이 부족할 것으로 예상되는 지역 중 기반시설의 설치가 곤란한 지역은 기반시설부담구역으로 지정할 수 있다.
④ 시장은 기반시설부담구역을 지정하면 기반시설설치계획을 수립하여야 하며, 이를 도시·군관리계획에 반영하여야 한다.
⑤ 기반시설부담구역에서 개발행위를 허가받고자 하는 자에게는 기반시설설치비용을 부과하여야 한다.

톺아보기

오답해설
★ ① 개발밀도관리구역에서는 대통령령으로 정하는 범위에서 건폐율 또는 용적률을 강화하여 적용한다.
② 도지사의 승인은 받지 않는다.
★ ③ 주거·상업 또는 공업지역에서의 개발행위로 기반시설의 처리·공급 또는 수용능력이 부족할 것으로 예상되는 지역 중 기반시설의 설치가 곤란한 지역을 개발밀도관리구역으로 지정할 수 있다.
⑤ 기반시설부담구역에서 기반시설설치비용의 부과대상인 건축행위는 200m²(기존 건축물의 연면적을 포함한다)를 초과하는 건축물의 신축·증축행위로 한다.

정답 | 21 ③ 22 ④

23 국토의 계획 및 이용에 관한 법령상 기반시설부담구역에서의 기반시설설치비용에 관한 설명으로 틀린 것은?
제28회

① 기반시설설치비용 산정시 기반시설을 설치하는 데 필요한 용지비용도 산입된다.
② 기반시설설치비용 납부시 물납이 인정될 수 있다.
③ 기반시설설치비용의 관리 및 운용을 위하여 기반시설부담구역별로 특별회계가 설치되어야 한다.
④ 의료시설과 교육연구시설의 기반시설유발계수는 같다.
⑤ 기반시설설치비용을 부과받은 납부의무자는 납부기일의 연기 또는 분할납부가 인정되지 않는 한 사용승인(준공검사 등 사용승인이 의제되는 경우에는 그 준공검사)신청시까지 기반시설설치비용을 내야 한다.

톺아보기
의료시설은 0.9, 교육연구시설은 0.7로 기반시설유발계수가 서로 다르다.

정답 | 23 ④

제9장 / 보칙·벌칙

 **01** 국토의 계획 및 이용에 관한 법령상 청문을 하여야 하는 경우를 모두 고른 것은? (단, 다른 법령에 따른 청문을 고려하지 않음) 제31회

> ㉠ 개발행위허가의 취소
> ㉡ 「국토의 계획 및 이용에 관한 법률」 제63조에 따른 개발행위허가의 제한
> ㉢ 실시계획인가의 취소

① ㉠　　　　　　　　　　　　② ㉡
③ ㉠, ㉡　　　　　　　　　　④ ㉠, ㉢
⑤ ㉡, ㉢

톺아보기

해당하는 것은 ㉠㉢이다.
㉡ 개발행위허가의 제한은 청문을 해야 하는 경우에 해당하지 않는다.

더 알아보기

청문
국토교통부장관, 시·도지사, 시장·군수 또는 구청장은 다음의 어느 하나에 해당하는 처분을 하려면 청문을 해야 한다.
1. 개발행위허가의 취소
2. 도시·군계획시설사업의 시행자 지정의 취소
3. 실시계획인가의 취소

정답 | 01 ④

02 국토의 계획 및 이용에 관한 법령상 규정내용으로 틀린 것은?

제28회

① 관계 중앙행정기관의 장은 국토교통부장관에게 시범도시의 지정을 요청하고자 하는 때에는 주민의 의견을 들은 후 관계 지방자치단체의 장의 의견을 들어야 한다.
② 국토교통부장관이 직접 시범도시를 지정함에 있어서 그 대상이 되는 도시를 공모할 경우, 시장 또는 군수는 공모에 응모할 수 있다.
③ 행정청인 도시·군계획시설사업시행자의 처분에 대하여는「행정심판법」에 따라 행정심판을 제기할 수 있다.
④ 국토교통부장관이 이 법률의 위반자에 대한 처분으로서 실시계획인가를 취소하려면 청문을 실시하여야 한다.
⑤ 도지사는 도시·군기본계획과 도시·군관리계획이 국가계획의 취지에 부합하지 아니하다고 판단하는 경우, 국토교통부장관에게 변경을 요구할 수 있다.

톺아보기

국토교통부장관은 도시·군기본계획과 도시·군관리계획이 국가계획 및 광역도시계획의 취지에 부합하지 않거나 도시·군관리계획이 도시·군기본계획의 취지에 부합하지 않는다고 판단하는 경우에는 특별시장·광역시장·특별자치시장·특별자치도지사·시장 또는 군수에게 기한을 정하여 도시·군기본계획과 도시·군관리계획의 조정을 요구할 수 있다.

정답 | 02 ⑤

land.Hackers.com

land.Hackers.com
해커스 공인중개사 **단원별 기출문제집**

3개년 출제비중분석

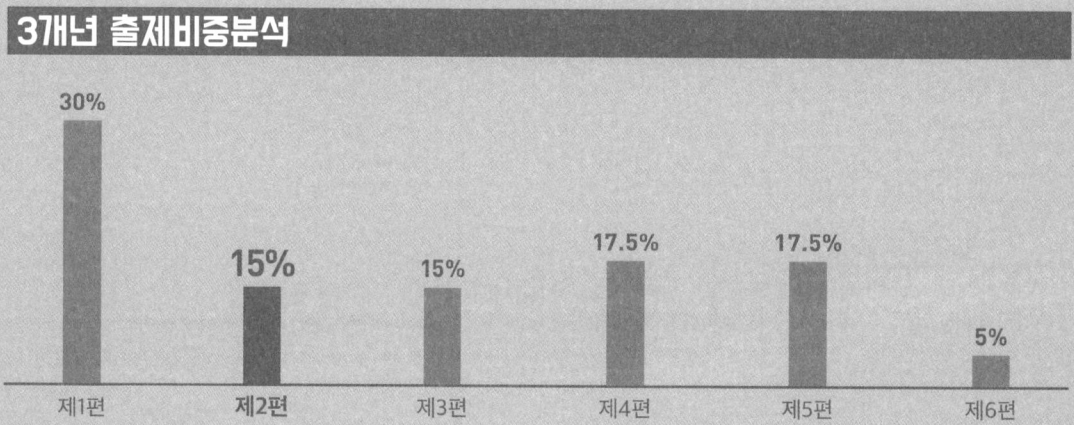

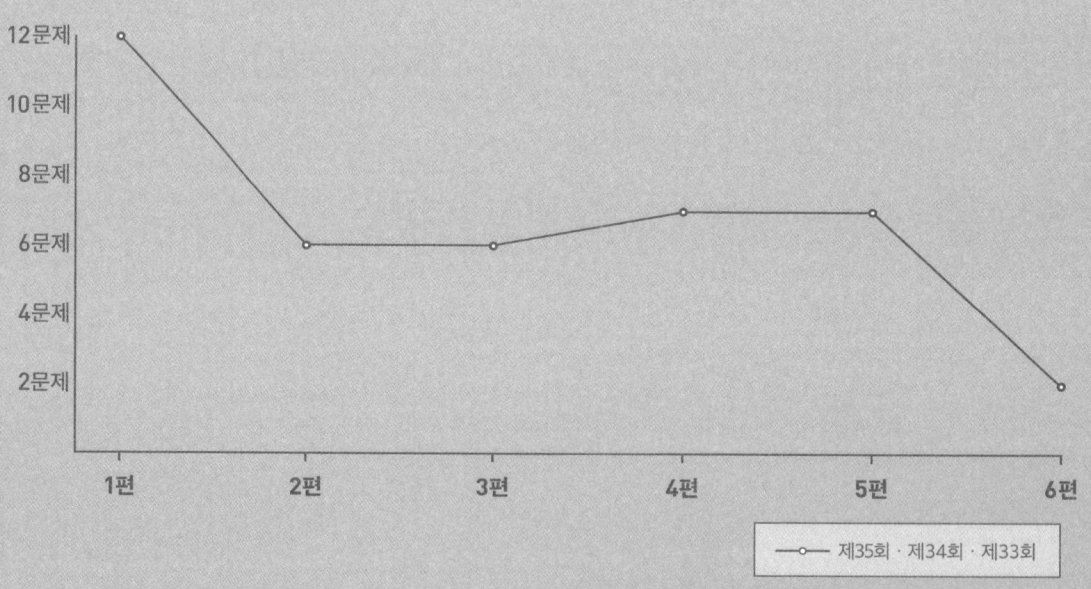

제2편

도시개발법

제1장 도시개발구역의 지정
제2장 도시개발사업의 시행자
제3장 도시개발사업의 시행
제4장 비용부담 등

제1장 / 도시개발구역의 지정

기본서 p.189~203

01 도시개발법령상 환지 방식의 도시개발사업에 대한 개발계획 수립에 필요한 동의자의 수를 산정하는 방법으로 옳은 것은? 제35회

① 도시개발구역의 토지면적을 산정하는 경우: 국·공유지를 제외하고 산정할 것
② 1인이 둘 이상 필지의 토지를 단독으로 소유한 경우: 필지의 수에 관계없이 토지소유자를 1인으로 볼 것
③ 둘 이상 필지의 토지를 소유한 공유자가 동일한 경우: 공유자 각각을 토지소유자 1인으로 볼 것
④ 1필지의 토지소유권을 여럿이 공유하는 경우: 「집합건물의 소유 및 관리에 관한 법률」에 따른 구분소유자인지 여부와 관계없이 다른 공유자의 동의를 받은 대표 공유자 1인을 해당 토지소유자로 볼 것
⑤ 도시개발구역의 지정이 제안된 후부터 개발계획이 수립되기 전까지의 사이에 토지소유자가 변경된 경우: 변경된 토지소유자의 동의서를 기준으로 할 것

톺아보기

오답해설

★ ① 도시개발구역의 토지면적을 산정하는 경우: 국·공유지를 포함하여 산정할 것
  ③ 둘 이상 필지의 토지를 소유한 공유자가 동일한 경우: 공유자 여럿을 대표하는 1인을 토지소유자로 볼 것
★ ④ 1필지의 토지소유권을 여럿이 공유하는 경우: 다른 공유자의 동의를 받은 대표 공유자 1인을 해당 토지소유자로 볼 것. 다만, 「집합건물의 소유 및 관리에 관한 법률」에 따른 구분소유자는 각각을 토지소유자 1인으로 본다.
  ⑤ 도시개발구역의 지정이 제안된 후부터 개발계획이 수립되기 전까지의 사이에 토지소유자가 변경된 경우: 기존 토지소유자의 동의서를 기준으로 할 것

02 도시개발법령상 개발계획에 따라 도시개발구역을 지정한 후에 개발계획에 포함시킬 수 있는 사항은?

제34회

① 환경보전계획
② 보건의료시설 및 복지시설의 설치계획
③ 원형지로 공급될 대상 토지 및 개발방향
④ 임대주택건설계획 등 세입자 등의 주거 및 생활안정대책
⑤ 도시개발구역을 둘 이상의 사업시행지구로 분할하여 도시개발사업을 시행하는 경우 그 분할에 관한 사항

톺아보기

다음에 해당하는 사항은 도시개발구역을 지정한 후에 개발계획에 포함시킬 수 있다.
1. 도시개발구역 밖의 지역에 기반시설을 설치해야 하는 경우에는 그 시설의 설치에 필요한 비용의 부담계획
2. 수용(收用) 또는 사용의 대상이 되는 토지·건축물 또는 토지에 정착한 물건과 이에 관한 소유권 외의 권리, 광업권, 어업권, 양식업권, 물의 사용에 관한 권리가 있는 경우에는 그 세부목록
3. 임대주택건설계획 등 세입자 등의 주거 및 생활안정대책
4. 순환개발 등 단계적 사업추진이 필요한 경우 사업추진계획 등에 관한 사항

정답 | 01 ② 02 ④

03 도시개발법령상 도시개발구역을 지정한 후에 개발계획을 수립할 수 있는 경우가 아닌 것은?

제26회

① 개발계획을 공모하는 경우
② 자연녹지지역에 도시개발구역을 지정할 때
③ 도시지역 외의 지역에 도시개발구역을 지정할 때
④ 국토교통부장관이 지역균형발전을 위하여 관계 중앙행정기관의 장과 협의하여 상업지역에 도시개발구역을 지정할 때
⑤ 해당 도시개발구역에 포함되는 주거지역이 전체 도시개발구역 지정면적의 100분의 40인 지역을 도시개발구역으로 지정할 때

톺아보기

★ 해당 도시개발구역에 포함되는 주거지역·상업지역·공업지역의 면적의 합계가 전체 도시개발구역 지정면적의 100분의 30 이하인 지역은 도시개발구역을 지정한 후에 개발계획을 수립할 수 있다.

더 알아보기

단계적 수립의 예외

개발계획을 공모하거나 다음의 어느 하나에 해당하는 지역에 도시개발구역을 지정할 때에는 도시개발구역을 지정한 후에 개발계획을 수립할 수 있다.

1. 자연녹지지역
2. 생산녹지지역(생산녹지지역이 도시개발구역 지정면적의 100분의 30 이하인 경우만 해당된다)
3. 도시지역 외의 지역
4. 국토교통부장관이 지역균형발전을 위하여 관계 중앙행정기관의 장과 협의하여 도시개발구역으로 지정하려는 지역(자연환경보전지역은 제외한다)
5. 해당 도시개발구역에 포함되는 주거지역·상업지역·공업지역의 면적의 합계가 전체 도시개발구역 지정면적의 100분의 30 이하인 지역

04 도시개발법령상 도시개발구역의 지정과 개발계획에 관한 설명으로 틀린 것은? 제26회

① 지정권자는 도시개발사업의 효율적 추진을 위하여 필요하다고 인정하는 경우 서로 떨어진 둘 이상의 지역을 결합하여 하나의 도시개발구역으로 지정할 수 있다.
② 도시개발구역을 둘 이상의 사업시행지구로 분할하는 경우 분할 후 사업시행지구의 면적은 각각 1만m^2 이상이어야 한다.
③ 세입자의 주거 및 생활안정대책에 관한 사항은 도시개발구역을 지정한 후에 개발계획의 내용으로 포함시킬 수 있다.
④ 지정권자는 도시개발사업을 환지방식으로 시행하려고 개발계획을 수립할 때 시행자가 지방자치단체인 경우 토지소유자의 동의를 받아야 한다.
⑤ 도시·군기본계획이 수립되어 있는 지역에 대하여 개발계획을 수립하려면 개발계획의 내용이 해당 도시·군기본계획에 들어맞도록 하여야 한다.

톺아보기

★ 지정권자는 도시개발사업을 환지방식으로 시행하려고 개발계획을 수립하거나 변경할 때에 도시개발사업의 시행자가 국가나 지방자치단체이면 토지소유자의 동의를 받을 필요가 없다.

정답 | 03 ⑤ 04 ④

05 도시개발법령상 국토교통부장관이 도시개발구역을 지정할 수 있는 경우에 해당하지 않는 것은?   제33회

상중하

① 국가가 도시개발사업을 실시할 필요가 있는 경우
② 관계 중앙행정기관의 장이 요청하는 경우
③ 한국토지주택공사 사장이 20만m²의 규모로 국가계획과 밀접한 관련이 있는 도시개발구역의 지정을 제안하는 경우
④ 천재지변, 그 밖의 사유로 인하여 도시개발사업을 긴급하게 할 필요가 있는 경우
⑤ 도시개발사업이 필요하다고 인정되는 지역이 둘 이상의 도의 행정구역에 걸치는 경우에 도시개발구역을 지정할 자에 관하여 관계 도지사간에 협의가 성립되지 아니하는 경우

톺아보기

★ 한국토지주택공사의 사장(공공기관의 장)이 30만m² 이상으로서 국가계획과 밀접한 관련이 있는 도시개발구역의 지정을 제안하는 경우이다.

더 알아보기

국토교통부장관의 지정사유

국토교통부장관은 다음의 어느 하나에 해당하면 도시개발구역을 지정할 수 있다.
1. 국가가 도시개발사업을 실시할 필요가 있는 경우
2. 관계 중앙행정기관의 장이 요청하는 경우
3. 공공기관의 장 또는 정부출연기관의 장이 30만m² 이상으로서 국가계획과 밀접한 관련이 있는 도시개발구역의 지정을 제안하는 경우
4. 시·도지사 또는 대도시 시장의 협의가 성립되지 않는 경우
5. 천재지변, 그 밖의 사유로 인하여 도시개발사업을 긴급하게 할 필요가 있는 경우

06 도시개발법령상 도시개발구역을 지정할 수 있는 자를 모두 고른 것은?   제32회

상중하

| ㉠ 시·도지사 | ㉡ 대도시 시장 |
| ㉢ 국토교통부장관 | ㉣ 한국토지주택공사 |

① ㉠
② ㉡, ㉣
③ ㉢, ㉣
④ ㉠, ㉡, ㉢
⑤ ㉠, ㉡, ㉢, ㉣

톺아보기

해당하는 것은 ㉠㉡㉢이다.
★ 도시개발구역은 국토교통부장관, 시·도지사 또는 대도시 시장이 지정할 수 있다.

---

07 도시개발법령상 도시개발구역에서 허가를 받아야 할 행위로 명시되지 <u>않은</u> 것은?
상 중 **하** 제32회

① 토지의 합병
② 토석의 채취
③ 죽목의 식재
④ 공유수면의 매립
⑤ 「건축법」에 따른 건축물의 용도변경

톺아보기

토지의 합병은 도시개발구역에서 허가대상 행위에 해당하지 않는다.

더 알아보기

도시개발구역에서의 허가대상 행위

도시개발구역에서 다음의 행위를 하려는 자는 특별시장·광역시장·특별자치도지사·시장 또는 군수의 허가를 받아야 한다. 허가받은 사항을 변경하려는 경우에도 또한 같다.

1. **건축물의 건축 등**: 「건축법」에 따른 건축물(가설건축물을 포함한다)의 건축, 대수선(大修繕) 또는 용도변경
2. **공작물의 설치**: 인공을 가하여 제작한 시설물(「건축법」에 따른 건축물은 제외한다)의 설치
3. **토지의 형질변경**: 절토(땅깎기)·성토(흙쌓기)·정지(땅고르기)·포장 등의 방법으로 토지의 형상을 변경하는 행위, 토지의 굴착 또는 공유수면의 매립
4. **토석의 채취**: 흙·모래·자갈·바위 등의 토석을 채취하는 행위. 다만, 토지의 형질변경을 목적으로 하는 것은 3.에 따른다.
5. 토지분할
6. **물건을 쌓아놓는 행위**: 옮기기 쉽지 않은 물건을 1개월 이상 쌓아놓는 행위
7. 죽목(竹木)의 벌채 및 식재(植栽)

정답 | 05 ③　06 ④　07 ①

08 도시개발법령상 도시개발구역 지정의 해제에 관한 규정내용이다. (   )에 들어갈 숫자를 바르게 나열한 것은? 제31회

> 도시개발구역을 지정한 후 개발계획을 수립하는 경우에는 아래에 규정된 날의 다음 날에 도시개발구역의 지정이 해제된 것으로 본다.
> - 도시개발구역이 지정·고시된 날부터 (㉠)년이 되는 날까지 개발계획을 수립·고시하지 아니하는 경우에는 그 (㉠)년이 되는 날. 다만, 도시개발구역의 면적이 330만m² 이상인 경우에는 5년으로 한다.
> - 개발계획을 수립·고시한 날부터 (㉡)년이 되는 날까지 실시계획인가를 신청하지 아니하는 경우에는 그 (㉡)년이 되는 날. 다만, 도시개발구역의 면적이 330만m² 이상인 경우에는 (㉢)년으로 한다.

① ㉠: 2, ㉡: 3, ㉢: 3
② ㉠: 2, ㉡: 3, ㉢: 5
③ ㉠: 3, ㉡: 2, ㉢: 3
④ ㉠: 3, ㉡: 2, ㉢: 5
⑤ ㉠: 3, ㉡: 3, ㉢: 5

톺아보기

도시개발구역을 지정한 후 개발계획을 수립하는 경우에는 다음의 어느 하나에 규정된 날의 다음 날에 도시개발구역의 지정이 해제된 것으로 본다.
- 도시개발구역이 지정·고시된 날부터 '2'년이 되는 날까지 개발계획을 수립·고시하지 않는 경우에는 그 '2'년이 되는 날. 다만, 도시개발구역의 면적이 330만m² 이상인 경우에는 5년으로 한다.
- 개발계획을 수립·고시한 날부터 '3'년이 되는 날까지 실시계획인가를 신청하지 않는 경우에는 그 '3'년이 되는 날. 다만, 도시개발구역의 면적이 330만m² 이상인 경우에는 '5'년으로 한다.

09 도시개발법령상 도시개발구역의 지정에 관한 설명으로 옳은 것은? (단, 특례는 고려하지 않음)
제30회

① 대도시 시장은 직접 도시개발구역을 지정할 수 없고, 도지사에게 그 지정을 요청하여야 한다.
② 도시개발사업이 필요하다고 인정되는 지역이 둘 이상의 도의 행정구역에 걸치는 경우에는 해당 면적이 더 넓은 행정구역의 도지사가 도시개발구역을 지정하여야 한다.
③ 천재지변으로 인해 도시개발사업을 긴급하게 할 필요가 있는 경우 국토교통부장관이 도시개발구역을 지정할 수 있다.
④ 도시개발구역의 총면적이 1만m² 미만인 경우 둘 이상의 사업시행지구로 분할하여 지정할 수 있다.
⑤ 자연녹지지역에서 도시개발구역을 지정한 이후 도시개발사업의 계획을 수립하는 것은 허용되지 아니한다.

톺아보기

[오답해설]
① 대도시 시장은 직접 도시개발구역을 지정할 수 있다.
② 도시개발사업이 필요하다고 인정되는 지역이 둘 이상의 도의 행정구역에 걸치는 경우에는 관계 도지사가 협의하여 도시개발구역을 지정할 자를 정한다.
★ ④ 도시개발구역을 둘 이상의 사업시행지구로 분할할 수 있는 경우는 분할 후 각 사업시행지구의 면적이 각각 1만m² 이상인 경우로 한다.
★ ⑤ 자연녹지지역은 도시개발구역을 지정한 후에 개발계획을 수립할 수 있다.

정답 | 08 ② 09 ③

10 도시개발법령상 도시개발구역으로 지정할 수 있는 대상 지역 및 규모에 관하여 ( )에 들어갈 숫자를 바르게 나열한 것은?

제29회

- 주거지역 및 상업지역: (㉠)만m² 이상
- 공업지역: (㉡)만m² 이상
- 자연녹지지역: (㉢)만m² 이상
- 도시개발구역 지정면적의 100분의 30 이하인 생산녹지지역: (㉣)만m² 이상

① ㉠: 1, ㉡: 1, ㉢: 1, ㉣: 3
② ㉠: 1, ㉡: 3, ㉢: 1, ㉣: 1
③ ㉠: 1, ㉡: 3, ㉢: 3, ㉣: 1
④ ㉠: 3, ㉡: 1, ㉢: 3, ㉣: 3
⑤ ㉠: 3, ㉡: 3, ㉢: 1, ㉣: 1

톺아보기

도시개발구역으로 지정할 수 있는 대상 지역 및 규모는 다음과 같다.

도시지역	1. 주거지역 및 상업지역: '1'만m² 이상 2. 공업지역: '3'만m² 이상 3. 자연녹지지역: '1'만m² 이상 4. 생산녹지지역(생산녹지지역이 도시개발구역 지정면적의 100분의 30 이하인 경우만 해당): '1'만m² 이상
도시지역 외의 지역	30만m² 이상. 다만, 공동주택 중 아파트 또는 연립주택의 건설계획이 포함되는 경우로서 다음 요건을 모두 갖춘 경우에는 10만m² 이상으로 함 1. 도시개발구역에 초등학교용지를 확보하여 관할 교육청과 협의한 경우 2. 도시개발구역에서 「도로법」 규정에 해당하는 도로 또는 국토교통부령으로 정하는 도로와 연결되거나 4차로 이상의 도로를 설치하는 경우

11 도시개발법령상 도시개발구역의 지정에 관한 설명으로 옳은 것은? 제24회

① 서로 떨어진 둘 이상의 지역은 결합하여 하나의 도시개발구역으로 지정될 수 없다.
② 국가가 도시개발사업의 시행자인 경우 환지방식의 사업에 대한 개발계획을 수립하려면 토지소유자의 동의를 받아야 한다.
③ 광역시장이 개발계획을 변경하는 경우 군수 또는 구청장은 광역시장으로부터 송부받은 관계 서류를 일반인에게 공람시키지 않아도 된다.
④ 도시개발구역의 지정은 도시개발사업의 공사완료의 공고일에 해제된 것으로 본다.
⑤ 도시개발사업의 공사완료로 도시개발구역의 지정이 해제의제된 경우에는 도시개발구역의 용도지역은 해당 도시개발구역 지정 전의 용도지역으로 환원되거나 폐지된 것으로 보지 아니한다.

톺아보기

[오답해설]

① 지정권자는 도시개발사업의 효율적인 추진과 도시의 경관보호 등을 위하여 필요하다고 인정하는 경우에는 도시개발구역을 둘 이상의 사업시행지구로 분할하거나 서로 떨어진 둘 이상의 지역을 결합하여 하나의 도시개발구역으로 지정할 수 있다.
② 지정권자는 도시개발사업을 환지방식으로 시행하려고 개발계획을 수립하거나 변경할 때에 도시개발사업의 시행자가 국가나 지방자치단체이면 토지소유자의 동의를 받을 필요가 없다.
③ 관계 서류를 송부받은 군수 또는 구청장은 해당 관계 서류를 일반인에게 공람시켜야 한다.
★ ④ 도시개발사업의 공사완료(환지방식에 따른 사업인 경우에는 그 환지처분)의 공고일의 다음 날에 해제된 것으로 본다.

제2장 / 도시개발사업의 시행자

기본서 p.204~213

01
상 중 **하**

도시개발법령상 수용 또는 사용방식으로 시행하는 도시개발사업의 시행자로 지정될 수 없는 자는? 제35회

① 「한국철도공사법」에 따른 한국철도공사
② 지방자치단체
③ 「지방공기업법」에 따른 지방공사
④ 도시개발구역의 국·공유지를 제외한 토지면적의 3분의 2 이상을 소유한 자
⑤ 도시개발구역의 토지소유자가 도시개발을 위하여 설립한 조합

톺아보기

★ 도시개발구역의 토지소유자가 도시개발을 위하여 설립한 조합은 도시개발사업의 전부를 환지 방식으로 시행하는 경우만 시행자가 될 수 있다.

02
상 중 하

도시개발법령상 도시개발사업 조합에 관한 설명으로 옳은 것은? 제35회

① 조합을 설립하려면 도시개발구역의 토지소유자 10명 이상이 정관을 작성하여 지정권자에게 조합 설립의 인가를 받아야 한다.
② 조합이 설립인가를 받은 사항 중 청산에 관한 사항을 변경하려는 경우에는 지정권자에게 신고하여야 한다.
③ 다른 조합원으로부터 해당 도시개발구역에 그가 가지고 있는 토지 소유권 전부를 이전 받은 조합원은 정관으로 정하는 바에 따라 본래의 의결권과는 별도로 그 토지 소유권을 이전한 조합원의 의결권을 승계할 수 있다.
④ 조합은 총회의 권한을 대행하게 하기 위하여 대의원회를 두어야 한다.
⑤ 조합의 임원으로 선임된 자가 금고 이상의 형을 선고받으면 그 날부터 임원의 자격을 상실한다.

톺아보기

오답해설
★ ① 조합을 설립하려면 도시개발구역의 토지소유자 7명 이상이 정관을 작성하여 지정권자에게 조합 설립의 인가를 받아야 한다.
★ ② 조합이 인가를 받은 사항을 변경하려면 지정권자로부터 변경인가를 받아야 한다. 다만, 다음의 경미한 사항을 변경하려는 경우에는 신고해야 한다.
   1. 주된 사무소의 소재지를 변경하려는 경우
   2. 공고방법을 변경하려는 경우
★ ④ 의결권을 가진 조합원의 수가 50인 이상인 조합은 총회의 권한을 대행하게 하기 위하여 대의원회를 둘 수 있다.
  ⑤ 조합의 임원으로 선임된 자가 결격 사유에 해당하게 된 경우에는 그 다음 날부터 임원의 자격을 상실한다.

---

03 상중하

도시개발법령상 도시개발사업의 시행자인 지방자치단체가 「주택법」 제4조에 따른 주택건설사업자 등으로 하여금 대행하게 할 수 있는 도시개발사업의 범위에 해당하지 않는 것은? 제34회

① 실시설계
② 부지조성공사
③ 기반시설공사
④ 조성된 토지의 분양
⑤ 토지상환채권의 발행

톺아보기

토지상환채권의 발행은 대행하게 할 수 없다. 주택건설사업자 등에게 대행하게 할 수 있는 도시개발사업의 범위는 다음과 같다.
1. 실시설계
2. 부지조성공사
3. 기반시설공사
4. 조성된 토지의 분양

정답 | 01 ⑤ 02 ③ 03 ⑤

04 도시개발법령상 도시개발사업 조합에 관한 설명으로 옳은 것을 모두 고른 것은?

제34회

> ㉠ 금고 이상의 형을 선고받고 그 형의 집행유예기간 중에 있는 자는 조합의 임원이 될 수 없다.
> ㉡ 조합이 조합설립의 인가를 받은 사항 중 공고방법을 변경하려는 경우 지정권자로부터 변경인가를 받아야 한다.
> ㉢ 조합장 또는 이사의 자기를 위한 조합과의 계약이나 소송에 관하여는 대의원회가 조합을 대표한다.
> ㉣ 의결권을 가진 조합원의 수가 50인 이상인 조합은 총회의 권한을 대행하게 하기 위하여 대의원회를 둘 수 있으며, 대의원회에 두는 대의원의 수는 의결권을 가진 조합원 총수의 100분의 10 이상으로 한다.

① ㉠, ㉢
② ㉠, ㉣
③ ㉡, ㉢
④ ㉠, ㉡, ㉣
⑤ ㉡, ㉢, ㉣

톺아보기

옳은 것은 ㉠㉣이다.
㉡ 조합이 인가를 받은 사항을 변경하려면 지정권자로부터 변경인가를 받아야 한다. 다만, 대통령령으로 정하는 다음의 경미한 사항을 변경하려는 경우에는 신고해야 한다.
  1. 주된 사무소의 소재지를 변경하려는 경우
  2. 공고방법을 변경하려는 경우
㉢ 조합장 또는 이사의 자기를 위한 조합과의 계약이나 소송에 관하여는 감사가 조합을 대표한다.

05 상중하

도시개발법령상 도시개발사업 시행자로 지정될 수 있는 자에 해당하지 않는 것은?

제33회

① 국가
② 「한국부동산원법」에 따른 한국부동산원
③ 「한국수자원공사법」에 따른 한국수자원공사
④ 「한국관광공사법」에 따른 한국관광공사
⑤ 「지방공기업법」에 따라 설립된 지방공사

톺아보기

「한국부동산원법」에 따른 한국부동산원은 도시개발사업 시행자로 지정될 수 있는 자에 해당하지 않는다.

더 알아보기

도시개발사업의 공공시행자

1. 국가나 지방자치단체
2. 대통령령으로 정하는 공공기관
    - 「한국토지주택공사법」에 따른 한국토지주택공사
    - 「한국수자원공사법」에 따른 한국수자원공사
    - 「한국농어촌공사 및 농지관리기금법」에 따른 한국농어촌공사
    - 「한국관광공사법」에 따른 한국관광공사
    - 「한국철도공사법」에 따른 한국철도공사
    - 「혁신도시 조성 및 발전에 관한 특별법」에 따른 매입공공기관(종전 부동산 및 그 주변을 개발하는 경우로 한정한다)
3. 대통령령으로 정하는 정부출연기관
    - 「국가철도공단법」에 따른 국가철도공단(「역세권의 개발 및 이용에 관한 법률」에 따른 역세권개발사업을 시행하는 경우에만 해당한다)
    - 「제주특별자치도 설치 및 국제자유도시 조성을 위한 특별법」에 따른 제주국제자유도시개발센터(제주특별자치도에서 개발사업을 하는 경우에만 해당한다)
4. 「지방공기업법」에 따라 설립된 지방공사

정답 | 04 ② 05 ②

06 도시개발법령상 도시개발사업 조합에 관한 설명으로 틀린 것은?   제33회

① 조합은 그 주된 사무소의 소재지에서 등기를 하면 성립한다.
② 주된 사무소의 소재지를 변경하려면 지정권자로부터 변경인가를 받아야 한다.
③ 조합설립의 인가를 신청하려면 해당 도시개발구역의 토지면적의 3분의 2 이상에 해당하는 토지소유자와 그 구역의 토지소유자 총수의 2분의 1 이상의 동의를 받아야 한다.
④ 조합의 조합원은 도시개발구역의 토지소유자로 한다.
⑤ 조합의 설립인가를 받은 조합의 대표자는 설립인가를 받은 날부터 30일 이내에 주된 사무소의 소재지에서 설립등기를 하여야 한다.

톺아보기

★ 조합이 인가를 받은 사항을 변경하려면 지정권자로부터 변경인가를 받아야 한다. 다만, 대통령령으로 정하는 다음의 경미한 사항을 변경하려는 경우에는 신고해야 한다.
  1. 주된 사무소의 소재지를 변경하려는 경우
  2. 공고방법을 변경하려는 경우

07 도시개발법령상 도시개발조합에 관한 설명으로 옳은 것은?   제31회 수정

① 도시개발구역의 토지소유자가 미성년자인 경우에는 조합의 조합원이 될 수 없다.
② 조합원은 보유토지의 면적과 관계없는 평등한 의결권을 가지므로, 공유토지의 경우 공유자별로 의결권이 있다.
③ 조합은 도시개발사업 전부를 환지방식으로 시행하는 경우에 도시개발사업의 시행자가 될 수 있다.
④ 조합설립의 인가를 신청하려면 국·공유지를 제외한 해당 도시개발구역의 토지면적의 3분의 2 이상에 해당하는 토지소유자와 그 구역의 토지소유자 총수의 2분의 1 이상의 동의를 받아야 한다.
⑤ 토지소유자가 조합설립인가 신청에 동의하였다면 이후 조합설립인가의 신청 전에 그 동의를 철회하였더라도 그 토지소유자는 동의자 수에 포함된다.

톺아보기

오답해설
① 미성년자는 조합원이 될 수 있다. 다만, 조합의 임원이 될 수 없다.
② 공유토지는 공유자의 동의를 받은 대표공유자 1명만 의결권이 있다.
★ ④ 조합설립의 인가를 신청하려면 해당 도시개발구역의 토지면적의 3분의 2 이상에 해당하는 토지소유자와 그 구역의 토지소유자 총수의 2분의 1 이상의 동의를 받아야 한다. 이 경우 도시개발구역의 토지면적을 산정하는 경우 국·공유지를 포함하여 산정한다.
⑤ 토지소유자는 조합설립인가의 신청 전에 동의를 철회할 수 있다. 이 경우 그 토지소유자는 동의자 수에서 제외한다.

---

08 도시개발법령상 도시개발조합 총회의 의결사항 중 대의원회가 총회의 권한을 대행할 수 있는 사항은?

제31회

① 정관의 변경
② 개발계획의 수립
③ 조합장의 선임
④ 환지예정지의 지정
⑤ 조합의 합병에 관한 사항

톺아보기

환지예정지의 지정은 대의원회가 대행할 수 있다.

더 알아보기

대의원회가 총회권한을 대행할 수 없는 사항

대의원회는 다음의 사항을 제외한 총회의 권한을 대행할 수 있다.
1. 정관의 변경
2. 개발계획의 수립 및 변경(경미한 변경 및 실시계획의 수립·변경은 제외한다)
3. 환지계획의 작성
4. 조합임원의 선임
5. 조합의 합병 또는 해산에 관한 사항(청산금의 징수·교부를 완료한 후에 조합을 해산하는 경우는 제외한다)

정답 | 06 ② 07 ③ 08 ④

09 도시개발법령상 지정권자가 '도시개발구역 전부를 환지방식으로 시행하는 도시개발사업'을 '지방자치단체의 장이 집행하는 공공시설에 관한 사업'과 병행하여 시행할 필요가 있다고 인정하는 경우, 이 도시개발사업의 시행자로 지정될 수 <u>없는</u> 자는? (단, 지정될 수 있는 자가 도시개발구역의 토지소유자는 아니며, 다른 법령은 고려하지 않음)

제30회

① 국가
② 지방자치단체
③ 「지방공기업법」에 따른 지방공사
④ 「한국토지주택공사법」에 따른 한국토지주택공사
⑤ 「자본시장과 금융투자업에 관한 법률」에 따른 신탁업자 중 「주식회사 등의 외부감사에 관한 법률」 제4조에 따른 외부감사의 대상이 되는 자

톺아보기

국가는 해당하지 않는다.

더 알아보기

전부 환지방식의 특례

지정권자는 도시개발구역의 전부를 환지방식으로 시행하는 경우에는 토지소유자나 조합을 시행자로 지정한다. 다만, 다음의 어느 하나에 해당하는 사유가 있으면 지방자치단체나 한국토지주택공사, 지방공사와 신탁업자(지방자치단체 등)를 시행자로 지정할 수 있다.

1. 토지소유자나 조합이 개발계획의 수립·고시일부터 1년 이내(다만, 지정권자가 시행자 지정 신청기간의 연장이 불가피하다고 인정하여 6개월의 범위에서 연장한 경우에는 그 연장된 기간)에 시행자 지정을 신청하지 않은 경우 또는 지정권자가 신청된 내용이 위법하거나 부당하다고 인정한 경우
2. 지방자치단체의 장이 집행하는 공공시설에 관한 사업과 병행하여 시행할 필요가 있다고 인정한 경우
3. 도시개발구역의 국·공유지를 제외한 토지면적의 2분의 1 이상에 해당하는 토지소유자 및 토지소유자 총수의 2분의 1 이상이 지방자치단체 등의 시행에 동의한 경우

10 도시개발법령상 도시개발사업의 시행에 관한 설명으로 옳은 것은? 제29회

① 국가는 도시개발사업의 시행자가 될 수 없다.
② 한국철도공사는 「역세권의 개발 및 이용에 관한 법률」에 따른 역세권개발사업을 시행하는 경우에만 도시개발사업의 시행자가 된다.
③ 지정권자는 시행자가 도시개발사업에 관한 실시계획의 인가를 받은 후 2년 이내에 사업을 착수하지 아니하는 경우 시행자를 변경할 수 있다.
④ 토지소유자가 도시개발구역의 지정을 제안하려는 경우에는 대상 구역 토지면적의 2분의 1 이상에 해당하는 토지소유자의 동의를 받아야 한다.
⑤ 사업주체인 지방자치단체는 조성된 토지의 분양을 「주택법」에 따른 주택건설사업자에게 대행하게 할 수 없다.

톺아보기

★ ③ 지정권자는 시행자가 도시개발사업에 관한 실시계획의 인가를 받은 후 2년 이내에 사업을 착수하지 않는 경우 시행자를 변경할 수 있다.

오답해설
① 국가는 도시개발사업의 시행자가 될 수 있다.
② 국가철도공단은 「역세권의 개발 및 이용에 관한 법률」에 따른 역세권개발사업을 시행하는 경우에만 도시개발사업의 시행자가 된다.
④ 2분의 1이 아니라 3분의 2 이상에 해당하는 토지소유자의 동의를 받아야 한다.
★ ⑤ 공공시행자는 도시개발사업을 효율적으로 시행하기 위하여 필요한 경우에는 대통령령으로 정하는 바에 따라 설계·분양 등 도시개발사업의 일부를 「주택법」에 따른 주택건설사업자 등으로 하여금 대행하게 할 수 있다.

정답 | 09 ① 10 ③

11 상중하

도시개발법령상 도시개발사업의 시행자 중 「주택법」에 따른 주택건설사업자 등으로 하여금 도시개발사업의 일부를 대행하게 할 수 있는 자만을 모두 고른 것은? 제28회

㉠ 지방자치단체
㉡ 「한국관광공사법」에 따른 한국관광공사
㉢ 「부동산투자회사법」에 따라 설립된 자기관리부동산투자회사
㉣ 「수도권정비계획법」에 따른 과밀억제권역에서 수도권 외의 지역으로 이전하는 법인

① ㉠
② ㉠, ㉡
③ ㉡, ㉢
④ ㉢, ㉣
⑤ ㉡, ㉢, ㉣

톺아보기

㉠㉡ 지방자치단체와 한국관광공사는 주택건설사업자 등으로 하여금 도시개발사업의 일부를 대행하게 할 수 있는 공공시행자에 해당한다.
㉢㉣ 민간시행자이므로 도시개발사업의 일부를 대행하게 할 수 없다.

12 도시개발법령상 도시개발구역의 지정권자가 시행자를 변경할 수 있는 경우가 아닌 것은?

제28회

① 도시개발사업에 관한 실시계획의 인가를 받은 후 2년 이내에 사업을 착수하지 아니하는 경우
② 행정처분으로 사업시행자의 지정이 취소된 경우
③ 사업시행자가 도시개발구역 지정의 고시일부터 6개월 이내에 실시계획의 인가를 신청하지 아니하는 경우
④ 사업시행자의 부도로 도시개발사업의 목적을 달성하기 어렵다고 인정되는 경우
⑤ 행정처분으로 실시계획의 인가가 취소된 경우

톺아보기

★ 도시개발구역의 전부를 환지방식으로 시행하는 경우로서 시행자로 지정된 자(토지소유자 또는 조합)가 도시개발구역 지정의 고시일부터 1년 이내에 도시개발사업에 관한 실시계획의 인가를 신청하지 않는 경우에 시행자를 변경할 수 있다.

더 알아보기

시행자의 변경

지정권자는 다음의 어느 하나에 해당하는 경우에는 시행자를 변경할 수 있다.
1. 도시개발사업에 관한 실시계획의 인가를 받은 후 2년 이내에 사업을 착수하지 않는 경우
2. 행정처분으로 시행자의 지정이나 실시계획의 인가가 취소된 경우
3. 시행자의 부도·파산, 그 밖에 이와 유사한 사유로 도시개발사업의 목적을 달성하기 어렵다고 인정되는 경우
4. 도시개발구역의 전부를 환지방식으로 시행하는 경우 시행자로 지정된 토지소유자나 조합이 도시개발구역 지정·고시일부터 1년 이내(지정권자가 실시계획의 인가신청기간의 연장이 불가피하다고 인정하여 6개월의 범위에서 연장한 경우에는 그 연장된 기간)에 도시개발사업에 관한 실시계획의 인가를 신청하지 않는 경우

정답 | 11 ② 12 ③

제3장 / 도시개발사업의 시행

기본서 p.214~244

01 도시개발법령상 도시개발구역지정 이후 지정권자가 도시개발사업의 시행방식을 변경할 수 있는 경우를 모두 고른 것은? (단, 시행자는 국가이며, 시행방식 변경을 위한 다른 요건은 모두 충족됨)

제35회

> ㉠ 수용 또는 사용방식에서 전부 환지방식으로의 변경
> ㉡ 수용 또는 사용방식에서 혼용방식으로의 변경
> ㉢ 혼용방식에서 전부 환지방식으로의 변경
> ㉣ 전부 환지방식에서 혼용방식으로의 변경

① ㉠, ㉢   ② ㉠, ㉣   ③ ㉡, ㉣
④ ㉠, ㉡, ㉢   ⑤ ㉡, ㉢, ㉣

톺아보기

해당하는 것은 ㉠㉡㉢이다.

더 알아보기

시행방식의 변경

지정권자는 도시개발구역 지정 이후 지가상승 등 지역개발 여건의 변화로 도시개발사업 시행방식 지정 당시의 요건을 충족하지 못하는 경우에는 다음에 따라 도시개발사업의 시행방식을 변경할 수 있다.
1. 공공시행자가 도시개발사업의 시행방식을 수용 또는 사용방식에서 전부 환지방식으로 변경하는 경우
2. 공공시행자가 도시개발사업의 시행방식을 혼용방식에서 전부 환지방식으로 변경하는 경우
3. 도시개발조합을 제외한 사업시행자가 도시개발사업의 시행방식을 수용 또는 사용방식에서 혼용방식으로 변경하는 경우

02 도시개발법령상 도시개발사업의 실시계획에 관한 설명으로 틀린 것은? 제31회

① 시행자가 작성하는 실시계획에는 지구단위계획이 포함되어야 한다.
② 지정권자인 국토교통부장관이 실시계획을 작성하는 경우 시·도지사 또는 대도시 시장의 의견을 미리 들어야 한다.
③ 지정권자가 시행자가 아닌 경우 시행자는 작성된 실시계획에 관하여 지정권자의 인가를 받아야 한다.
④ 고시된 실시계획의 내용 중 「국토의 계획 및 이용에 관한 법률」에 따라 도시·군관리계획으로 결정하여야 하는 사항이 종전에 도시·군관리계획으로 결정된 사항에 저촉되면 종전에 도시·군관리계획으로 결정된 사항이 우선하여 적용된다.
⑤ 실시계획의 인가에 의해 「주택법」에 따른 사업계획의 승인은 의제될 수 있다.

톺아보기

종전에 도시·군관리계획으로 결정된 사항 중 고시된 실시계획의 내용에 저촉되는 사항은 고시된 내용으로 변경된 것으로 본다.

정답 | 01 ④ 02 ④

03 도시개발법령상 도시개발사업의 시행방식에 관한 설명으로 옳은 것은? 제30회

① 분할 혼용방식은 수용 또는 사용방식이 적용되는 지역과 환지방식이 적용되는 지역을 사업시행지구별로 분할하여 시행하는 방식이다.
② 계획적이고 체계적인 도시개발 등 집단적인 조성과 공급이 필요한 경우에는 환지방식으로 정하여야 하며, 다른 시행방식에 의할 수 없다.
③ 도시개발구역 지정 이후에는 도시개발사업의 시행방식을 변경할 수 없다.
④ 시행자는 도시개발사업의 시행방식을 토지 등을 수용 또는 사용하는 방식, 환지방식 또는 이를 혼용하는 방식 중에서 정하여 국토교통부장관의 허가를 받아야 한다.
⑤ 지방자치단체가 도시개발사업의 전부를 환지방식으로 시행하려고 할 때에는 도시개발사업에 관한 규약을 정하여야 한다.

톺아보기

오답해설

★ ② 계획적이고 체계적인 도시개발 등 집단적인 조성과 공급이 필요한 경우에는 수용 또는 사용방식으로 정한다.
③ 지정권자는 도시개발구역 지정 이후 지가상승 등 지역개발여건의 변화로 도시개발사업 시행방식 지정 당시의 요건을 충족하지 못하는 경우에는 도시개발사업의 시행방식을 변경할 수 있다.
④ 국토교통부장관의 허가를 받지 않는다.
⑤ 지방자치단체 등이 도시개발사업의 전부를 환지방식으로 시행하려고 할 때에는 대통령령으로 정하는 바에 따라 시행규정을 작성해야 한다.

04 상중하

도시개발법령상 도시개발사업의 실시계획에 관한 설명으로 옳은 것은? 제29회

① 지정권자인 국토교통부장관이 실시계획을 작성하는 경우 시장·군수 또는 구청장의 의견을 미리 들어야 한다.
② 도시개발사업을 환지방식으로 시행하는 구역에 대하여 지정권자가 실시계획을 작성한 경우에는 사업의 명칭·목적, 도시·군관리계획의 결정내용을 관할 등기소에 통보·제출하여야 한다.
③ 실시계획을 인가할 때 지정권자가 해당 실시계획에 대한「하수도법」에 따른 공공하수도 공사시행의 허가에 관하여 관계 행정기관의 장과 협의한 때에는 해당 허가를 받은 것으로 본다.
④ 인가를 받은 실시계획 중 사업시행면적의 100분의 20이 감소된 경우 지정권자의 변경인가를 받을 필요가 없다.
⑤ 지정권자는 시행자가 도시개발구역 지정의 고시일부터 6개월 이내에 실시계획의 인가를 신청하지 아니하는 경우 시행자를 변경할 수 있다.

톺아보기

오답해설

★ ① 국토교통부장관인 지정권자는 시·도지사 또는 대도시 시장의 의견을 미리 들어야 한다.
② 지정권자는 도시개발사업을 환지방식으로 시행하는 구역에 대하여는 실시계획의 고시내용(도시·군관리계획의 결정내용은 제외한다)과 토지조서를 관할 등기소에 통보·제출해야 한다.
④ 사업시행면적의 100분의 10의 범위에서의 면적의 감소 등 경미한 사항을 변경하는 경우에는 변경인가를 받지 않는다.
⑤ 도시개발구역의 전부를 환지방식으로 시행하는 경우 시행자로 지정된 토지소유자나 조합이 도시개발구역 지정의 고시일부터 1년 이내에 도시개발사업에 관한 실시계획의 인가를 신청하지 않는 경우이다.

정답 | 03 ① 04 ③

05 도시개발법령상 한국토지주택공사가 발행하려는 토지상환채권의 발행계획에 포함되어야 하는 사항이 <u>아닌</u> 것은? 제35회

① 보증기관 및 보증의 내용
② 토지가격의 추산방법
③ 상환대상지역 또는 상환대상토지의 용도
④ 토지상환채권의 발생가액 및 발행시기
⑤ 토지상환채권의 발행총액

톺아보기

보증기관 및 보증의 내용은 민간시행자가 발행하는 경우에만 해당한다.

더 알아보기

토지상환채권의 발행계획에 포함되어야 하는 사항

1. 시행자의 명칭
2. 토지상환채권의 발행총액, 이율, 발행가액 및 발행시기
3. 상환대상지역 또는 상환대상토지의 용도
4. 토지가격의 추산방법
5. 보증기관 및 보증의 내용(민간시행자가 발행하는 경우에만 해당한다)

06 상중하

도시개발법령상 원형지의 공급과 개발에 관한 설명으로 옳은 것은? 제34회

① 원형지를 공장 부지로 직접 사용하는 원형지개발자의 선정은 경쟁입찰의 방식으로 하며, 경쟁입찰이 2회 이상 유찰된 경우에는 수의계약의 방법으로 할 수 있다.
② 지정권자는 원형지의 공급을 승인할 때 용적률 등 개발밀도에 관한 이행조건을 붙일 수 없다.
③ 원형지 공급가격은 원형지의 감정가격과 원형지에 설치한 기반시설 공사비의 합산 금액을 기준으로 시·도의 조례로 정한다.
④ 원형지개발자인 지방자치단체는 10년의 범위에서 대통령령으로 정하는 기간 안에는 원형지를 매각할 수 없다.
⑤ 원형지개발자가 공급받은 토지의 전부를 시행자의 동의 없이 제3자에게 매각하는 경우 시행자는 원형지개발자에 대한 시정요구 없이 원형지 공급계약을 해제할 수 있다.

톺아보기

오답해설

② 지정권자는 원형지의 공급승인을 할 때에는 용적률 등 개발밀도, 토지용도별 면적 및 배치, 교통처리계획 및 기반시설의 설치 등에 관한 이행조건을 붙일 수 있다.
★ ③ 원형지 공급가격은 개발계획이 반영된 원형지의 감정가격에 시행자가 원형지에 설치한 기반시설 등의 공사비를 더한 금액을 기준으로 시행자와 원형지개발자가 협의하여 결정한다.
★ ④ 원형지개발자(국가 및 지방자치단체는 제외한다)는 10년의 범위에서 대통령령으로 정하는 기간 안에는 원형지를 매각할 수 없다.
⑤ 시행자는 해제사유가 발생한 경우에 원형지개발자에게 2회 이상 시정을 요구해야 하고, 원형지개발자가 시정하지 않는 경우에는 원형지 공급계약을 해제할 수 있다.

정답 | 05 ① 06 ①

07 상중하

도시개발법령상 「지방공기업법」에 따라 설립된 지방공사가 단독으로 토지상환채권을 발행하는 경우에 관한 설명으로 옳은 것은? 제33회

① 「은행법」에 따른 은행으로부터 지급보증을 받은 경우에만 토지상환채권을 발행할 수 있다.
② 토지상환채권의 발행규모는 그 토지상환채권으로 상환할 토지·건축물이 해당 도시개발사업으로 조성되는 분양토지 또는 분양건축물 면적의 2분의 1을 초과하지 아니하도록 하여야 한다.
③ 토지상환채권은 이전할 수 없다.
④ 토지가격의 추산방법은 토지상환채권의 발행계획에 포함되지 않는다.
⑤ 토지 등의 매수대금 일부의 지급을 위하여 토지상환채권을 발행할 수 없다.

톺아보기

오답해설
★ ① 지방공사는 금융기관 등의 지급보증을 받지 않고 토지상환채권을 발행할 수 있다.
★ ③ 토지상환채권은 이전할 수 있다.
  ④ 토지가격의 추산방법은 토지상환채권의 발행계획에 포함되어야 한다.
★ ⑤ 시행자는 토지소유자가 원하면 토지 등의 매수대금의 일부를 지급하기 위하여 토지상환채권을 발행할 수 있다.

더 알아보기

토지상환채권의 발행계획에 포함되어야 하는 사항
1. 시행자의 명칭
2. 토지상환채권의 발행총액, 이율, 발행가액 및 발행시기
3. 상환대상 지역 또는 상환대상 토지의 용도
4. 토지가격의 추산방법
5. 보증기관 및 보증의 내용(민간시행자가 발행하는 경우에만 해당한다)

08 도시개발법령상 토지 등의 수용 또는 사용의 방식에 따른 사업시행에 관한 설명으로 옳은 것은?

제32회

① 도시개발사업을 시행하는 지방자치단체는 도시개발구역 지정 이후 그 시행방식을 혼용방식에서 수용 또는 사용방식으로 변경할 수 있다.
② 도시개발사업을 시행하는 정부출연기관이 그 사업에 필요한 토지를 수용하려면 사업대상 토지면적의 3분의 2 이상에 해당하는 토지를 소유하고 토지소유자 총수의 2분의 1 이상에 해당하는 자의 동의를 받아야 한다.
③ 도시개발사업을 시행하는 공공기관은 토지상환채권을 발행할 수 없다.
④ 원형지를 공급받아 개발하는 지방공사는 원형지에 대한 공사완료 공고일부터 5년이 지난 시점이라면 해당 원형지를 매각할 수 있다.
⑤ 원형지가 공공택지 용도인 경우 원형지개발자의 선정은 추첨의 방법으로 할 수 있다.

톺아보기

오답해설

★ ① 공공시행자는 도시개발사업의 시행방식을 혼용방식에서 전부 환지방식으로 변경할 수 있다.
★ ② 정부출연기관은 공공시행자이므로 수용요건이 필요 없다. 민간시행자(도시개발조합은 제외한다)는 사업대상 토지면적의 3분의 2 이상에 해당하는 토지를 소유하고 토지소유자 총수의 2분의 1 이상에 해당하는 자의 동의를 받아야 한다.
③ 시행자는 토지소유자가 원하면 토지 등의 매수대금의 일부를 지급하기 위하여 토지상환채권을 발행할 수 있다.
★ ⑤ 원형지개발자의 선정은 수의계약의 방법으로 한다. 다만, 원형지를 학교나 공장 등의 부지로 직접 사용하는 자의 선정은 경쟁입찰의 방법으로 하며, 경쟁입찰이 2회 이상 유찰된 경우에는 수의계약의 방법으로 할 수 있다.

정답 | 07 ② 08 ④

09

도시개발법령상 수용 또는 사용의 방식에 따른 사업시행에 관한 설명으로 옳은 것은?
제30회

① 「지방공기업법」에 따라 설립된 지방공사가 시행자인 경우 토지소유자 전원의 동의 없이는 도시개발사업에 필요한 토지 등을 수용하거나 사용할 수 없다.
② 지방자치단체가 시행자인 경우 지급보증 없이 토지상환채권을 발행할 수 있다.
③ 지정권자가 아닌 시행자는 조성토지 등을 공급받거나 이용하려는 자로부터 지정권자의 승인 없이 해당 대금의 전부 또는 일부를 미리 받을 수 있다.
④ 원형지의 면적은 도시개발구역 전체 토지면적의 3분의 1을 초과하여 공급될 수 있다.
⑤ 공공용지가 아닌 조성토지 등의 공급은 수의계약의 방법에 의해야 한다.

톺아보기

오답해설

★ ① 지방공사인 시행자는 토지소유자의 동의 없이 토지 등을 수용하거나 사용할 수 있다.
★ ③ 시행자(지정권자가 시행자인 경우는 제외한다)는 선수금을 미리 받으려면 지정권자의 승인을 받아야 한다.
★ ④ 공급될 수 있는 원형지의 면적은 도시개발구역 전체 토지면적의 3분의 1 이내로 한정한다.
⑤ 조성토지 등의 공급은 경쟁입찰의 방법에 따른다.

10

도시개발법령상 수용 또는 사용의 방식에 따른 사업시행에 관한 설명으로 옳은 것은?
제27회

① 시행자가 아닌 지정권자는 도시개발사업에 필요한 토지 등을 수용할 수 있다.
② 도시개발사업을 위한 토지의 수용에 관하여 특별한 규정이 없으면 「도시 및 주거환경정비법」에 따른다.
③ 수용의 대상이 되는 토지의 세부목록을 고시한 경우에는 「공익사업을 위한 토지 등의 취득 및 보상에 관한 법률」에 따른 사업인정 및 그 고시가 있었던 것으로 본다.
④ 국가에 공급될 수 있는 원형지 면적은 도시개발구역 전체 토지면적의 3분의 2까지로 한다.
⑤ 시행자가 토지상환채권을 발행할 경우, 그 발행규모는 토지상환채권으로 상환할 토지·건축물이 도시개발사업으로 조성되는 분양토지 또는 분양건축물 면적의 3분의 2를 초과하지 않아야 한다.

톺아보기

오답해설
① 시행자는 도시개발사업에 필요한 토지 등을 수용하거나 사용할 수 있다.
② 토지 등의 수용 또는 사용에 관하여는 「공익사업을 위한 토지 등의 취득 및 보상에 관한 법률」을 준용한다.
④ 공급될 수 있는 원형지의 면적은 도시개발구역 전체 토지면적의 3분의 1 이내로 한정한다.
★ ⑤ 토지상환채권의 발행규모는 그 토지상환채권으로 상환할 토지·건축물이 해당 도시개발사업으로 조성되는 분양토지 또는 분양건축물 면적의 2분의 1을 초과하지 않도록 해야 한다.

11 도시개발법령상 조성토지 등의 공급에 관한 설명으로 옳은 것은? 제26회 수정

① 지정권자가 아닌 시행자는 조성토지 등의 공급계획을 작성하여 지정권자에게 제출해야 하고, 승인을 받을 필요는 없다.
② 조성토지 등을 공급하려고 할 때 「주택법」에 따른 공공택지의 공급은 추첨의 방법으로 분양할 수 없다.
③ 조성토지 등의 가격평가는 「감정평가 및 감정평가사에 관한 법률」에 따른 감정가격으로 한다.
④ 공공청사용지를 지방자치단체에게 공급하는 경우에는 수의계약의 방법으로 할 수 없다.
⑤ 토지상환채권에 의하여 토지를 상환하는 경우에는 수의계약의 방법으로 할 수 없다.

톺아보기

오답해설
① 시행자(지정권자가 시행자인 경우는 제외한다)는 조성토지 등을 공급하려고 할 때에는 조성토지 등의 공급계획을 작성하거나 변경하여 지정권자의 승인을 받아야 한다.
② 「주택법」에 따른 공공택지는 추첨의 방법으로 분양할 수 있다.
★ ④ 학교용지, 공공청사용지 등 일반에게 분양할 수 없는 공공용지를 국가, 지방자치단체, 그 밖의 법령에 따라 해당 시설을 설치할 수 있는 자에게 공급하는 경우 수의계약의 방법으로 조성토지 등을 공급할 수 있다.
⑤ 토지상환채권에 의하여 토지를 상환하는 경우 수의계약의 방법으로 조성토지 등을 공급할 수 있다.

정답 | 09 ② 10 ③ 11 ③

12 도시개발법령상 환지방식에 의한 사업 시행에 관한 설명으로 틀린 것은? 제35회

① 행정청이 아닌 시행자가 환지계획을 작성하여 인가를 신청하려는 경우 토지소유자와 임차권자 등에게 환지계획의 기준 및 내용 등을 알려야 한다.
② 「집합건물의 소유 및 관리에 관한 법률」에 따른 대지사용권에 해당하는 토지지분은 분할환지할 수 없다.
③ 환지예정지가 지정되면 종전의 토지의 소유자는 환지예정지 지정의 효력발생일부터 환지처분이 공고되는 날까지 종전의 토지를 사용할 수 없다.
④ 도시개발사업으로 임차권의 목적인 토지의 이용이 방해를 받아 종전의 임대료가 불합리하게 된 경우라도, 환지처분이 공고된 날의 다음 날부터는 임대료 감액을 청구할 수 없다.
⑤ 도시개발사업의 시행으로 행사할 이익이 없어진 지역권은 환지처분이 공고된 날이 끝나는 때에 소멸한다.

톺아보기

도시개발사업으로 임차권 등의 목적인 토지 또는 지역권에 관한 승역지의 이용이 증진되거나 방해를 받아 종전의 임대료·지료, 그 밖의 사용료 등이 불합리하게 되면 당사자는 계약 조건에도 불구하고 장래에 관하여 그 증감을 청구할 수 있다. 다만, 환지처분이 공고된 날부터 60일이 지나면 임대료·지료, 그 밖의 사용료 등의 증감을 청구할 수 없다.

13 도시개발법령상 환지설계를 평가식으로 하는 경우 다음 조건에서 환지계획에 포함되어야 하는 비례율은? (단, 제시된 조건 이외의 다른 조건은 고려하지 않음) 제34회

- 총사업비: 250억원
- 환지 전 토지·건축물의 평가액 합계: 500억원
- 도시개발사업으로 조성되는 토지·건축물의 평가액 합계: 1,000억원

① 100% ② 125% ③ 150%
④ 200% ⑤ 250%

톺아보기

비례율은 다음의 계산식에 따른다.

> 비례율 = [(도시개발사업으로 조성되는 토지·건축물의 평가액 합계 − 총사업비) / 환지 전 토지·건축물의 평가액 합계] × 100

위의 계산식에 따라 비례율은 [(1,000억 − 250억) / 500억] × 100 = 150%가 된다.

14 도시개발법령상 환지방식에 의한 사업시행에서 청산금에 관한 설명으로 틀린 것은?

제34회

① 시행자는 토지소유자의 동의에 따라 환지를 정하지 않는 토지에 대하여는 환지처분 전이라도 청산금을 교부할 수 있다.
② 토지소유자의 신청에 따라 환지대상에서 제외한 토지에 대하여는 청산금을 교부하는 때에 청산금을 결정할 수 없다.
③ 청산금을 받을 권리나 징수할 권리를 5년간 행사하지 않으면 시효로 소멸한다.
④ 청산금은 대통령령으로 정하는 바에 따라 이자를 붙여 분할징수하거나 분할교부할 수 있다.
⑤ 행정청이 아닌 시행자가 군수에게 청산금의 징수를 위탁한 경우 그 시행자는 군수가 징수한 금액의 100분의 4에 해당하는 금액을 해당 군에 지급해야 한다.

톺아보기

★ 환지대상에서 제외한 토지 등에 대하여는 청산금을 교부하는 때에 청산금을 결정할 수 있다.

정답 | 12 ④ 13 ③ 14 ②

15 도시개발법령상 환지처분에 관한 설명으로 틀린 것은? 제33회

① 도시개발구역의 토지소유자나 이해관계인은 환지방식에 의한 도시개발사업 공사 관계 서류의 공람기간에 시행자에게 의견서를 제출할 수 있다.
② 환지를 정하거나 그 대상에서 제외한 경우 그 과부족분(過不足分)은 금전으로 청산하여야 한다.
③ 시행자는 지정권자에 의한 준공검사를 받은 경우에는 90일 이내에 환지처분을 하여야 한다.
④ 시행자가 환지처분을 하려는 경우에는 환지계획에서 정한 사항을 토지소유자에게 알리고 관보 또는 공보에 의해 이를 공고하여야 한다.
⑤ 환지계획에서 정하여진 환지는 그 환지처분이 공고된 날의 다음 날부터 종전의 토지로 본다.

톺아보기

★ ③ 시행자는 지정권자에 의한 준공검사를 받은 경우(지정권자가 시행자인 경우에는 공사완료 공고가 있는 때)에는 60일 이내에 환지처분을 해야 한다.

오답해설

★ ⑤ 환지계획에서 정하여진 환지는 그 환지처분이 공고된 날의 다음 날부터 종전의 토지로 본다.

16 도시개발법령상 환지방식에 의한 사업시행에 관한 설명으로 틀린 것은? 제32회

① 도시개발사업을 입체환지방식으로 시행하는 경우에는 환지계획에 건축계획이 포함되어야 한다.
② 시행자는 토지면적의 규모를 조정할 특별한 필요가 있으면 면적이 넓은 토지는 그 면적을 줄여서 환지를 정하거나 환지대상에서 제외할 수 있다.
③ 도시개발구역 지정권자가 정한 기준일의 다음 날부터 단독주택이 다세대주택으로 전환되는 경우 시행자는 해당 건축물에 대하여 금전으로 청산하거나 환지 지정을 제한할 수 있다.
④ 시행자는 환지예정지를 지정한 경우에 해당 토지를 사용하거나 수익하는 데에 장애가 될 물건이 그 토지에 있으면 그 토지의 사용 또는 수익을 시작할 날을 따로 정할 수 있다.
⑤ 시행자는 환지를 정하지 아니하기로 결정된 토지소유자나 임차권자 등에게 날짜를 정하여 그날부터 해당 토지 또는 해당 부분의 사용 또는 수익을 정지시킬 수 있다.

톺아보기

★ 시행자는 토지면적의 규모를 조정할 특별한 필요가 있으면 면적이 작은 토지는 과소(過小)토지가 되지 않도록 면적을 늘려 환지를 정하거나 환지대상에서 제외할 수 있고, 면적이 넓은 토지는 그 면적을 줄여서 환지를 정할 수 있다.

17 도시개발법령상 환지방식에 의한 사업시행에 관한 설명으로 틀린 것은?   제31회

① 지정권자는 도시개발사업을 환지방식으로 시행하려고 개발계획을 수립할 때에 시행자가 지방자치단체이면 토지소유자의 동의를 받을 필요가 없다.
② 시행자는 체비지의 용도로 환지예정지가 지정된 경우에는 도시개발사업에 드는 비용을 충당하기 위하여 이를 처분할 수 있다.
③ 도시개발구역의 토지에 대한 지역권은 도시개발사업의 시행으로 행사할 이익이 없어지면 환지처분이 공고된 날이 끝나는 때에 소멸한다.
④ 지방자치단체가 도시개발사업의 전부를 환지방식으로 시행하려고 할 때에는 도시개발사업의 시행규정을 작성하여야 한다.
⑤ 행정청이 아닌 시행자가 인가받은 환지계획의 내용 중 종전 토지의 합필 또는 분필로 환지명세가 변경되는 경우에는 변경인가를 받아야 한다.

톺아보기

종전 토지의 합필 또는 분필로 환지명세가 변경되는 경우 등 경미한 사항을 변경하는 경우에는 변경인가를 받지 않는다.

정답 | 15 ③ 16 ② 17 ⑤

18 도시개발법령상 환지방식에 의한 도시개발사업의 시행에 관한 설명으로 옳은 것은?

제30회

① 시행자는 준공검사를 받은 후 60일 이내에 지정권자에게 환지처분을 신청하여야 한다.
② 도시개발구역이 둘 이상의 환지계획구역으로 구분되는 경우에도 사업비와 보류지는 도시개발구역 전체를 대상으로 책정하여야 하며, 환지계획구역별로는 책정할 수 없다.
③ 도시개발구역에 있는 조성토지 등의 가격은 개별공시지가로 한다.
④ 환지예정지가 지정되어도 종전 토지의 임차권자는 환지처분 공고일까지 종전 토지를 사용·수익할 수 있다.
⑤ 환지계획에는 필지별로 된 환지명세와 필지별과 권리별로 된 청산대상 토지명세가 포함되어야 한다.

톺아보기

오답해설

★ ① 시행자는 지정권자에 의한 준공검사를 받은 경우(지정권자가 시행자인 경우에는 공사완료 공고가 있는 때)에는 60일 이내에 환지처분을 해야 한다.
② 도시개발구역이 둘 이상의 환지계획구역으로 구분되는 경우에는 환지계획구역별로 사업비 및 보류지를 책정해야 한다.
★ ③ 시행자는 환지방식이 적용되는 도시개발구역에 있는 조성토지 등의 가격을 평가할 때에는 토지평가협의회의 심의를 거쳐 결정하되, 그에 앞서 대통령령으로 정하는 공인평가기관(감정평가법인 등)이 평가하게 해야 한다.
★ ④ 환지예정지가 지정되면 종전의 토지의 소유자와 임차권자 등은 환지예정지 지정의 효력발생일부터 환지처분이 공고되는 날까지 환지예정지나 해당 부분에 대하여 종전과 같은 내용의 권리를 행사할 수 있으며, 종전의 토지를 사용하거나 수익할 수 없다.

19 도시개발법령상 환지방식에 의한 사업시행에 관한 설명으로 틀린 것은? 제29회 수정

① 시행자는 환지방식이 적용되는 도시개발구역에 있는 조성토지 등의 가격을 평가할 때에는 토지평가협의회의 심의를 거쳐 결정하되, 그에 앞서 감정평가법인 등이 평가하게 하여야 한다.
② 행정청이 아닌 시행자가 환지계획을 작성한 경우에는 특별자치도지사·시장·군수 또는 구청장의 인가를 받아야 한다.
③ 행정청인 시행자가 환지계획을 정하려고 하는 경우에 해당 토지의 임차권자는 공람기간에 시행자에게 의견서를 제출할 수 있다.
④ 환지계획에서 환지를 정하지 아니한 종전의 토지에 있던 권리는 그 환지처분이 공고된 날이 끝나는 때에 소멸한다.
⑤ 환지설계시 적용되는 토지·건축물의 평가액은 최초 환지계획인가 신청시를 기준으로 하여 정하되, 환지계획의 변경인가를 받아 변경할 수 있다.

톺아보기

⑤ 환지설계시 적용되는 토지·건축물의 평가액은 최초 환지계획인가시를 기준으로 하여 정하고 변경할 수 없으며, 환지 후 토지·건축물의 평가액은 실시계획의 변경으로 평가요인이 변경된 경우에만 환지계획의 변경인가를 받아 변경할 수 있다.

오답해설
★ ④ 환지계획에서 환지를 정하지 않은 종전의 토지에 있던 권리는 그 환지처분이 공고된 날이 끝나는 때에 소멸한다.

20 도시개발법령상 조합인 시행자가 면적식으로 환지계획을 수립하여 환지방식에 의한 사업시행을 하는 경우, 환지계획구역의 평균 토지부담률(%)은 얼마인가? (단, 다른 조건은 고려하지 않음) 제27회 수정

- 환지계획구역 면적: 10만m²
- 공공시설의 설치로 시행자에게 무상귀속되는 토지면적: 1만m²
- 시행자가 소유하는 토지면적: 1만m²
- 보류지 면적: 6만m²

① 20% ② 40% ③ 50%
④ 60% ⑤ 80%

톺아보기

평균 토지부담률은 다음의 계산식에 따라 산정한다.

평균 토지부담률 = [(보류지 면적 − 시행자에게 무상귀속되는 토지와 시행자가 소유하는 토지의 면적) ÷ (환지계획구역 면적 − 시행자에게 무상귀속되는 토지와 시행자가 소유하는 토지의 면적)] × 100

따라서 [(6만m² − 2만m²) / (10만m² − 2만m²)] × 100 = 50%가 된다.

---

21 도시개발법령상 준공검사 등에 관한 설명으로 틀린 것은? 제27회

① 도시개발사업의 준공검사 전에는 체비지를 사용할 수 없다.
② 지정권자는 효율적인 준공검사를 위하여 필요하면 관계 행정기관 등에 의뢰하여 준공검사를 할 수 있다.
③ 지정권자가 아닌 시행자는 도시개발사업에 관한 공사가 전부 끝나기 전이라도 공사가 끝난 부분에 관하여 준공검사를 받을 수 있다.
④ 지정권자가 아닌 시행자가 도시개발사업의 공사를 끝낸 때에는 공사완료보고서를 작성하여 지정권자의 준공검사를 받아야 한다.
⑤ 지정권자가 시행자인 경우 그 시행자는 도시개발사업의 공사를 완료한 때에는 공사완료 공고를 하여야 한다.

톺아보기

준공검사 전 또는 공사완료 공고 전에는 조성토지 등(체비지는 제외한다)을 사용할 수 없다.

22 도시개발법령상 환지방식의 사업시행에 관한 설명으로 옳은 것은? (단, 사업시행자는 행정청이 아님) 제25회 수정

① 사업시행자가 환지계획을 작성한 경우에는 특별자치도지사, 시·도지사의 인가를 받아야 한다.
② 환지로 지정된 토지나 건축물을 금전으로 청산하는 내용으로 환지계획을 변경하는 경우에는 변경인가를 받아야 한다.
③ 토지소유자의 환지제외 신청이 있더라도 해당 토지에 관한 임차권자 등이 동의하지 않는 경우에는 해당 토지를 환지에서 제외할 수 없다.
④ 환지예정지의 지정이 있으면 종전의 토지에 대한 임차권 등은 종전의 토지에 대해서는 물론 환지예정지에 대해서도 소멸한다.
⑤ 환지처분은 행정상 처분으로서 종전의 토지에 전속(專屬)하는 것에 관하여 영향을 미친다.

톺아보기

[오답해설]
★ ① 행정청이 아닌 시행자가 환지계획을 작성한 경우에는 특별자치도지사·시장·군수 또는 구청장의 인가를 받아야 한다.
② 환지로 지정된 토지나 건축물을 금전으로 청산하는 경우 등 경미한 사항을 변경하는 경우에는 변경인가를 받지 않는다.
④ 환지예정지가 지정되면 종전의 토지의 소유자와 임차권자 등은 환지예정지 지정의 효력발생일부터 환지처분이 공고되는 날까지 환지예정지나 해당 부분에 대하여 종전과 같은 내용의 권리를 행사할 수 있으며, 종전의 토지는 사용하거나 수익할 수 없다.
⑤ 환지처분은 행정상 처분이나 재판상의 처분으로서 종전의 토지에 전속(專屬)하는 것에 관하여는 영향을 미치지 않는다.

정답 | 20 ③ 21 ① 22 ③

제4장 / 비용부담 등

기본서 p.245~250

01 도시개발법령상 도시개발채권에 관한 설명으로 옳은 것은?   제32회

① 「국토의 계획 및 이용에 관한 법률」에 따른 공작물의 설치허가를 받은 자는 도시개발채권을 매입하여야 한다.
② 도시개발채권의 이율은 기획재정부장관이 국채·공채 등의 금리와 특별회계의 상황 등을 고려하여 정한다.
③ 도시개발채권을 발행하려는 시·도지사는 기획재정부장관의 승인을 받은 후 채권의 발행총액 등을 공고하여야 한다.
④ 도시개발채권의 상환기간은 5년보다 짧게 정할 수는 없다.
⑤ 도시개발사업을 공공기관이 시행하는 경우 해당 공공기관의 장은 시·도지사의 승인을 받아 도시개발채권을 발행할 수 있다.

톺아보기

[오답해설]
① 「국토의 계획 및 이용에 관한 법률」에 따른 토지의 형질변경허가를 받은 자는 도시개발채권을 매입해야 한다.
② 도시개발채권의 이율은 채권의 발행 당시의 국채·공채 등의 금리와 특별회계의 상황 등을 고려하여 해당 시·도의 조례로 정한다.
★ ③ 시·도지사는 도시개발채권을 발행하려는 경우에는 행정안전부장관의 승인을 받아야 한다.
★ ⑤ 시·도지사는 도시개발사업 또는 도시·군계획시설사업에 필요한 자금을 조달하기 위하여 도시개발채권을 발행할 수 있다.

더 알아보기

도시개발채권의 발행

시·도지사는 도시개발채권을 발행하려는 경우에는 다음의 사항에 대하여 행정안전부장관의 승인을 받아야 한다.
1. 채권의 발행총액
2. 채권의 발행방법
3. 채권의 발행조건
4. 상환방법 및 절차
5. 그 밖에 채권의 발행에 필요한 사항

02 도시개발법령상 도시개발사업의 비용부담 등에 관한 설명으로 옳은 것을 모두 고른 것은?

제31회

> ㉠ 지정권자가 시행자가 아닌 경우 도시개발구역의 통신시설의 설치는 특별한 사유가 없으면 준공검사 신청일까지 끝내야 한다.
> ㉡ 전부 환지방식으로 사업을 시행하는 경우 전기시설의 지중선로 설치를 요청한 사업시행자와 전기공급자는 각각 2분의 1의 비율로 그 설치비용을 부담한다.
> ㉢ 지정권자인 시행자는 그가 시행한 사업으로 이익을 얻는 시·도에 비용의 전부 또는 일부를 부담시킬 수 있다.

① ㉠
② ㉡
③ ㉠, ㉢
④ ㉡, ㉢
⑤ ㉠, ㉡, ㉢

톺아보기

옳은 것은 ㉠이다.
㉡ 전부 환지방식으로 도시개발사업을 시행하는 경우에는 전기시설을 공급하는 자가 3분의 2, 지중에 설치할 것을 요청하는 자가 3분의 1의 비율로 부담한다.
㉢ 지정권자인 시행자는 그가 시행한 도시개발사업으로 이익을 얻는 시·도가 있으면 대통령령으로 정하는 바에 따라 그 도시개발사업에 든 비용의 일부를 그 이익을 얻는 시·도에 부담시킬 수 있다.

정답 | 01 ④ 02 ①

03 도시개발법령상 도시개발채권에 관한 설명으로 옳은 것은? 제29회

① 도시개발채권의 매입의무자가 아닌 자가 착오로 도시개발채권을 매입한 경우에는 도시개발채권을 중도에 상환할 수 있다.
② 시·도지사는 도시개발채권을 발행하려는 경우 채권의 발행총액에 대하여 국토교통부장관의 승인을 받아야 한다.
③ 도시개발채권의 상환은 3년부터 10년까지의 범위에서 지방자치단체의 조례로 정한다.
④ 도시개발채권의 소멸시효는 상환일부터 기산하여 원금은 3년, 이자는 2년으로 한다.
⑤ 도시개발채권 매입필증을 제출받는 자는 매입필증을 3년간 보관하여야 한다.

톺아보기

오답해설
★ ② 행정안전부장관의 승인을 받아야 한다.
★ ③ 도시개발채권의 상환은 5년부터 10년까지의 범위에서 지방자치단체의 조례로 정한다.
★ ④ 도시개발채권의 소멸시효는 상환일로부터 원금은 5년, 이자는 2년으로 한다.
⑤ 매입필증을 제출받는 자는 매입자로부터 제출받은 매입필증을 5년간 따로 보관해야 한다.

04 상중하 도시개발법령상 도시개발사업의 비용부담에 관한 설명으로 틀린 것은? 제27회

① 도시개발사업에 필요한 비용은 「도시개발법」이나 다른 법률에 특별한 규정이 있는 경우를 제외하고는 시행자가 부담한다.
② 지방자치단체의 장이 발행하는 도시개발채권의 소멸시효는 상환일로부터 기산하여 원금은 5년, 이자는 2년으로 한다.
③ 시행자가 지방자치단체인 경우에는 공원·녹지의 조성비 전부를 국고에서 보조하거나 융자할 수 있다.
④ 시행자는 공동구를 설치하는 경우에는 다른 법률에 따라 그 공동구에 수용될 시설을 설치할 의무가 있는 자에게 공동구의 설치에 드는 비용을 부담시킬 수 있다.
⑤ 도시개발사업에 관한 비용부담에 대해 대도시 시장과 시·도지사간의 협의가 성립되지 아니하는 경우에는 기획재정부장관의 결정에 따른다.

톺아보기

대도시 시장과 시·도지사간의 비용부담에 대한 협의가 성립되지 않는 경우에는 행정안전부장관의 결정에 따른다.

land.Hackers.com
해커스 공인중개사 **단원별 기출문제집**

3개년 출제비중분석

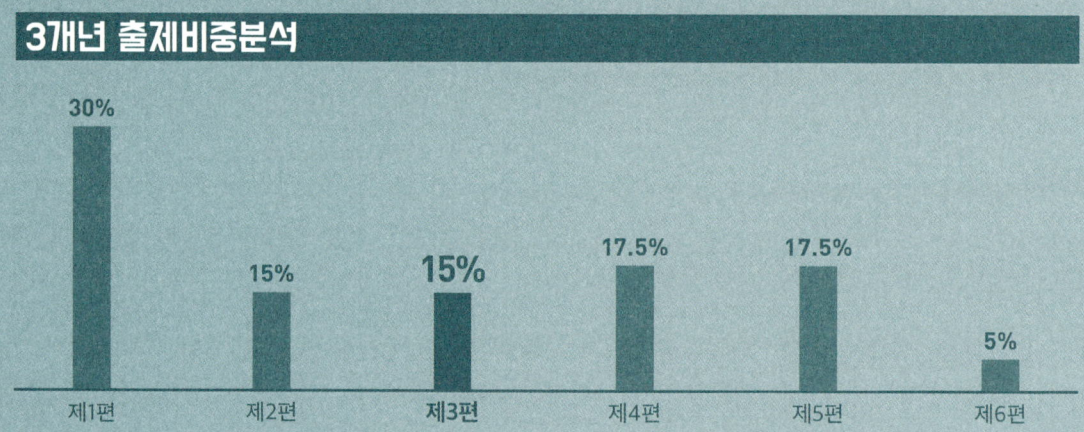

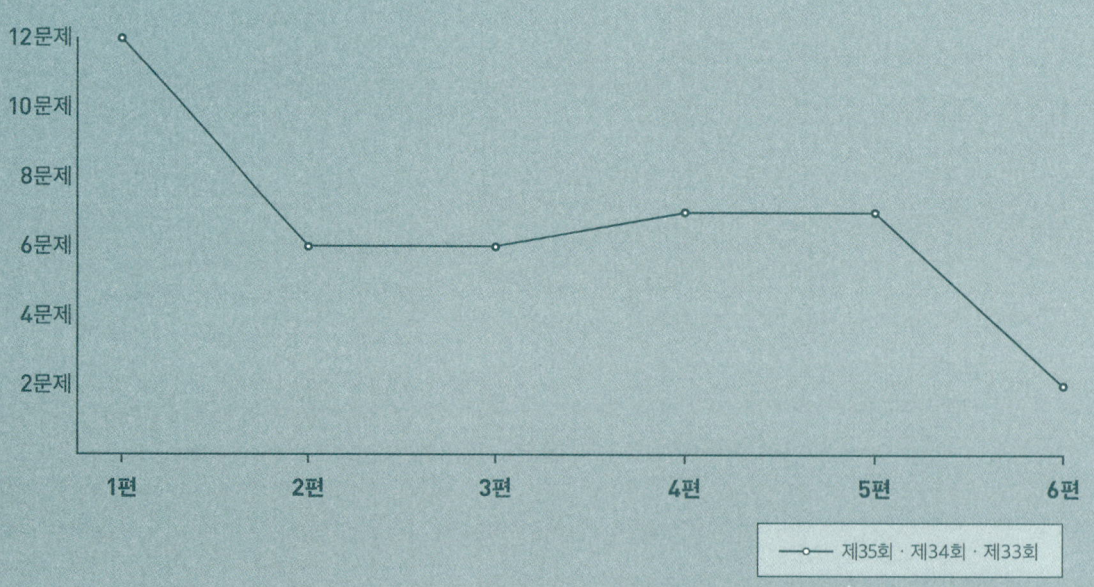

제3편
도시 및 주거환경정비법

제1장 총칙
제2장 기본계획의 수립 및 정비구역의 지정 등
제3장 정비사업의 시행
제4장 비용부담 등

제1장 / 총칙

기본서 p.259~264

01 도시 및 주거환경정비법령상 '토지등소유자'에 해당하지 <u>않는</u> 것은?   제35회

상중**하**

① 주거환경개선사업 정비구역에 위치한 건축물의 소유자
② 재개발사업 정비구역에 위치한 토지의 지상권자
③ 재개발사업 정비구역에 위치한 건축물의 소유자
④ 재건축사업 정비구역에 위치한 건축물 및 그 부속토지의 소유자
⑤ 재건축사업 정비구역에 위치한 건축물 부속토지의 지상권자

톺아보기

★ 재건축사업의 경우 '토지등소유자'란 정비구역에 위치한 건축물 및 그 부속토지의 소유자를 말한다. 지상권자는 해당하지 않는다.

더 알아보기

토지등소유자

다음의 어느 하나에 해당하는 자를 말한다. 다만, 「자본시장과 금융투자업에 관한 법률」에 따른 신탁업자가 사업시행자로 지정된 경우 토지등소유자가 정비사업을 목적으로 신탁업자에게 신탁한 토지 또는 건축물에 대하여는 위탁자를 토지등소유자로 본다.

1. **주거환경개선사업 및 재개발사업의 경우**: 정비구역에 위치한 토지 또는 건축물의 소유자 또는 그 지상권자
2. **재건축사업의 경우**: 정비구역에 위치한 건축물 및 그 부속토지의 소유자

02 도시 및 주거환경정비법령상 정비기반시설에 해당하지 <u>않는</u> 것은? (단, 주거환경개선사업을 위하여 지정·고시된 정비구역이 아님) 제34회

상 중 하

① 녹지
② 공공공지
③ 공용주차장
④ 소방용수시설
⑤ 공동으로 사용하는 구판장

톺아보기

★ 정비기반시설이란 도로·상하수도·구거(溝渠: 도랑)·공원·공용주차장·공동구, 그 밖에 주민의 생활에 필요한 열·가스 등의 공급시설로서 대통령령으로 정하는 시설을 말한다. 공동으로 사용하는 구판장은 정비기반시설에 해당하지 않고, 공동이용시설에 해당한다.

더 알아보기

정비기반시설

정비기반시설이란 도로·상하수도·구거(溝渠: 도랑)·공원·공용주차장·공동구, 그 밖에 주민의 생활에 필요한 열·가스 등의 공급시설로서 대통령령으로 정하는 다음의 시설을 말한다.

1. 녹지, 하천, 공공공지, 광장
2. 소방용수시설, 비상대피시설, 가스공급시설, 지역난방시설
3. 주거환경개선사업을 위하여 지정·고시된 정비구역에 설치하는 공동이용시설로서 사업시행계획서에 해당 시장·군수 등이 관리하는 것으로 포함된 시설

정답 | 01 ⑤ 02 ⑤

03

도시 및 주거환경정비법령상 다음의 정의에 해당하는 정비사업은? 제32회

> 도시저소득 주민이 집단거주하는 지역으로서 정비기반시설이 극히 열악하고 노후·불량건축물이 과도하게 밀집한 지역의 주거환경을 개선하거나 단독주택 및 다세대주택이 밀집한 지역에서 정비기반시설과 공동이용시설 확충을 통하여 주거환경을 보전·정비·개량하기 위한 사업

① 주거환경개선사업
② 재건축사업
③ 공공재건축사업
④ 재개발사업
⑤ 공공재개발사업

톺아보기

★ '주거환경개선사업'이란 도시저소득 주민이 집단거주하는 지역으로서 정비기반시설이 극히 열악하고 노후·불량건축물이 과도하게 밀집한 지역의 주거환경을 개선하거나 단독주택 및 다세대주택이 밀집한 지역에서 정비기반시설과 공동이용시설 확충을 통하여 주거환경을 보전·정비·개량하기 위한 사업을 말한다.

04

도시 및 주거환경정비법령상 주민이 공동으로 사용하는 시설로서 공동이용시설에 해당하지 않는 것은? (단, 조례는 고려하지 않으며, 각 시설은 단독주택, 공동주택 및 제1종 근린생활시설에 해당하지 않음) 제29회

① 유치원
② 경로당
③ 탁아소
④ 놀이터
⑤ 어린이집

톺아보기

① 공동이용시설에 해당하지 않는 것은 유치원이다.

[오답해설]

★ ②③④⑤ 공동이용시설이란 주민이 공동으로 사용하는 놀이터·마을회관·공동작업장, 그 밖에 구판장·세탁장·화장실 및 수도, 탁아소·어린이집·경로당 등 노유자시설 등을 말한다.

더 알아보기

공동이용시설

공동이용시설이란 주민이 공동으로 사용하는 놀이터·마을회관·공동작업장, 그 밖에 대통령령으로 정하는 다음의 시설을 말한다.
1. 공동으로 사용하는 구판장·세탁장·화장실 및 수도
2. 탁아소·어린이집·경로당 등 노유자시설
3. 그 밖에 이와 유사한 용도의 시설로서 시·도조례로 정하는 시설

---

05 도시 및 주거환경정비법령상 용어의 정의에 관한 설명으로 틀린 것은? 제23회 수정

① 건축물이 훼손되거나 일부가 멸실되어 붕괴, 그 밖의 안전사고의 우려가 있는 건축물은 노후·불량건축물에 해당한다.
② 재개발사업이란 정비기반시설은 양호하나 노후·불량건축물에 해당하는 공동주택이 밀집한 지역에서 주거환경을 개선하기 위한 사업을 말한다.
③ 도로, 상하수도, 공원, 공용주차장은 정비기반시설에 해당한다.
④ 재개발사업의 정비구역에 위치한 토지의 지상권자는 토지등소유자에 해당한다.
⑤ 「건축법」에 따라 건축허가를 받아 아파트 또는 연립주택을 건설한 일단의 토지는 주택단지에 해당한다.

톺아보기

★ 재개발사업이란 정비기반시설이 열악하고 노후·불량건축물이 밀집한 지역에서 주거환경을 개선하거나 상업지역·공업지역 등에서 도시기능의 회복 및 상권활성화 등을 위하여 도시환경을 개선하기 위한 사업을 말한다.

정답 | 03 ① 04 ① 05 ②

제2장 / 기본계획의 수립 및 정비구역의 지정 등

기본서 p.265~282

01 상중하

도시 및 주거환경정비법령상 임대주택 및 주택규모별 건설비율에 관한 규정의 일부이다. ( )에 들어갈 숫자로 옳은 것은? 제35회

> 정비계획의 입안권자는 주택수급의 안정과 저소득주민의 입주기회 확대를 위하여 정비사업으로 건설하는 주택에 대하여 다음 각 호의 구분에 따른 범위에서 국토교통부장관이 정하여 고시하는 임대주택 및 주택규모별 건설비율 등을 정비계획에 반영해야 한다.
> 1. 「주택법」에 따른 국민주택규모의 주택이 전체 세대수의 100분의 (㉠) 이하에서 대통령령으로 정하는 범위
> 2. 공공임대주택 및 「민간임대주택에 관한 특별법」에 따른 민간임대주택이 전체 세대수 또는 전체 연면적의 100분의 (㉡) 이하에서 대통령령으로 정하는 범위

① ㉠: 80, ㉡: 20 ② ㉠: 80, ㉡: 30 ③ ㉠: 80, ㉡: 50
④ ㉠: 90, ㉡: 30 ⑤ ㉠: 90, ㉡: 50

톺아보기

㉠: 90, ㉡: 30(「도시 및 주거환경정비법」 제10조)

02 상중하

도시 및 주거환경정비법령상 시장·군수가 정비구역 지정을 위하여 직접 정비계획을 입안하는 경우 조사·확인하여야 하는 사항으로 명시되어 있지 <u>않은</u> 것은? (단, 조례는 고려하지 않음)

제31회

① 주민 또는 산업의 현황
② 관계 중앙행정기관의 장의 의견
③ 건축물의 소유현황
④ 토지 및 건축물의 가격
⑤ 정비구역 및 주변지역의 교통상황

톺아보기

관계 중앙행정기관의 장의 의견은 조사·확인해야 하는 사항이 아니다.

더 알아보기

조사·확인

정비계획의 입안권자가 정비계획을 입안하거나 변경하려는 경우에는 다음의 사항을 조사·확인해야 한다.
1. 주민 또는 산업의 현황
2. 토지 및 건축물의 이용과 소유현황
3. 도시·군계획시설 및 정비기반시설의 설치현황
4. 정비구역 및 주변지역의 교통상황
5. 토지 및 건축물의 가격과 임대차현황
6. 정비사업의 시행계획 및 시행방법 등에 대한 주민의 의견
7. 그 밖에 시·도조례로 정하는 사항

정답 | 01 ④ 02 ②

03 상중하

도시 및 주거환경정비법령상 도시·주거환경정비기본계획을 변경할 때 지방의회의 의견청취를 생략할 수 있는 경우가 아닌 것은? 제30회

① 공동이용시설에 대한 설치계획을 변경하는 경우
② 정비사업의 계획기간을 단축하는 경우
③ 사회복지시설 및 주민문화시설 등에 대한 설치계획을 변경하는 경우
④ 구체적으로 명시된 정비예정구역 면적의 25%를 변경하는 경우
⑤ 정비사업의 시행을 위하여 필요한 재원조달에 관한 사항을 변경하는 경우

톺아보기

구체적으로 명시된 정비예정구역의 면적을 20% 미만의 범위에서 변경하는 경우에 지방의회의 의견청취를 생략할 수 있다.

더 알아보기

경미한 사항의 변경

다음의 경미한 사항을 변경하는 경우에는 주민공람과 지방의회의 의견청취절차를 거치지 않을 수 있다.
1. 정비기반시설의 규모를 확대하거나 그 면적을 10% 미만의 범위에서 축소하는 경우
2. 정비사업의 계획기간을 단축하는 경우
3. 공동이용시설에 대한 설치계획을 변경하는 경우
4. 사회복지시설 및 주민문화시설 등의 설치계획의 변경인 경우
5. 구체적으로 면적이 명시된 정비예정구역의 면적을 20% 미만의 범위에서 변경하는 경우
6. 단계별 정비사업 추진계획을 변경하는 경우
7. 건폐율 및 용적률을 각 20% 미만의 범위에서 변경하는 경우
8. 정비사업의 시행을 위하여 필요한 재원조달에 관한 사항을 변경하는 경우
9. 「국토의 계획 및 이용에 관한 법률」에 따른 도시·군기본계획의 변경에 따라 기본계획을 변경하는 경우

04 도시 및 주거환경정비법령상 도시·주거환경정비기본계획의 수립 및 정비구역의 지정에 관한 설명으로 **틀린** 것은? 제30회

① 기본계획의 수립권자는 기본계획을 수립하려는 경우에는 14일 이상 주민에게 공람하여 의견을 들어야 한다.
② 기본계획의 수립권자는 기본계획을 수립한 때에는 지체 없이 이를 해당 지방자치단체의 공보에 고시하고 일반인이 열람할 수 있도록 하여야 한다.
③ 정비구역의 지정권자는 정비구역의 진입로 설치를 위하여 필요한 경우에는 진입로 지역과 그 인접 지역을 포함하여 정비구역을 지정할 수 있다.
④ 정비구역에서는 「주택법」에 따른 지역주택조합의 조합원을 모집해서는 아니 된다.
⑤ 정비구역에서 이동이 쉽지 않은 물건을 14일 동안 쌓아두기 위해서는 시장·군수 등의 허가를 받아야 한다.

톺아보기

★ 정비구역에서 이동이 쉽지 않은 물건을 1개월 이상 쌓아두기 위해서는 시장·군수 등의 허가를 받아야 한다.

05 도시 및 주거환경정비법령상 도시·주거환경정비기본계획(이하 '기본계획'이라 함)의 수립에 관한 설명으로 틀린 것은? 제29회

① 도지사가 대도시가 아닌 시로서 기본계획을 수립할 필요가 없다고 인정하는 시에 대하여는 기본계획을 수립하지 아니할 수 있다.
② 국토교통부장관은 기본계획에 대하여 5년마다 타당성 여부를 검토하여 그 결과를 기본계획에 반영하여야 한다.
③ 기본계획의 수립권자는 기본계획을 수립하려는 경우 14일 이상 주민에게 공람하여 의견을 들어야 한다.
④ 기본계획에는 사회복지시설 및 주민문화시설 등의 설치계획이 포함되어야 한다.
⑤ 대도시의 시장이 아닌 시장은 기본계획의 내용 중 정비사업의 계획기간을 단축하는 경우 도지사의 변경승인을 받지 아니할 수 있다.

톺아보기

★ 특별시장·광역시장·특별자치시장·특별자치도지사 또는 시장은 기본계획에 대하여 5년마다 타당성 여부를 검토하여 그 결과를 기본계획에 반영해야 한다.

도시 및 주거환경정비법령상 재건축진단에 관한 설명으로 틀린 것은? 제28회 수정

① 시장·군수 등은 정비예정구역별 정비계획의 수립시기가 도래한 때부터 사업시행계획인가 전까지 재건축진단을 실시해야 한다.
② 시장·군수 등은 대통령령으로 정하는 재건축진단기관에 의뢰하여 주거환경 적합성, 해당 건축물의 구조안전성, 건축마감, 설비노후도 등에 관한 재건축진단을 실시해야 한다.
③ 시장·군수 등은 재건축진단의 결과와 도시계획 및 지역여건 등을 종합적으로 검토하여 사업시행계획인가 여부를 결정해야 한다.
④ 시·도지사는 필요한 경우 국토안전관리원에 재건축진단 결과의 적정성에 대한 검토를 의뢰할 수 있다.
⑤ 시장·군수 등은 재건축진단 결과보고서를 제출받은 경우에는 지체 없이 국토교통부장관에게 결정내용과 해당 재건축진단 결과보고서를 제출해야 한다.

톺아보기

시장·군수 등(특별자치시장 및 특별자치도지사는 제외한다)은 재건축진단 결과보고서를 제출받은 경우에는 지체 없이 특별시장·광역시장·도지사에게 결정내용과 해당 재건축진단 결과보고서를 제출해야 한다.

07 도시 및 주거환경정비법령상 정비사업과 정비계획 입안대상 지역의 연결로 틀린 것은? (단, 「도시재정비 촉진을 위한 특별법」에 따른 재정비촉진지구가 아님) 제28회 수정

① 주거환경개선사업 - 정비기반시설이 현저히 부족하여 재해 발생시 피난 및 구조활동이 곤란한 지역
② 재건축사업 - 철거민이 50세대 이상 규모로 정착한 지역
③ 재개발사업 - 인구·산업 등이 과도하게 집중되어 있어 도시기능의 회복을 위하여 토지의 합리적인 이용이 요청되는 지역
④ 주거환경개선사업 - 단독주택 및 다세대주택 등이 밀집한 지역으로서 주거환경의 보전·정비·개량이 필요한 지역
⑤ 재개발사업 - 노후·불량건축물의 수가 전체 건축물의 수의 60% 이상인 지역으로서 정비기반시설의 정비에 따라 토지가 대지로서의 효용을 다할 수 없게 되거나 과소토지로 되어 도시의 환경이 현저히 불량하게 될 우려가 있는 지역

톺아보기

철거민이 50세대 이상 규모로 정착한 지역은 주거환경개선사업의 정비계획 입안대상 지역이다.

더 알아보기

정비계획의 입안대상 지역(「도시 및 주거환경정비법 시행령」 별표 1)

특별시장·광역시장·특별자치시장·특별자치도지사·시장·군수 또는 자치구의 구청장(정비계획의 입안권자)는 다음의 요건에 해당하는 지역에 대하여 정비계획을 입안할 수 있다.

1. 주거환경개선사업을 위한 정비계획은 다음의 어느 하나에 해당하는 지역에 입안한다.
   (1) 철거민이 50세대 이상 규모로 정착한 지역이거나 인구가 과도하게 밀집되어 있고 기반시설의 정비가 불량하여 주거환경이 열악하고 그 개선이 시급한 지역
   (2) 해제된 정비구역 및 정비예정구역 … [이하 (11)까지 생략]
2. 재개발사업을 위한 정비계획은 노후·불량건축물의 수가 전체 건축물의 수의 60%(「도시재정비 촉진을 위한 특별법」에 따른 재정비촉진지구에서 재개발사업을 위한 정비계획을 입안하는 경우에는 50%로 하며, 재정비촉진지구 외의 지역의 경우에는 50% 이상 70% 이하의 범위에서 시·도조례로 증감할 수 있다) 이상인 지역으로서 다음의 어느 하나에 해당하는 지역에 대하여 입안한다. 이 경우 순환용주택을 건설하기 위하여 필요한 지역을 포함할 수 있다.
   (1) 「국토의 계획 및 이용에 관한 법률」에 따른 방재지구가 해당 지역 전체 토지면적의 2분의 1 이상인 지역
   (2) 「건축법」에 따른 지하층의 전부 또는 일부를 주거용도로 사용하는 건축물의 수가 해당 지역 전체 건축물의 수의 2분의 1 이상인 지역 … [이하 (9)까지 생략]
3. 재건축사업을 위한 정비계획은 1. 및 2.에 해당하지 않는 지역으로서 다음의 어느 하나에 해당하는 지역에 대하여 입안한다.
   (1) 노후·불량건축물로서 기존 세대수가 200세대 이상이거나 그 부지면적이 1만m^2 이상인 지역
   … [이하 (4)까지 생략]

08 도시 및 주거환경정비법령상 정비구역에서의 행위 중 시장·군수 등의 허가를 받아야 하는 것을 모두 고른 것은? (단, 재해복구 또는 재난수습과 관련 없는 행위임)

제25회

> ㉠ 가설건축물의 건축
> ㉡ 죽목의 벌채
> ㉢ 공유수면의 매립
> ㉣ 이동이 쉽지 아니한 물건을 1개월 이상 쌓아놓는 행위

① ㉠, ㉡
② ㉢, ㉣
③ ㉠, ㉡, ㉢
④ ㉡, ㉢, ㉣
⑤ ㉠, ㉡, ㉢, ㉣

톺아보기

시장·군수 등의 허가를 받아야 하는 것은 ㉠㉡㉢㉣ 모두이다.

더 알아보기

정비구역에서의 허가대상 행위

1. **건축물의 건축 등**: 「건축법」에 따른 건축물(가설건축물을 포함한다)의 건축, 용도변경
2. **공작물의 설치**: 인공을 가하여 제작한 시설물(「건축법」에 따른 건축물을 제외한다)의 설치
3. **토지의 형질변경**: 절토·성토·정지·포장 등의 방법으로 토지의 형상을 변경하는 행위, 토지의 굴착 또는 공유수면의 매립
4. **토석의 채취**: 흙·모래·자갈·바위 등의 토석을 채취하는 행위. 다만, 토지의 형질변경을 목적으로 하는 것은 3.에 따른다.
5. **토지분할**
6. **물건을 쌓아놓는 행위**: 이동이 쉽지 않은 물건을 1개월 이상 쌓아놓는 행위
7. **죽목의 벌채 및 식재**

정답 | 07 ② 08 ⑤

제3장 / 정비사업의 시행

기본서 p.283~338

01 상중하

도시 및 주거환경정비법령상 정비사업의 시행방법으로 허용되지 않는 것은? 제35회

① 주거환경개선사업: 환지로 공급하는 방법
② 주거환경개선사업: 인가받은 관리처분계획에 따라 주택 및 부대시설·복리시설을 건설하여 공급하는 방법
③ 재개발사업: 인가받은 관리처분계획에 따라 건축물을 건설하여 공급하는 방법
④ 재개발사업: 환지로 공급하는 방법
⑤ 재건축사업: 「국토의 계획 및 이용에 관한 법률」에 따른 일반주거지역인 정비구역에서 인가받은 관리처분계획에 따라 「건축법」에 따른 오피스텔을 건설하여 공급하는 방법

톺아보기

★ 재건축사업에서 오피스텔을 건설하여 공급하는 경우에는 「국토의 계획 및 이용에 관한 법률」에 따른 준주거지역 및 상업지역에서만 건설할 수 있다.

더 알아보기

정비사업의 시행방법

주거환경개선사업	주거환경개선사업은 다음의 어느 하나에 해당하는 방법 또는 이를 혼용하는 방법으로 한다. • 사업시행자가 정비구역에서 정비기반시설 및 공동이용시설을 새로 설치하거나 확대하고 토지등소유자가 스스로 주택을 보전·정비하거나 개량하는 방법(자율주택정비방법) • 사업시행자가 정비구역의 전부 또는 일부를 수용하여 주택을 건설한 후 토지등소유자에게 우선 공급하거나 대지를 토지등소유자 또는 토지등소유자 외의 자에게 공급하는 방법(수용방법) • 사업시행자가 환지로 공급하는 방법(환지방법) • 사업시행자가 정비구역에서 인가받은 관리처분계획에 따라 주택 및 부대시설·복리시설을 건설하여 공급하는 방법(관리처분방법)
재개발사업	재개발사업은 정비구역에서 인가받은 관리처분계획에 따라 건축물을 건설하여 공급하거나 환지로 공급하는 방법으로 한다.

| 재건축사업 | 재건축사업은 정비구역에서 인가받은 관리처분계획에 따라 주택, 부대시설·복리시설 및 오피스텔을 건설하여 공급하는 방법으로 한다. 다만, 오피스텔을 건설하여 공급하는 경우에는 「국토의 계획 및 이용에 관한 법률」에 따른 준주거지역 및 상업지역에서만 건설할 수 있다. 이 경우 오피스텔의 연면적은 전체 건축물 연면적의 100분의 30 이하이어야 한다. |

02 도시 및 주거환경정비법령상 정비사업의 시행에 관한 설명으로 옳은 것은? 제32회

① 세입자의 세대수가 토지등소유자의 3분의 1에 해당하는 경우 시장·군수 등은 토지주택공사 등을 주거환경개선사업 시행자로 지정하기 위해서는 세입자의 동의를 받아야 한다.
② 재개발사업은 토지등소유자가 30인인 경우에는 토지등소유자가 직접 시행할 수 있다.
③ 재건축사업 조합설립추진위원회가 구성승인을 받은 날부터 2년이 되었음에도 조합설립인가를 신청하지 아니한 경우 시장·군수 등이 직접 시행할 수 있다.
④ 조합설립추진위원회는 토지등소유자의 수가 200인인 경우 5명 이상의 이사를 두어야 한다.
⑤ 주민대표회의는 토지등소유자의 과반수의 동의를 받아 구성하며, 위원장과 부위원장 각 1명과 1명 이상 3명 이하의 감사를 둔다.

톺아보기

오답해설
① 세입자의 세대수가 토지등소유자의 2분의 1 이하인 경우에는 세입자의 동의절차를 거치지 않을 수 있다.
★ ② 재개발사업은 토지등소유자가 20인 미만인 경우에는 토지등소유자가 시행하거나 토지등소유자가 토지등소유자의 과반수의 동의를 받아 시장·군수 등, 토지주택공사 등, 건설사업자, 등록사업자 또는 대통령령으로 정하는 요건을 갖춘 자와 공동으로 시행할 수 있다.
③ 추진위원회가 시장·군수 등의 구성승인을 받은 날부터 3년 이내에 조합설립인가를 신청하지 않은 때이다.
④ 추진위원회는 추진위원장 1명과 감사를 두어야 한다. 이사는 해당하지 않는다.

정답 | 01 ⑤ 02 ⑤

03 도시 및 주거환경정비법령상 정비사업의 시행방법으로 옳은 것만을 모두 고른 것은?

제29회

㉠ 주거환경개선사업: 사업시행자가 환지로 공급하는 방법
㉡ 주거환경개선사업: 사업시행자가 정비구역에서 인가받은 관리처분계획에 따라 주택, 부대시설·복리시설 및 오피스텔을 건설하여 공급하는 방법
㉢ 재개발사업: 정비구역에서 인가받은 관리처분계획에 따라 건축물을 건설하여 공급하는 방법

① ㉠
② ㉡
③ ㉠, ㉢
④ ㉡, ㉢
⑤ ㉠, ㉡, ㉢

톺아보기

옳은 것은 ㉠㉢이다.

★ ㉡ 주거환경개선사업: 사업시행자가 정비구역에서 인가받은 관리처분계획에 따라 주택 및 부대시설·복리시설을 건설하여 공급하는 방법(오피스텔은 제외된다)

04 도시 및 주거환경정비법령상 주거환경개선사업에 관한 설명으로 옳은 것만을 모두 고른 것은?

제28회 수정

㉠ 시장·군수 등은 세입자의 세대수가 토지등소유자의 2분의 1인 경우 세입자의 동의 절차 없이 토지주택공사 등을 사업시행자로 지정할 수 있다.
㉡ 사업시행자는 '정비구역에서 정비기반시설을 새로이 설치하거나 확대하고 토지등 소유자가 스스로 주택을 보전·정비하거나 개량하는 방법' 및 '환지로 공급하는 방법'을 혼용할 수 있다.
㉢ 사업시행자는 사업의 시행으로 철거되는 주택의 소유자 또는 세입자에게 해당 정비 구역 안과 밖에 위치한 임대주택 등의 시설에 임시로 거주하게 하거나 주택자금의 융자를 알선하는 등 임시거주에 상응하는 조치를 하여야 한다.

① ㉠
② ㉠, ㉡
③ ㉠, ㉢
④ ㉡, ㉢
⑤ ㉠, ㉡, ㉢

톺아보기

옳은 것은 ㉠㉡㉢ 모두이다.

05 도시 및 주거환경정비법령상 군수가 직접 재개발사업을 시행할 수 있는 사유에 해당하지 않는 것은?

제26회

① 해당 정비구역의 토지면적 2분의 1 이상의 토지소유자와 토지등소유자의 3분의 2 이상에 해당하는 자가 군수의 직접 시행을 요청하는 때
② 해당 정비구역의 국·공유지 면적이 전체 토지면적의 3분의 1 이상으로 토지등소유자의 과반수가 군수의 직접 시행에 동의하는 때
③ 순환정비방식에 의하여 정비사업을 시행할 필요가 있다고 인정되는 때
④ 천재지변으로 인하여 긴급히 정비사업을 시행할 필요가 있다고 인정되는 때
⑤ 고시된 정비계획에서 정한 정비사업시행 예정일부터 2년 이내에 사업시행계획인가를 신청하지 아니한 때

톺아보기

해당 정비구역의 국·공유지 면적 또는 국·공유지와 토지주택공사 등이 소유한 토지를 합한 면적이 전체 토지면적의 2분의 1 이상으로서 토지등소유자의 과반수가 시장·군수 등 또는 토지주택공사 등을 사업시행자로 지정하는 것에 동의하는 때이다.

더 알아보기

공공시행사유

시장·군수 등은 재개발사업 및 재건축사업이 다음의 어느 하나에 해당하는 때에는 직접 정비사업을 시행하거나 토지주택공사 등(토지주택공사 등이 건설사업자 또는 등록사업자와 공동으로 시행하는 경우를 포함한다)을 사업시행자로 지정하여 정비사업을 시행하게 할 수 있다.

1. 천재지변, 「재난 및 안전관리 기본법」 또는 「시설물의 안전 및 유지관리에 관한 특별법」에 따른 사용제한·사용금지, 그 밖의 불가피한 사유로 긴급하게 정비사업을 시행할 필요가 있다고 인정하는 때
2. 정비계획에서 정한 정비사업시행 예정일부터 2년 이내에 사업시행계획인가를 신청하지 않거나 사업시행계획인가를 신청한 내용이 위법 또는 부당하다고 인정하는 때(재건축사업의 경우는 제외한다)
3. 추진위원회가 시장·군수 등의 구성승인을 받은 날부터 3년 이내에 조합설립인가를 신청하지 않거나 조합이 조합설립인가를 받은 날부터 3년 이내에 사업시행계획인가를 신청하지 않은 때
4. 지방자치단체의 장이 시행하는 「국토의 계획 및 이용에 관한 법률」에 따른 도시·군계획사업과 병행하여 정비사업을 시행할 필요가 있다고 인정하는 때
5. 순환정비방식으로 정비사업을 시행할 필요가 있다고 인정하는 때
6. 사업시행계획인가가 취소된 때
7. 해당 정비구역의 국·공유지 면적 또는 국·공유지와 토지주택공사 등이 소유한 토지를 합한 면적이 전체 토지면적의 2분의 1 이상으로서 토지등소유자의 과반수가 시장·군수 등 또는 토지주택공사 등을 사업시행자로 지정하는 것에 동의하는 때
8. 해당 정비구역의 토지면적 2분의 1 이상의 토지소유자와 토지등소유자의 3분의 2 이상에 해당하는 자가 시장·군수 등 또는 토지주택공사 등을 사업시행자로 지정할 것을 요청하는 때

06 도시 및 주거환경정비법령상 재개발사업의 시공자 선정에 관한 설명으로 틀린 것은?
제26회

① 토지등소유자가 사업을 시행하는 경우에는 경쟁입찰의 방법으로 시공자를 선정해야 한다.
② 군수가 직접 정비사업을 시행하는 경우 군수는 주민대표회의가 경쟁입찰의 방법에 따라 추천한 자를 시공자로 선정하여야 한다.
③ 주민대표회의가 시공자를 추천하기 위한 입찰방식에는 일반경쟁입찰, 제한경쟁입찰 또는 지명경쟁입찰이 있다.
④ 조합원 100명 이하인 정비사업의 경우 조합총회에서 정관으로 정하는 바에 따라 시공자를 선정할 수 있다.
⑤ 사업시행자는 선정된 시공자와 공사에 관한 계약을 체결할 때에는 기존 건축물의 철거공사에 관한 사항을 포함하여야 한다.

톺아보기

토지등소유자가 재개발사업을 시행하는 경우에는 사업시행계획인가를 받은 후 규약으로 정하는 바에 따라 건설사업자 또는 등록사업자를 시공자로 선정해야 한다.

더 알아보기

시공자의 선정

시행자	선정시기	선정방법
조합	조합설립인가 후	조합총회 + 경쟁입찰 (다만, 100인 이하는 정관)
토지등소유자	사업시행계획인가 후	규약
시장·군수 등, 토지주택공사 등(공공)	사업시행자 지정·고시 후	경쟁입찰(원칙)

정답 | 05 ② 06 ①

07 도시 및 주거환경정비법령상 조합설립 등에 관한 설명으로 옳은 것은? 제35회

① 재개발조합이 조합설립인가를 받은 날부터 3년 이내에 사업시행계획인가를 신청하지 아니한 때에는 시장·군수 등은 직접 정비사업을 시행할 수 있다.
② 재개발사업의 추진위원회가 조합을 설립하려면 토지등소유자의 3분의 2 이상 및 토지면적의 2분의 1 이상의 토지소유자의 동의를 받아야 한다.
③ 토지등소유자가 30인 미만인 경우 토지등소유자는 조합을 설립하지 아니하고 재개발사업을 시행할 수 있다.
④ 조합은 재개발조합설립인가를 받은 때에도 토지등소유자에게 그 내용을 통지하지 아니한다.
⑤ 추진위원회는 조합설립인가 후 지체 없이 추정분담금에 관한 정보를 토지등소유자에게 제공해야 한다.

톺아보기

오답해설

★ ② 재개발사업의 추진위원회가 조합을 설립하려면 토지등소유자의 4분의 3 이상 및 토지면적의 2분의 1 이상의 토지소유자의 동의를 받아야 한다.
★ ③ 토지등소유자가 20인 미만인 경우 토지등소유자는 조합을 설립하지 않고 재개발사업을 시행할 수 있다.
④ 조합은 조합설립인가를 받은 때에는 정관으로 정하는 바에 따라 토지등소유자에게 그 내용을 통지하고, 이해관계인이 열람할 수 있도록 해야 한다.
⑤ 추진위원회는 조합설립에 필요한 동의를 받기 전에 추정분담금 등 대통령령으로 정하는 정보를 토지등소유자에게 제공해야 한다.

08 도시 및 주거환경정비법령상 조합의 정관을 변경하기 위하여 총회에서 조합원 3분의 2 이상의 찬성을 요하는 사항이 아닌 것은? 제34회

① 정비구역의 위치 및 면적
② 조합의 비용부담 및 조합의 회계
③ 정비사업비의 부담시기 및 절차
④ 청산금의 징수·지급의 방법 및 절차
⑤ 시공자·설계자의 선정 및 계약서에 포함될 내용

톺아보기

④ 청산금의 징수·지급의 방법 및 절차는 조합원 3분의 2 이상의 찬성을 요하는 사항에 해당하지 않는다.

오답해설

★ ①②③⑤ 조합이 정관을 변경하려는 경우 총회를 개최하여 조합원 3분의 2 이상의 찬성을 받아야 하는 사항은 조합원의 자격, 조합원의 제명·탈퇴 및 교체, 정비구역의 위치 및 면적, 조합의 비용부담 및 조합의 회계, 정비사업비의 부담시기 및 절차, 시공자·설계자의 선정 및 계약서에 포함될 내용이다.

더 알아보기

정관 변경

조합이 정관을 변경하려는 경우에는 총회를 개최하여 조합원 과반수의 찬성으로 시장·군수 등의 인가를 받아야 한다. 다만, 다음의 경우에는 조합원 3분의 2 이상의 찬성으로 한다.
1. 조합원의 자격
2. 조합원의 제명·탈퇴 및 교체
3. 정비구역의 위치 및 면적
4. 조합의 비용부담 및 조합의 회계
5. 정비사업비의 부담시기 및 절차
6. 시공자·설계자의 선정 및 계약서에 포함될 내용

---

09 도시 및 주거환경정비법령상 조합의 임원에 관한 설명으로 틀린 것은? 제34회

① 조합임원의 임기만료 후 6개월 이상 조합임원이 선임되지 않는 경우에는 시장·군수 등이 조합임원 선출을 위한 총회를 소집할 수 있다.
② 조합임원이 결격사유에 해당하게 되어 당연퇴임한 경우 그가 퇴임 전에 관여한 행위는 그 효력을 잃는다.
③ 총회에서 요청하여 시장·군수 등이 전문조합관리인을 선정한 경우 전문조합관리인이 업무를 대행할 임원은 당연퇴임한다.
④ 조합장이 아닌 조합임원은 대의원이 될 수 없다.
⑤ 대의원회는 임기 중 궐위된 조합장을 보궐선임할 수 없다.

톺아보기

★ 조합임원이 결격사유에 해당하게 되어 당연퇴임한 경우 그가 퇴임 전에 관여한 행위는 그 효력을 잃지 않는다.

정답 | 07 ① 08 ④ 09 ②

10 상중하 도시 및 주거환경정비법령상 조합의 임원에 관한 설명으로 틀린 것은? 제33회

① 토지등소유자의 수가 100인을 초과하는 경우 조합에 두는 이사의 수는 5명 이상으로 한다.
② 조합임원의 임기는 3년 이하의 범위에서 정관으로 정하되, 연임할 수 있다.
③ 조합장이 아닌 조합임원은 대의원이 될 수 있다.
④ 조합임원은 같은 목적의 정비사업을 하는 다른 조합의 임원 또는 직원을 겸할 수 없다.
⑤ 시장·군수 등이 전문조합관리인을 선정한 경우 전문조합관리인이 업무를 대행할 임원은 당연퇴임한다.

톺아보기

★ 조합장이 아닌 조합임원은 대의원이 될 수 없다.

11

도시 및 주거환경정비법령상 조합총회의 의결사항 중 대의원회가 대행할 수 없는 사항을 모두 고른 것은? 제32회

> ㉠ 조합임원의 해임
> ㉡ 사업완료로 인한 조합의 해산
> ㉢ 정비사업비의 변경
> ㉣ 정비사업전문관리업자의 선정 및 변경

① ㉠, ㉡, ㉢
② ㉠, ㉡, ㉣
③ ㉠, ㉢, ㉣
④ ㉡, ㉢, ㉣
⑤ ㉠, ㉡, ㉢, ㉣

톺아보기

해당하는 것은 ㉠㉢㉣이다.
㉡ 사업완료로 인한 조합의 해산에 관한 사항은 총회의 권한을 대행할 수 있다.

더 알아보기

대의원회가 총회의 권한을 대행할 수 없는 사항

대의원회는 총회의 의결사항 중 대통령령으로 정하는 다음의 사항 외에는 총회의 권한을 대행할 수 있다.
1. 정관의 변경에 관한 사항(경미한 사항의 변경은 법 또는 정관에서 총회의결사항으로 정한 경우로 한정한다)
2. 자금의 차입과 그 방법·이자율 및 상환방법에 관한 사항
3. 예산으로 정한 사항 외에 조합원에게 부담이 되는 계약에 관한 사항
4. 시공자·설계자 또는 감정평가업자(시장·군수 등이 선정·계약하는 감정평가업자는 제외한다)의 선정 및 변경에 관한 사항
5. 정비사업전문관리업자의 선정 및 변경에 관한 사항
6. 조합임원의 선임 및 해임과 대의원의 선임 및 해임에 관한 사항. 다만, 정관으로 정하는 바에 따라 임기 중 궐위된 자(조합장은 제외한다)를 보궐선임하는 경우를 제외한다.
7. 사업시행계획서의 작성 및 변경에 관한 사항(정비사업의 중지 또는 폐지에 관한 사항을 포함하며, 경미한 변경은 제외한다)
8. 관리처분계획의 수립 및 변경에 관한 사항(경미한 변경은 제외한다)
9. 총회에 상정해야 하는 사항
10. 조합의 합병 또는 해산에 관한 사항. 다만, 사업완료로 인한 해산의 경우는 제외한다.
11. 건설되는 건축물의 설계개요의 변경에 관한 사항
12. 정비사업비의 변경에 관한 사항

12

도시 및 주거환경정비법령상 조합설립인가를 받기 위한 동의에 관하여 (   )에 들어갈 내용을 바르게 나열한 것은? 제31회

- 재개발사업의 추진위원회가 조합을 설립하려면 토지등소유자의 (㉠) 이상 및 토지면적의 (㉡) 이상의 토지소유자의 동의를 받아야 한다.
- 재건축사업의 추진위원회가 조합을 설립하려는 경우 주택단지가 아닌 지역의 토지 또는 건축물소유자의 (㉢) 이상 및 토지면적의 (㉣) 이상의 토지소유자의 동의를 받아야 한다.

① ㉠: 4분의 3, ㉡: 2분의 1, ㉢: 4분의 3, ㉣: 3분의 2
② ㉠: 4분의 3, ㉡: 3분의 1, ㉢: 4분의 3, ㉣: 2분의 1
③ ㉠: 4분의 3, ㉡: 2분의 1, ㉢: 3분의 2, ㉣: 2분의 1
④ ㉠: 2분의 1, ㉡: 3분의 1, ㉢: 2분의 1, ㉣: 3분의 2
⑤ ㉠: 2분의 1, ㉡: 3분의 1, ㉢: 4분의 3, ㉣: 2분의 1

톺아보기

★ • 재개발사업의 추진위원회가 조합을 설립하려면 토지등소유자의 '4분의 3' 이상 및 토지면적의 '2분의 1' 이상의 토지소유자의 동의를 받아야 한다.
★ • 재건축사업의 추진위원회가 조합을 설립하려는 경우 주택단지가 아닌 지역의 토지 또는 건축물소유자의 '4분의 3' 이상 및 토지면적의 '3분의 2' 이상의 토지소유자의 동의를 받아야 한다.

13

도시 및 주거환경정비법령상 주민대표회의 등에 관한 설명으로 틀린 것은? 제31회

① 토지등소유자가 시장·군수 등 또는 토지주택공사 등의 사업시행을 원하는 경우에는 정비구역 지정·고시 후 주민대표회의를 구성하여야 한다.
② 주민대표회의는 위원장을 포함하여 5명 이상 25명 이하로 구성한다.
③ 주민대표회의는 토지등소유자의 과반수의 동의를 받아 구성한다.
④ 주민대표회의에는 위원장과 부위원장 각 1명과 1명 이상 3명 이하의 감사를 둔다.
⑤ 상가세입자는 사업시행자가 건축물의 철거의 사항에 관하여 시행규정을 정하는 때에 의견을 제시할 수 없다.

톺아보기

주민대표회의 또는 세입자(상가세입자를 포함한다)는 사업시행자가 시행규정을 정하는 때에 의견을 제시할 수 있다.

---

14 도시 및 주거환경정비법령상 정비사업의 시행에 관한 설명으로 옳은 것은? 제30회

① 조합의 정관에는 정비구역의 위치 및 면적이 포함되어야 한다.
② 조합설립인가 후 시장·군수 등이 토지주택공사 등을 사업시행자로 지정·고시한 때에는 그 고시일에 조합설립인가가 취소된 것으로 본다.
③ 조합은 명칭에 '정비사업조합'이라는 문자를 사용하지 않아도 된다.
④ 조합장이 자기를 위하여 조합과 소송을 할 때에는 이사가 조합을 대표한다.
⑤ 재건축사업을 하는 정비구역에서 오피스텔을 건설하여 공급하는 경우에는 「국토의 계획 및 이용에 관한 법률」에 따른 준주거지역 및 상업지역 이외의 지역에서 오피스텔을 건설할 수 있다.

톺아보기

[오답해설]
② 시장·군수 등이 직접 정비사업을 시행하거나 토지주택공사 등을 사업시행자로 지정·고시한 때에는 그 고시일 다음 날에 추진위원회의 구성승인 또는 조합설립인가가 취소된 것으로 본다.
③ 조합은 명칭에 '정비사업조합'이라는 문자를 사용해야 한다.
★ ④ 조합장 또는 이사가 자기를 위하여 조합과 계약이나 소송을 할 때에는 감사가 조합을 대표한다.
⑤ 재건축사업을 하는 정비구역에서 오피스텔을 건설하여 공급하는 경우에는 「국토의 계획 및 이용에 관한 법률」에 따른 준주거지역 및 상업지역에서만 건설할 수 있다.

정답 | 12 ① 13 ⑤ 14 ①

15 도시 및 주거환경정비법령상 조합총회의 소집에 관한 규정내용이다. (   )에 들어갈 숫자를 바르게 나열한 것은?

제30회 수정

> • 정관의 기재사항 중 조합임원의 권리·의무·보수·선임방법·변경 및 해임에 관한 사항을 변경하기 위한 총회의 경우는 조합원 (㉠)분의 1 이상의 요구로 조합장이 소집한다.
> • 총회를 소집하려는 자는 총회가 개최되기 (㉡)일 전까지 회의 목적·안건·일시 및 장소와 의결권의 행사기간 및 장소 등 의결권 행사에 필요한 사항을 정하여 조합원에게 통지하여야 한다.

① ㉠: 3, ㉡: 7
② ㉠: 5, ㉡: 7
③ ㉠: 5, ㉡: 10
④ ㉠: 10, ㉡: 7
⑤ ㉠: 10, ㉡: 10

톺아보기

• 정관의 기재사항 중 조합임원의 권리·의무·보수·선임방법·변경 및 해임에 관한 사항을 변경하기 위한 총회의 경우는 조합원 '10'분의 1 이상의 요구로 조합장이 소집한다.
• 총회를 소집하려는 자는 총회가 개최되기 '7'일 전까지 회의목적·안건·일시 및 장소와 의결권의 행사기간 및 장소 등 의결권 행사에 필요한 사항을 정하여 조합원에게 통지해야 한다.

더 알아보기

총회 소집

총회는 조합장이 직권으로 소집하거나 조합원 5분의 1 이상(정관의 기재사항 중 조합임원의 권리·의무·보수·선임방법·변경 및 해임에 관한 사항을 변경하기 위한 총회의 경우는 10분의 1 이상으로 한다) 또는 대의원 3분의 2 이상의 요구로 조합장이 소집한다.

16 도시 및 주거환경정비법령상 조합의 설립에 관한 설명으로 옳은 것은? 제26회 수정

① 조합설립인가를 받은 경우에는 따로 등기를 하지 않아도 조합이 성립된다.
② 조합임원은 같은 목적의 정비사업을 하는 다른 조합의 임원을 겸할 수 있다.
③ 조합원의 자격에 관한 사항에 대하여 정관을 변경하려는 경우에는 총회를 개최하여 조합원 과반수의 찬성을 받아야 한다.
④ 추진위원회는 정비구역 지정·고시 후 추진위원장을 포함한 5명 이상의 추진위원 및 운영규정에 대하여 토지등소유자 과반수의 동의를 받아 구성한다.
⑤ 조합원의 수가 50명 이상인 조합은 대의원회를 두어야 한다.

톺아보기

오답해설

★ ① 조합은 조합설립인가를 받은 날부터 30일 이내에 주된 사무소의 소재지에서 대통령령으로 정하는 사항을 등기하는 때에 성립한다.
★ ② 조합임원은 같은 목적의 정비사업을 하는 다른 조합의 임원 또는 직원을 겸할 수 없다.
★ ③ 조합원의 자격에 관한 사항에 대하여 정관을 변경하려는 경우에는 총회를 개최하여 조합원 3분의 2 이상의 찬성을 받아야 한다.
★ ⑤ 조합원의 수가 100명 이상인 조합은 대의원회를 두어야 한다.

정답 | 15 ④ 16 ④

17 도시 및 주거환경정비법령상 재개발사업 조합의 설립을 위한 동의자 수 산정시, 다음에서 산정되는 토지등소유자의 수는? (단, 권리관계는 제시된 것만 고려하며, 토지는 정비구역 안에 소재함) 제25회

- A, B, C 3인이 공유한 1필지 토지에 하나의 주택을 단독 소유한 D
- 3필지의 나대지를 단독 소유한 E
- 1필지의 나대지를 단독 소유한 F와 그 나대지에 대한 지상권자 G

① 3명　　　　　　　　　　② 4명
③ 5명　　　　　　　　　　④ 7명
⑤ 9명

톺아보기

토지공유자 A, B, C 3인 중 대표 1인, 주택소유자 D 1인, 3필지를 소유한 E는 필지 수에 관계없이 1인, 토지소유자 F와 지상권자 G 중 대표 1인, 총 4인의 토지등소유자로 산정된다.

더 알아보기

재개발사업의 토지등소유자 동의자 수 산정방법

1. 1필지의 토지 또는 하나의 건축물을 여럿이서 공유하는 경우에는 해당 토지 또는 건축물의 토지등소유자의 4분의 3 이상의 동의를 받아 이를 대표하는 1인을 토지등소유자로 산정할 것
2. 토지에 지상권이 설정되어 있는 경우 토지의 소유자와 해당 토지의 지상권자를 대표하는 1인을 토지등소유자로 산정할 것
3. 1인이 다수 필지의 토지 또는 다수의 건축물을 소유하고 있는 경우에는 필지나 건축물의 수에 관계없이 토지등소유자를 1인으로 산정할 것
4. 둘 이상의 토지 또는 건축물을 소유한 공유자가 동일한 경우에는 그 공유자 여럿을 대표하는 1인을 토지등소유자로 산정할 것

18 도시 및 주거환경정비법령상 사업시행계획의 통합심의에 관한 설명으로 옳은 것은?

제35회

① 「경관법」에 따른 경관 심의는 통합심의 대상이 아니다.
② 시장·군수 등은 특별한 사유가 없으면 통합심의 결과를 반영하여 사업시행계획을 인가해야 한다.
③ 통합심의를 거친 경우 해당 사항에 대한 조정 또는 재정을 거친 것으로 보지 아니한다.
④ 통합심의위원회 위원장은 위원 중에서 호선한다.
⑤ 사업시행자는 통합심의를 신청할 수 없다.

톺아보기

오답해설

① 정비구역의 지정권자는 사업시행계획인가와 관련된 다음 중 둘 이상의 심의가 필요한 경우에는 이를 통합하여 검토 및 심의(이하 '통합심의'라 한다)해야 한다.
  1. 「건축법」에 따른 건축물의 건축 및 특별건축구역의 지정 등에 관한 사항
  2. 「경관법」에 따른 경관 심의에 관한 사항
  3. 「교육환경 보호에 관한 법률」에 따른 교육환경평가
  4. 「국토의 계획 및 이용에 관한 법률」에 따른 도시·군관리계획에 관한 사항
  5. 「도시교통정비 촉진법」에 따른 교통영향평가에 관한 사항
  6. 「환경영향평가법」에 따른 환경영향평가 등에 관한 사항 등
③ 통합심의를 거친 경우에는 해당 사항에 대한 검토·심의·조사·협의·조정 또는 재정을 거친 것으로 본다.
④ 통합심의위원회 위원장과 부위원장은 통합심의위원회의 위원 중에서 정비구역지정권자가 임명하거나 위촉한다.
⑤ 사업시행자는 통합심의를 신청할 수 있다.

정답 | 17 ② 18 ②

19 도시 및 주거환경정비법령상 한국토지주택공사가 단독으로 정비사업을 시행하는 경우에 작성하는 시행규정에 포함하여야 하는 사항이 아닌 것은? (단, 조례는 고려하지 않음)   제33회

① 토지등소유자 전체회의
② 토지등소유자의 권리·의무
③ 토지 및 건축물에 관한 권리의 평가방법
④ 정비사업의 시행연도 및 시행방법
⑤ 공고·공람 및 통지의 방법

톺아보기

토지등소유자 전체회의는 신탁업자가 사업시행자인 경우만 해당한다.

---

20 도시 및 주거환경정비법령상 사업시행자가 국민주택규모 주택을 건설하여야 하는 경우 그 주택의 공급 및 인수에 관한 설명으로 틀린 것은?   제33회

① 사업시행자는 건설한 국민주택규모 주택을 국토교통부장관, 시·도지사, 시장, 군수, 구청장 또는 토지주택공사 등에 공급하여야 한다.
② 사업시행자는 인수자에게 공급해야 하는 국민주택규모 주택을 공개추첨의 방법으로 선정해야 한다.
③ 선정된 국민주택규모 주택을 공급하는 경우에는 시·도지사, 시장·군수·구청장 순으로 우선하여 인수할 수 있다.
④ 인수자에게 공급하는 국민주택규모 주택의 부속토지는 인수자에게 기부채납한 것으로 본다.
⑤ 시·도지사 및 시장·군수·구청장이 국민주택규모 주택을 인수할 수 없는 경우 한국토지주택공사가 인수하여야 한다.

톺아보기

시·도지사 및 시장·군수·구청장이 국민주택규모 주택을 인수할 수 없는 경우에는 시·도지사는 국토교통부장관에게 인수자 지정을 요청해야 한다.

21

도시 및 주거환경정비법령상 재건축사업의 사업시행자가 작성하여야 하는 사업시행계획서에 포함되어야 하는 사항이 아닌 것은? (단, 조례는 고려하지 않음) 제31회

① 토지이용계획(건축물배치계획을 포함한다)
② 정비기반시설 및 공동이용시설의 설치계획
③ 「도시 및 주거환경정비법」 제10조(임대주택 및 주택규모별 건설비율)에 따른 임대주택의 건설계획
④ 세입자의 주거 및 이주대책
⑤ 임시거주시설을 포함한 주민이주대책

톺아보기

임대주택의 건설계획은 재건축사업의 사업시행자가 작성해야 하는 사업시행계획서에 포함되지 않는다.

22

도시 및 주거환경정비법령상 사업시행계획 등에 관한 설명으로 틀린 것은? 제25회 수정

① 시장·군수 등은 재개발사업의 시행자가 지정개발자인 경우 시행자로 하여금 정비사업비의 100분의 30의 금액을 예치하게 할 수 있다.
② 사업시행계획서에는 사업시행기간 동안의 정비구역 내 가로등 설치, 폐쇄회로 텔레비전 설치 등 범죄예방대책이 포함되어야 한다.
③ 시장·군수 등은 사업시행계획인가를 하려는 경우 정비구역으로부터 200m 이내에 교육시설이 설치되어 있는 때에는 해당 지방자치단체의 교육감 또는 교육장과 협의하여야 한다.
④ 시장·군수 등은 특별한 사유가 없으면 사업시행계획서의 제출이 있는 날부터 60일 이내에 인가 여부를 결정하여 사업시행자에게 통보해야 한다.
⑤ 사업시행자가 사업시행계획인가를 받은 후 대지면적을 10%의 범위에서 변경하는 경우 시장·군수 등에게 신고하여야 한다.

톺아보기

시장·군수 등은 재개발사업의 사업시행계획인가를 하는 경우 해당 정비사업의 사업시행자가 지정개발자(지정개발자가 토지등소유자인 경우로 한정한다)인 때에는 정비사업비의 100분의 20의 범위에서 시·도조례로 정하는 금액을 예치하게 할 수 있다.

정답 | 19 ① 20 ⑤ 21 ③ 22 ①

23 상중하

도시 및 주거환경정비법령상 사업시행자가 관리처분계획이 인가·고시된 다음 날부터 90일 이내에 손실보상 협의를 해야 하는 토지등소유자를 모두 고른 것은? (단, 분양신청기간 종료일의 다음 날부터 협의를 시작할 수 있음) 제35회

㉠ 분양신청기간 내에 분양신청을 하지 아니한 자
㉡ 인가된 관리처분계획에 따라 분양대상에서 제외된 자
㉢ 분양신청기간 종료 후에 분양신청을 철회한 자

① ㉠   ② ㉠, ㉡   ③ ㉠, ㉢
④ ㉡, ㉢   ⑤ ㉠, ㉡, ㉢

톺아보기

해당하는 것은 ㉠㉡이다.

더 알아보기

손실보상의 협의

사업시행자는 관리처분계획이 인가·고시된 다음 날부터 90일 이내에 다음에서 정하는 자와 토지, 건축물 또는 그 밖의 권리의 손실보상에 관한 협의를 해야 한다. 다만, 사업시행자는 분양신청기간 종료일의 다음 날부터 협의를 시작할 수 있다.

1. 분양신청을 하지 않은 자
2. 분양신청기간 종료 이전에 분양신청을 철회한 자
3. 투기과열지구에서 분양신청을 할 수 없는 자
4. 인가된 관리처분계획에 따라 분양대상에서 제외된 자

24 ☐☐☐
상중하

도시 및 주거환경정비법령상 토지등소유자에 대한 분양신청의 통지 및 분양공고 양자에 공통으로 포함되어야 할 사항을 모두 고른 것은? (단, 토지등소유자 1인이 시행하는 재개발사업은 제외하고, 조례는 고려하지 않음)   제34회

> ㉠ 분양을 신청하지 않은 자에 대한 조치
> ㉡ 토지등소유자 외의 권리자의 권리신고방법
> ㉢ 분양신청서
> ㉣ 분양대상자별 분담금의 추산액

① ㉠
② ㉠, ㉡
③ ㉡, ㉢
④ ㉢, ㉣
⑤ ㉠, ㉡, ㉣

톺아보기

공통으로 포함되어야 할 사항은 ㉠이다.

더 알아보기

분양신청의 통지 · 공고

사업시행자는 사업시행계획인가의 고시가 있는 날(사업시행계획인가 이후 시공자를 선정한 경우에는 시공자와 계약을 체결한 날)부터 120일 이내에 다음의 사항을 토지등소유자에게 통지하고, 분양의 대상이 되는 대지 또는 건축물의 내역 등 대통령령으로 정하는 사항을 해당 지역에서 발간되는 일간신문에 공고해야 한다. 다만, 토지등소유자 1인이 시행하는 재개발사업의 경우에는 그러하지 아니하다.

분양신청의 통지사항	분양공고사항
1. 분양대상자별 종전의 토지 또는 건축물의 명세 및 사업시행계획인가의 고시가 있는 날을 기준으로 한 가격(사업시행계획인가 전에 철거된 건축물은 시장·군수 등에게 허가를 받은 날을 기준으로 한 가격) 2. 분양대상자별 분담금의 추산액 3. 분양신청기간 4. 그 밖에 대통령령으로 정하는 사항 • 분양공고사항 1.부터 6.까지 및 8.의 사항 • 분양신청서 등	1. 사업시행계획인가의 내용 2. 정비사업의 종류·명칭 및 정비구역의 위치·면적 3. 분양신청기간 및 장소 4. 분양대상 대지 또는 건축물의 내역 5. 분양신청자격 6. 분양신청방법 7. 토지등소유자 외의 권리자의 권리신고방법 8. 분양을 신청하지 않은 자에 대한 조치 등

정답 | 23 ② 24 ①

25 중 하
도시 및 주거환경정비법령상 소규모 토지 등의 소유자에 대한 토지임대부 분양주택 공급에 관한 내용이다. ( )에 들어갈 숫자로 옳은 것은? (단, 조례는 고려하지 않음)

제34회

> 국토교통부장관, 시·도지사, 시장, 군수, 구청장 또는 토지주택공사 등은 정비구역의 세입자와 다음의 어느 하나에 해당하는 자의 요청이 있는 경우에는 인수한 재개발임대주택의 일부를 「주택법」에 따른 토지임대부 분양주택으로 전환하여 공급해야 한다.
> 1. 면적이 (㉠)m^2 미만의 토지를 소유한 자로서 건축물을 소유하지 않은 자
> 2. 바닥면적이 (㉡)m^2 미만의 사실상 주거를 위하여 사용하는 건축물을 소유한 자로서 토지를 소유하지 않은 자

① ㉠: 90, ㉡: 40
② ㉠: 90, ㉡: 50
③ ㉠: 90, ㉡: 60
④ ㉠: 100, ㉡: 40
⑤ ㉠: 100, ㉡: 50

톺아보기

토지임대부 분양주택의 공급: 국토교통부장관, 시·도지사, 시장, 군수, 구청장 또는 토지주택공사 등은 정비구역의 세입자와 대통령령으로 정하는 다음의 면적 이하의 토지 또는 주택을 소유한 자의 요청이 있는 경우에는 인수한 재개발임대주택의 일부를 「주택법」에 따른 토지임대부 분양주택으로 전환하여 공급해야 한다.
1. 면적이 '90'm^2 미만의 토지를 소유한 자로서 건축물을 소유하지 않은 자
2. 바닥면적이 '40'm^2 미만의 사실상 주거를 위하여 사용하는 건축물을 소유한 자로서 토지를 소유하지 않은 자

26 도시 및 주거환경정비법령상 분양신청을 하지 아니한 자 등에 대한 조치에 관한 설명이다. ( )에 들어갈 내용을 바르게 나열한 것은?

제33회

- 분양신청을 하지 아니한 토지등소유자가 있는 경우 사업시행자는 관리처분계획이 인가·고시된 다음 날부터 (㉠)일 이내에 그 자와 토지, 건축물 또는 그 밖의 권리의 손실보상에 관한 협의를 하여야 한다.
- 위 협의가 성립되지 아니하면 사업시행자는 그 기간의 만료일 다음 날부터 (㉡)일 이내에 수용재결을 신청하거나 매도청구소송을 제기하여야 한다.

① ㉠: 60, ㉡: 30
② ㉠: 60, ㉡: 60
③ ㉠: 60, ㉡: 90
④ ㉠: 90, ㉡: 60
⑤ ㉠: 90, ㉡: 90

톺아보기

★ • 분양신청을 하지 않은 토지등소유자가 있는 경우 사업시행자는 관리처분계획이 인가·고시된 다음 날부터 '90'일 이내에 그 자와 토지, 건축물 또는 그 밖의 권리의 손실보상에 관한 협의를 해야 한다.
- 위 협의가 성립되지 않으면 사업시행자는 그 기간의 만료일 다음 날부터 '60'일 이내에 수용재결을 신청하거나 매도청구소송을 제기해야 한다.

정답 | 25 ① 26 ④

27 도시 및 주거환경정비법령상 관리처분계획 등에 관한 설명으로 옳은 것은? (단, 조례는 고려하지 않음)

제32회

① 지분형주택의 규모는 주거전용면적 60m² 이하인 주택으로 한정한다.
② 분양신청기간의 연장은 30일의 범위에서 한 차례만 할 수 있다.
③ 같은 세대에 속하지 아니하는 3명이 1토지를 공유한 경우에는 3주택을 공급하여야 한다.
④ 조합원 10분의 1 이상이 관리처분계획인가 신청이 있은 날부터 30일 이내에 관리처분계획의 타당성 검증을 요청한 경우 시장·군수는 이에 따라야 한다.
⑤ 시장·군수는 정비구역에서 면적이 100m²의 토지를 소유한 자로서 건축물을 소유하지 아니한 자의 요청이 있는 경우에는 인수한 임대주택의 일부를 「주택법」에 따른 토지임대부 분양주택으로 전환하여 공급하여야 한다.

톺아보기

[오답해설]

★ ② 분양신청기간은 통지한 날부터 30일 이상 60일 이내로 해야 한다. 다만, 사업시행자는 관리처분계획의 수립에 지장이 없다고 판단하는 경우에는 분양신청기간을 20일의 범위에서 한 차례만 연장할 수 있다.
★ ③ 같은 세대에 속하지 않는 2명 이상이 1주택 또는 1토지를 공유한 경우에는 1주택만 공급한다.
④ 시장·군수 등은 조합원 5분의 1 이상이 관리처분계획인가 신청이 있은 날부터 15일 이내에 시장·군수 등에게 타당성 검증을 요청한 경우에는 대통령령으로 정하는 공공기관에 관리처분계획의 타당성 검증을 요청해야 한다.
⑤ 면적이 90m² 미만의 토지를 소유한 자로서 건축물을 소유하지 않은 자의 요청이 있는 경우이다.

28

도시 및 주거환경정비법령상 관리처분계획에 따른 처분 등에 관한 설명으로 틀린 것은?

제31회

① 정비사업의 시행으로 조성된 대지 및 건축물은 관리처분계획에 따라 처분 또는 관리하여야 한다.
② 사업시행자는 정비사업의 시행으로 건설된 건축물을 관리처분계획에 따라 토지등소유자에게 공급하여야 한다.
③ 환지를 공급하는 방법으로 시행하는 주거환경개선사업의 사업시행자가 정비구역에 주택을 건설하는 경우 주택의 공급방법에 관하여 「주택법」에도 불구하고 시장·군수 등의 승인을 받아 따로 정할 수 있다.
④ 사업시행자는 분양신청을 받은 후 잔여분이 있는 경우에는 사업시행계획으로 정하는 목적을 위하여 그 잔여분을 조합원 또는 토지등소유자 이외의 자에게 분양할 수 있다.
⑤ 조합이 재개발임대주택의 인수를 요청하는 경우 국토교통부장관이 우선하여 인수하여야 한다.

톺아보기

★ 조합이 재개발임대주택의 인수를 요청하는 경우 시·도지사 또는 시장, 군수, 구청장이 우선하여 인수해야 한다.

정답 | 27 ① 28 ⑤

29 ☐☐☐ 상중하

도시 및 주거환경정비법령상 사업시행자가 인가받은 관리처분계획을 변경하고자 할 때 시장·군수 등에게 신고하여야 하는 경우가 아닌 것은? 제29회

① 사업시행자의 변동에 따른 권리·의무의 변동이 있는 경우로서 분양설계의 변경을 수반하지 아니하는 경우
② 재건축사업에서의 매도청구에 대한 판결에 따라 관리처분계획을 변경하는 경우
③ 주택분양에 관한 권리를 포기하는 토지등소유자에 대한 임대주택의 공급에 따라 관리처분계획을 변경하는 경우
④ 계산착오·오기·누락 등에 따른 조서의 단순정정인 경우로서 불이익을 받는 자가 있는 경우
⑤ 정관 및 사업시행계획인가의 변경에 따라 관리처분계획을 변경하는 경우

톺아보기

계산착오·오기·누락 등에 따른 조서의 단순정정인 경우로서 불이익을 받는 자가 없는 경우에만 해당한다.

30 도시 및 주거환경정비법령상 주택의 공급 등에 관한 설명으로 옳은 것은? 제28회

① 주거환경개선사업의 사업시행자는 정비사업의 시행으로 건설된 건축물을 인가된 사업시행계획에 따라 토지등소유자에게 공급하여야 한다.
② 국토교통부장관은 조합이 요청하는 경우 재건축사업의 시행으로 건설된 임대주택을 인수하여야 한다.
③ 시·도지사의 요청이 있는 경우 국토교통부장관은 인수한 임대주택의 일부를 「주택법」에 따른 토지임대부 분양주택으로 전환하여 공급하여야 한다.
④ 사업시행자는 정비사업의 시행으로 임대주택을 건설하는 경우 공급대상자에게 주택을 공급하고 남은 주택에 대하여 공급대상자 외의 자에게 공급할 수 있다.
⑤ 관리처분계획상 분양대상자별 종전의 토지 또는 건축물의 명세에서 종전 주택의 주거전용면적이 60m²를 넘지 않는 경우 2주택을 공급할 수 없다.

톺아보기

[오답해설]
★ ① 사업시행자는 정비사업의 시행으로 건설된 건축물을 인가된 관리처분계획에 따라 토지등소유자에게 공급해야 한다.
② 국토교통부장관, 시·도지사, 시장, 군수, 구청장 또는 토지주택공사 등은 조합이 요청하는 경우 재개발사업의 시행으로 건설된 임대주택을 인수해야 한다.
③ 국토교통부장관, 시·도지사, 시장, 군수, 구청장 또는 토지주택공사 등은 정비구역에 세입자와 대통령령으로 정하는 면적 이하의 토지 또는 주택을 소유한 자의 요청이 있는 경우에는 인수한 재개발임대주택의 일부를 「주택법」에 따른 토지임대부 분양주택으로 전환하여 공급해야 한다.
⑤ 분양대상자별 종전의 토지 또는 건축물의 사업시행계획인가의 고시가 있는 날을 기준으로 한 가격의 범위 또는 종전 주택의 주거전용면적의 범위에서 2주택을 공급할 수 있고, 이 중 1주택은 주거전용면적을 60m² 이하로 한다.

정답 | 29 ④ 30 ④

31 도시 및 주거환경정비법령상 관리처분계획 등에 관한 설명으로 옳은 것은?

제27회 수정

① 재개발사업의 관리처분은 정비구역 안의 지상권자에 대한 분양을 포함하여야 한다.
② 재건축사업의 관리처분의 기준은 조합원 전원의 동의를 받더라도 법령상 정하여진 관리처분의 기준과 달리 정할 수 없다.
③ 사업시행자는 폐공가의 밀집으로 범죄발생의 우려가 있는 경우 기존 건축물의 소유자의 동의 및 시장·군수 등의 허가를 받아 해당 건축물을 철거할 수 있다.
④ 관리처분계획의 인가·고시가 있는 때에는 종전의 토지의 임차권자는 사업시행자의 동의를 받더라도 소유권의 이전고시가 있는 날까지 종전의 토지를 사용할 수 없다.
⑤ 분양설계에 관한 계획은 사업시행계획인가 고시가 있는 날을 기준으로 하여 수립한다.

톺아보기

오답해설

★ ① 재개발사업은 정비구역의 토지등소유자(지상권자를 제외한다)에게 분양해야 한다.
② 재건축사업의 경우 관리처분은 조합이 조합원 전원의 동의를 받아 그 기준을 따로 정하는 경우에는 그에 따른다.
④ 종전의 토지 또는 건축물의 소유자·지상권자·전세권자·임차권자 등 권리자는 관리처분계획인가의 고시가 있는 때에는 이전고시가 있는 날까지 종전의 토지 또는 건축물을 사용하거나 수익할 수 없다. 다만, 다음의 어느 하나에 해당하는 경우에는 그러하지 않다.
  1. 사업시행자의 동의를 받은 경우
  2. 「공익사업을 위한 토지 등의 취득 및 보상에 관한 법률」에 따른 손실보상이 완료되지 않은 경우
★ ⑤ 분양설계에 관한 계획은 분양신청기간이 만료하는 날을 기준으로 하여 수립한다.

32 도시 및 주거환경정비법령상 공사완료에 따른 조치 등에 관한 설명으로 틀린 것을 모두 고른 것은?

제31회

⊙ 정비사업의 효율적인 추진을 위하여 필요한 경우에는 해당 정비사업에 관한 공사가 전부 완료되기 전이라도 완공된 부분은 준공인가를 받아 대지 또는 건축물별로 분양받을 자에게 소유권을 이전할 수 있다.
ⓒ 준공인가에 따라 정비구역의 지정이 해제되면 조합도 해산된 것으로 본다.
ⓒ 정비사업에 관하여 소유권의 이전고시가 있은 날부터는 대지 및 건축물에 관한 등기가 없더라도 저당권 등의 다른 등기를 할 수 있다.

① ⊙
② ⓒ
③ ⊙, ⓒ
④ ⊙, ⓒ
⑤ ⓒ, ⓒ

톺아보기

틀린 것은 ⓒⓒ이다.
ⓒ 정비구역의 해제는 조합의 존속에 영향을 주지 않는다.
ⓒ 정비사업에 관하여 이전고시가 있은 날부터 등기가 있을 때까지는 저당권 등의 다른 등기를 하지 못한다.

정답 | 31 ③ 32 ⑤

33

도시 및 주거환경정비법령상 공사완료에 따른 조치 등에 관한 설명으로 틀린 것은?

제29회

① 사업시행자인 지방공사가 정비사업의 공사를 완료한 때에는 시장·군수 등의 준공인가를 받아야 한다.
② 시장·군수 등은 준공인가 전 사용허가를 하는 때에는 동별·세대별 또는 구획별로 사용허가를 할 수 있다.
③ 관리처분계획을 수립하는 경우 정비구역의 지정은 이전고시가 있은 날의 다음 날에 해제된 것으로 본다.
④ 준공인가에 따른 정비구역의 해제가 있으면 조합은 해산된 것으로 본다.
⑤ 관리처분계획에 따라 소유권을 이전하는 경우 건축물을 분양받을 자는 이전고시가 있은 날의 다음 날에 그 건축물의 소유권을 취득한다.

톺아보기

★ 정비구역의 해제는 조합의 존속에 영향을 주지 않는다.

34

도시 및 주거환경정비법령상 사업시행계획인가를 받은 정비사업의 공사완료에 따른 조치 등에 관한 다음 절차를 진행순서에 따라 옳게 나열한 것은? (단, 관리처분계획인가를 받은 사업이고, 공사의 전부 완료를 전제로 함)

제27회

㉠ 준공인가
㉡ 관리처분계획에 정한 사항을 분양받을 자에게 통지
㉢ 토지의 분할절차
㉣ 대지 또는 건축물의 소유권 이전·고시

① ㉠ - ㉢ - ㉡ - ㉣
② ㉠ - ㉣ - ㉢ - ㉡
③ ㉡ - ㉠ - ㉢ - ㉣
④ ㉡ - ㉢ - ㉣ - ㉠
⑤ ㉢ - ㉣ - ㉠ - ㉡

톺아보기

사업시행자는 준공인가 및 공사완료의 고시가 있은 때에는 지체 없이 대지확정측량을 하고 토지의 분할절차를 거쳐 관리처분계획에 정한 사항을 분양을 받을 자에게 통지하고 대지 또는 건축물의 소유권을 이전해야 한다.

정답 | 33 ④ 34 ①

제4장 / 비용부담 등

기본서 p.339~343

01 도시 및 주거환경정비법령상 공동구의 설치 및 관리비용에 관한 설명으로 옳은 것은?

제34회

① 공동구 점용예정자가 부담할 공동구의 설치에 드는 비용의 부담비율은 공동구의 권리지분비율을 고려하여 시장·군수 등이 정한다.
② 공동구의 설치로 인한 보상비용은 공동구의 설치비용에 포함되지 않는다.
③ 사업시행자로부터 공동구의 설치비용 부담금의 납부통지를 받은 공동구 점용예정자는 공동구의 설치공사가 착수되기 전에 부담금액의 3분의 1 이상을 납부해야 한다.
④ 공동구 관리비용은 반기별로 산출하여 부과한다.
⑤ 시장·군수 등은 필요한 경우 공동구 관리비용을 분할하여 분기별로 납부하게 할 수 있다.

톺아보기

[오답해설]
① 공동구에 수용될 전기·가스·수도의 공급시설과 전기통신시설 등의 관리자(공동구 점용예정자)가 부담할 공동구의 설치에 드는 비용의 부담비율은 공동구의 점용예정면적비율에 따른다.
② 공동구의 설치로 인한 보상비용은 공동구의 설치비용에 포함된다.
④ 공동구 관리비용은 연도별로 산출하여 부과한다.
⑤ 공동구 관리비용의 납입기한은 매년 3월 31일까지로 하며, 시장·군수 등은 납입기한 1개월 전까지 납입통지서를 발부해야 한다. 다만, 필요한 경우에는 2회로 분할하여 납부하게 할 수 있으며 이 경우 분할금의 납입기한은 3월 31일과 9월 30일로 한다.

정답 | 01 ③

> **더 알아보기**
>
> **공동구 설치비용**
>
> 공동구의 설치에 드는 비용은 다음과 같다. 다만, 보조금이 있는 경우에는 설치에 드는 비용에서 해당 보조금의 금액을 빼야 한다.
> 1. 설치공사의 비용
> 2. 내부공사의 비용
> 3. 설치를 위한 측량·설계비용
> 4. 공동구의 설치로 인한 보상의 필요가 있는 경우에는 그 보상비용
> 5. 공동구 부대시설의 설치비용
> 6. 융자금이 있는 경우에는 그 이자에 해당하는 금액

02 상중하

도시 및 주거환경정비법령상 시장·군수 등이 아닌 사업시행자가 시행하는 정비사업의 정비계획에 따라 설치되는 도시·군계획시설 중 그 건설에 드는 비용을 시장·군수 등이 부담할 수 있는 시설을 모두 고른 것은?

제33회

| ㉠ 공원 | ㉡ 공공공지 |
| ㉢ 공동구 | ㉣ 공용주차장 |

① ㉠
② ㉡, ㉢
③ ㉢, ㉣
④ ㉠, ㉡, ㉢
⑤ ㉠, ㉡, ㉢, ㉣

톺아보기

해당하는 것은 ㉠㉡㉢㉣ 모두이다.
시장·군수 등은 시장·군수 등이 아닌 사업시행자가 시행하는 정비사업의 정비계획에 따라 설치되는 다음의 시설에 대하여는 그 건설에 드는 비용의 전부 또는 일부를 부담할 수 있다.
1. 도시·군계획시설 중 대통령령으로 정하는 다음의 주요 정비기반시설 및 공동이용시설: 도로, 상·하수도, 공원, 공용주차장, 공동구, 녹지, 하천, 공공공지 및 광장
2. 임시거주시설

03 도시 및 주거환경정비법령상 청산금 및 비용부담 등에 관한 설명으로 옳은 것은?

제32회

① 청산금을 징수할 권리는 소유권 이전고시일부터 3년간 행사하지 아니하면 소멸한다.
② 정비구역의 국유·공유재산은 정비사업 외의 목적으로 매각되거나 양도될 수 없다.
③ 청산금을 지급받을 자가 받기를 거부하더라도 사업시행자는 그 청산금을 공탁할 수는 없다.
④ 시장·군수 등이 아닌 사업시행자는 부과금을 체납하는 자가 있는 때에는 지방세 체납처분의 예에 따라 부과·징수할 수 있다.
⑤ 국가 또는 지방자치단체는 토지임대부 분양주택을 공급받는 자에게 해당 공급비용의 전부를 융자할 수는 없다.

톺아보기

오답해설

★ ① 청산금을 지급(분할지급을 포함한다)받을 권리 또는 이를 징수할 권리는 이전고시일의 다음 날부터 5년간 행사하지 않으면 소멸한다.
③ 청산금을 지급받을 자가 받을 수 없거나 받기를 거부한 때에는 사업시행자는 그 청산금을 공탁할 수 있다.
④ 시장·군수 등이 아닌 사업시행자는 부과금 또는 연체료를 체납하는 자가 있는 때에는 시장·군수 등에게 그 부과·징수를 위탁할 수 있다.
⑤ 국가 또는 지방자치단체는 토지임대부 분양주택을 공급받는 자에게 해당 공급비용의 전부 또는 일부를 보조 또는 융자할 수 있다.

정답 | 02 ⑤ 03 ②

04 도시 및 주거환경정비법령상 비용의 부담 등에 관한 설명으로 틀린 것은? 제30회

① 정비사업비는 「도시 및 주거환경정비법」 또는 다른 법령에 특별한 규정이 있는 경우를 제외하고는 사업시행자가 부담한다.
② 지방자치단체는 시장·군수 등이 아닌 사업시행자가 시행하는 정비사업에 드는 비용에 대해 융자를 알선할 수는 있으나 직접적으로 보조할 수는 없다.
③ 정비구역의 국유·공유재산은 사업시행자 또는 점유자 및 사용자에게 다른 사람에 우선하여 수의계약으로 매각될 수 있다.
④ 시장·군수 등이 아닌 사업시행자는 부과금 또는 연체료를 체납하는 자가 있는 때에는 시장·군수 등에게 그 부과·징수를 위탁할 수 있다.
⑤ 사업시행자는 정비사업을 시행하는 지역에 전기·가스 등의 공급시설을 설치하기 위하여 공동구를 설치하는 경우에는 다른 법령에 따라 그 공동구에 수용될 시설을 설치할 의무가 있는 자에게 공동구의 설치에 드는 비용을 부담시킬 수 있다.

톺아보기

국가 또는 지방자치단체는 시장·군수 등이 아닌 사업시행자가 시행하는 정비사업에 드는 비용의 일부를 보조 또는 융자하거나 융자를 알선할 수 있다.

정답 | 04 ②

land.Hackers.com

land.Hackers.com
해커스 공인중개사 단원별 기출문제집

3개년 출제비중분석

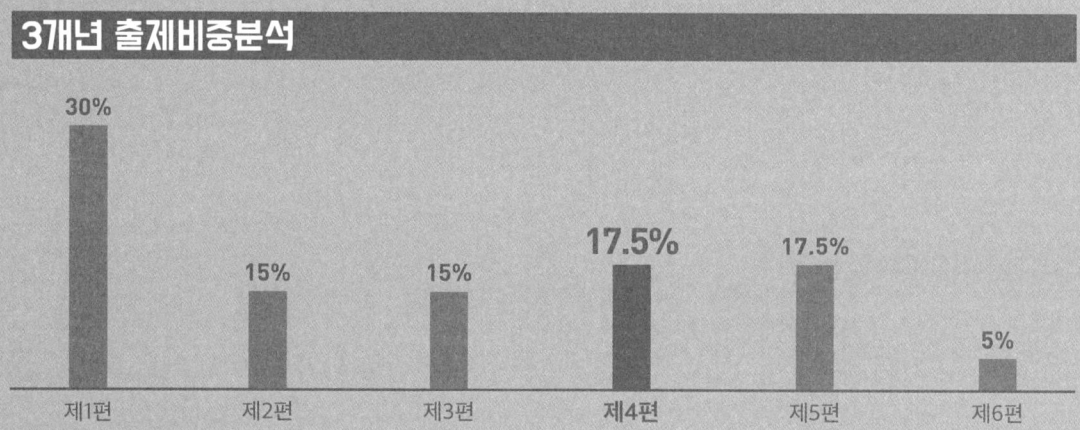

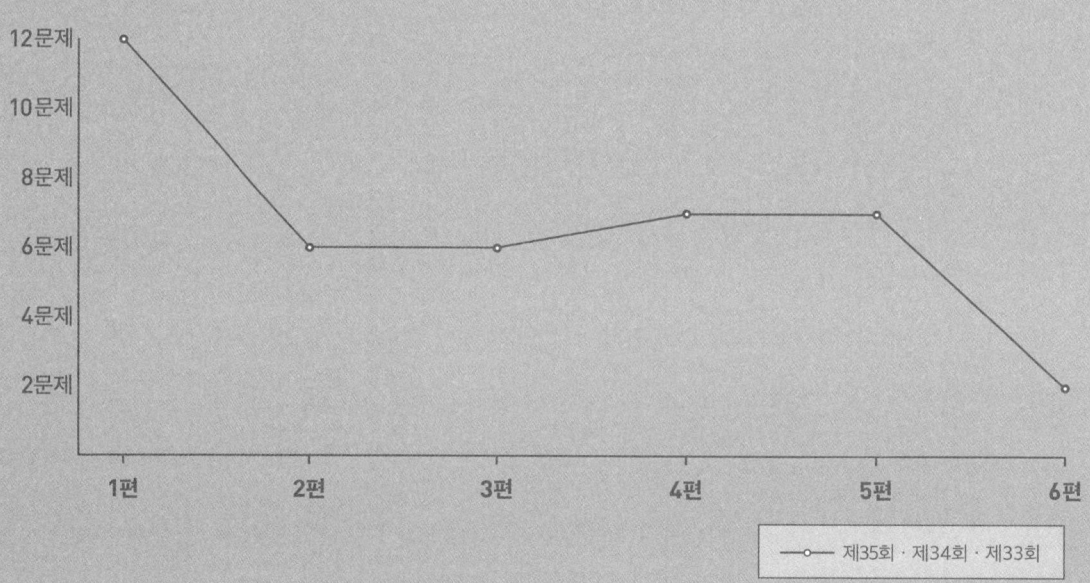

─○─ 제35회 · 제34회 · 제33회

제4편

건축법

제1장 총칙
제2장 건축물의 건축
제3장 대지와 도로
제4장 구조·재료 및 건축설비
제5장 지역 및 지구의 건축물
제6장 특별건축구역, 건축협정, 보칙·벌칙

제1장 / 총칙

기본서 p.365~388

01 건축법령상 다중이용 건축물에 해당하는 용도가 <u>아닌</u> 것은? (단, 16층 이상의 건축물은 제외하고, 해당 용도로 쓰는 바닥면적의 합계는 5천m² 이상임) 제29회

상 중 **하**

① 관광휴게시설
② 판매시설
③ 운수시설 중 여객용 시설
④ 종교시설
⑤ 의료시설 중 종합병원

톺아보기

관광휴게시설은 다중이용 건축물에 해당하는 용도가 아니다.

> **더 알아보기**
>
> **다중이용 건축물**
>
> 다중이용 건축물이란 다음의 어느 하나에 해당하는 건축물을 말한다.
> 1. 다음의 어느 하나에 해당하는 용도로 쓰는 바닥면적의 합계가 5천m² 이상인 건축물
>   - 문화 및 집회시설(동물원 및 식물원은 제외한다)
>   - 종교시설
>   - 판매시설
>   - 운수시설 중 여객용 시설
>   - 의료시설 중 종합병원
>   - 숙박시설 중 관광숙박시설
> 2. 16층 이상인 건축물

02 건축법령상 용어에 관한 설명으로 틀린 것은? 제28회

① 내력벽을 수선하더라도 수선되는 벽면적의 합계가 30m² 미만인 경우는 대수선에 포함되지 않는다.
② 지하의 공작물에 설치하는 점포는 건축물에 해당하지 않는다.
③ 구조계산서와 시방서는 설계도서에 해당한다.
④ 막다른 도로의 구조와 너비는 막다른 도로가 도로에 해당하는지 여부를 판단하는 기준이 된다.
⑤ 고층건축물이란 층수가 30층 이상이거나 높이가 120m 이상인 건축물을 말한다.

톺아보기

★ 건축물이란 토지에 정착(定着)하는 공작물 중 지붕과 기둥 또는 벽이 있는 것과 이에 딸린 시설물, 지하나 고가(高架)의 공작물에 설치하는 사무소 · 공연장 · 점포 · 차고 · 창고, 그 밖에 대통령령으로 정하는 것을 말한다.

03 건축법령상 '주요구조부'에 해당하지 않는 것만을 모두 고른 것은? 제27회

| ㉠ 지붕틀 | ㉡ 주계단 |
| ㉢ 사이 기둥 | ㉣ 최하층 바닥 |

① ㉡
② ㉠, ㉢
③ ㉢, ㉣
④ ㉠, ㉡, ㉣
⑤ ㉠, ㉡, ㉢, ㉣

톺아보기

해당하지 않는 것은 ㉢㉣이다.
★ '주요구조부'란 내력벽(耐力壁), 기둥, 바닥, 보, 지붕틀 및 주계단(主階段)을 말한다. 다만, 사이 기둥, 최하층 바닥, 작은 보, 차양, 옥외계단, 그 밖에 이와 유사한 것으로 건축물의 구조상 중요하지 않은 부분은 제외한다.

정답 | 01 ① 02 ② 03 ③

04 건축법령상 다중이용 건축물에 해당하는 것은? 제26회 수정

① 종교시설로 사용하는 바닥면적의 합계가 4천m²인 5층의 성당
② 문화 및 집회시설로 사용하는 바닥면적의 합계가 4천m²인 10층의 전시장
③ 숙박시설로 사용하는 바닥면적의 합계가 4천m²인 16층의 관광호텔
④ 교육연구시설로 사용하는 바닥면적의 합계가 5천m²인 15층의 연구소
⑤ 문화 및 집회시설로 사용하는 바닥면적의 합계가 5천m²인 2층의 동물원

톺아보기

③ 숙박시설로 사용하는 바닥면적의 합계가 5천m² 이상인 건축물은 다중이용 건축물에 해당한다.

[오답해설]
①② 종교시설, 문화 및 집회시설은 바닥면적의 합계가 5천m² 이상이어야 한다.
④ 교육연구시설은 16층 이상이어야 한다.
⑤ 문화 및 집회시설 중 동물원은 제외한다.

05 건축법령상 제1종 근린생활시설에 해당하는 것은? (단, 동일한 건축물 안에서 해당 용도에 쓰이는 바닥면적의 합계는 1,000m²임) 제33회

① 극장　　　　② 서점　　　　③ 탁구장
④ 파출소　　　⑤ 산후조리원

톺아보기

⑤ 산후조리원은 제1종 근린생활시설에 해당한다.

[오답해설]
①②③④ 단서에 따라 극장은 문화 및 집회시설, 서점은 제2종 근린생활시설, 탁구장은 운동시설, 파출소는 업무시설에 해당한다.

06

건축법령상 철도의 선로부지(敷地)에 있는 시설로서 「건축법」의 적용을 받지 <u>않는</u> 건축물만을 모두 고른 것은? (단, 건축법령 이외의 특례는 고려하지 않음) 제30회

- ㉠ 플랫폼
- ㉡ 운전보안시설
- ㉢ 철도선로의 아래를 가로지르는 보행시설
- ㉣ 해당 철도사업용 급수(給水)·급탄(給炭) 및 급유(給油)시설

① ㉠, ㉡, ㉢
② ㉠, ㉡, ㉣
③ ㉠, ㉢, ㉣
④ ㉡, ㉢, ㉣
⑤ ㉠, ㉡, ㉢, ㉣

톺아보기

「건축법」의 적용을 받지 않는 건축물은 ㉠㉡㉢㉣ 모두이다.

더 알아보기

「건축법」의 적용제외 – 철도나 궤도의 선로부지

철도나 궤도의 선로부지(敷地)에 있는 다음의 시설에는 「건축법」을 적용하지 않는다.
1. 운전보안시설
2. 철도선로의 위나 아래를 가로지르는 보행시설
3. 플랫폼
4. 해당 철도 또는 궤도사업용 급수(給水)·급탄(給炭) 및 급유(給油)시설

정답 | 04 ③ 05 ⑤ 06 ⑤

07

건축법령상 대지를 조성하기 위하여 건축물과 분리하여 공작물을 축조하려는 경우, 특별자치시장·특별자치도지사 또는 시장·군수·구청장에게 신고하여야 하는 공작물에 해당하지 <u>않는</u> 것은? (단, 공용건축물에 대한 특례는 고려하지 않음)

제30회 수정

① 상업지역에 설치하는 높이 8m의 통신용 철탑
② 높이 4m의 옹벽
③ 높이 8m의 굴뚝
④ 바닥면적 40m²의 지하대피호
⑤ 높이 3m의 장식탑

톺아보기

★ 높이 4m를 넘는 장식탑이 신고해야 하는 공작물에 해당한다.

더 알아보기

공작물의 축조신고대상

1. 높이 6m를 넘는 굴뚝
2. 높이 4m를 넘는 광고탑, 광고판, 장식탑, 기념탑, 첨탑, 그 밖에 이와 비슷한 것
3. 높이 8m를 넘는 고가수조나 그 밖에 이와 비슷한 것
4. 높이 2m를 넘는 담장 또는 옹벽
5. 바닥면적 30m²를 넘는 지하대피호
6. 높이 6m를 넘는 골프연습장 등의 운동시설을 위한 철탑, 주거지역·상업지역에 설치하는 통신용 철탑, 그 밖에 이와 비슷한 것
7. 높이 8m 이하의 기계식 주차장 및 철골 조립식 주차장으로서 외벽이 없는 것
8. 높이 5m를 넘는 「신에너지 및 재생에너지 개발·이용·보급 촉진법」에 따른 태양에너지를 이용하는 발전설비와 그 밖에 이와 비슷한 것 … (이하 생략)

08 상중하

다음 건축물 중 「건축법」의 적용을 받는 것은? 제28회 수정

① 대지에 정착된 컨테이너를 이용한 주택
② 철도의 선로부지에 있는 운전보안시설
③ 「문화유산의 보존 및 활용에 관한 법률」에 따른 임시지정문화유산
④ 고속도로 통행료 징수시설
⑤ 「하천법」에 따른 하천구역 내의 수문조작실

톺아보기

대지에 정착된 컨테이너를 이용한 주택은 「건축법」의 적용을 받는다.

더 알아보기

「건축법」의 적용제외

다음의 어느 하나에 해당하는 건축물에는 「건축법」을 적용하지 않는다.

1. 「문화유산의 보존 및 활용에 관한 법률」에 따른 지정문화유산이나 임시지정문화유산 또는 「자연유산의 보존 및 활용에 관한 법률」에 따라 지정된 천연기념물 등(천연기념물, 명승 또는 시·도자연유산, 자연유산자료)이나 임시지정천연기념물 등
2. 철도나 궤도의 선로부지(敷地)에 있는 다음의 시설
   - 운전보안시설
   - 철도선로의 위나 아래를 가로지르는 보행시설
   - 플랫폼
   - 해당 철도 또는 궤도사업용 급수(給水)·급탄(給炭) 및 급유(給油)시설
3. 고속도로 통행료 징수시설
4. 컨테이너를 이용한 간이창고(「산업집적활성화 및 공장설립에 관한 법률」에 따른 공장의 용도로만 사용되는 건축물의 대지에 설치하는 것으로서 이동이 쉬운 것만 해당된다)
5. 「하천법」에 따른 하천구역 내의 수문조작실

정답 | 07 ⑤ 08 ①

09 건축법령상 건축물의 대수선에 해당하지 않는 것은? (단, 건축물 증축·축 또는 재축에 해당하지 않음)
제35회

① 보를 두 개 변경하는 것
② 기둥을 세 개 수선하는 것
③ 내력벽의 벽면적을 30m² 수선하는 것
④ 특별피난계단을 변경하는 것
⑤ 다세대주택의 세대간 경계벽을 증설하는 것

톺아보기

★ 보를 증설 또는 해체하거나 세 개 이상 수선 또는 변경하는 것은 대수선에 해당한다.

더 알아보기

대수선

건축물의 기둥, 보, 내력벽, 주계단 등의 구조나 외부 형태를 수선·변경하거나 증설하는 다음의 어느 하나에 해당하는 것으로서 증축·개축 또는 재축에 해당하지 않는 것

1. 내력벽을 증설 또는 해체하거나 그 벽면적을 30m² 이상 수선 또는 변경하는 것
2. 기둥을 증설 또는 해체하거나 세 개 이상 수선 또는 변경하는 것
3. 보를 증설 또는 해체하거나 세 개 이상 수선 또는 변경하는 것
4. 지붕틀(한옥의 경우에는 지붕틀의 범위에서 서까래는 제외한다)을 증설 또는 해체하거나 세 개 이상 수선 또는 변경하는 것
5. 방화벽 또는 방화구획을 위한 바닥 또는 벽을 증설 또는 해체하거나 수선 또는 변경하는 것
6. 주계단·피난계단 또는 특별피난계단을 증설 또는 해체하거나 수선 또는 변경하는 것
7. 다가구주택의 가구 간 경계벽 또는 다세대주택의 세대 간 경계벽을 증설 또는 해체하거나 수선 또는 변경하는 것
8. 건축물의 외벽에 사용하는 마감재료를 증설 또는 해체하거나 벽면적 30m² 이상 수선 또는 변경하는 것

10 甲은 A도 B시에 소재하는 자동차영업소로만 쓰는 건축물(사용승인을 받은 건축물로서 같은 건축물에 해당 용도로 쓰는 바닥면적의 합계가 500m²임)의 용도를 전부 노래연습장으로 용도변경하려고 한다. 건축법령상 이에 관한 설명으로 옳은 것은? (단, 제시된 조건 이외의 다른 조건이나 제한, 건축법령상 특례 및 조례는 고려하지 않음)

제34회

① 甲은 건축물 용도변경에 관하여 B시장의 허가를 받아야 한다.
② 甲은 B시장에게 건축물 용도변경에 관하여 신고를 해야 한다.
③ 甲은 용도변경한 건축물을 사용하려면 B시장의 사용승인을 받아야 한다.
④ 甲은 B시장에게 건축물대장 기재내용의 변경을 신청해야 한다.
⑤ 甲의 건축물에 대한 용도변경을 위한 설계는 건축사가 아니면 할 수 없다.

톺아보기

노래연습장과 바닥면적의 합계가 500m²인 자동차영업소는 제2종 근린생활시설에 해당한다. 같은 용도에 속하는 건축물 상호간의 변경은 건축물대장 기재내용의 변경을 신청하지 않지만, 노래연습장으로 변경하는 경우에는 건축물대장 기재내용의 변경을 신청해야 한다.

더 알아보기

1. 용도변경 시설군과 건축물의 세부용도

(1) 자동차 관련 시설군	자동차 관련 시설	
(2) 산업 등 시설군	• 운수시설 • 창고시설 • 자원순환 관련 시설 • 장례시설	• 공장 • 위험물저장 및 처리시설 • 묘지 관련 시설
(3) 전기통신시설군	• 방송통신시설	• 발전시설
(4) 문화 및 집회시설군	• 문화 및 집회시설 • 위락시설	• 종교시설 • 관광휴게시설
(5) 영업시설군	• 판매시설 • 숙박시설	• 운동시설 • 다중생활시설(제2종 근린생활시설)
(6) 교육 및 복지시설군	• 의료시설 • 노유자시설 • 야영장시설	• 교육연구시설 • 수련시설

정답 | 09 ① 10 ④

(7) 근린생활시설군	• 제1종 근린생활시설 • 제2종 근린생활시설(다중생활시설은 제외)	
(8) 주거업무시설군	• 단독주택 • 업무시설 • 국방 · 군사시설	• 공동주택 • 교정시설
(9) 그 밖의 시설군	동물 및 식물 관련 시설	

2. 용도변경의 허가 · 신고

　사용승인을 받은 건축물의 용도를 변경하려는 자는 다음의 구분에 따라 국토교통부령으로 정하는 바에 따라 특별자치시장 · 특별자치도지사 또는 시장 · 군수 · 구청장의 허가를 받거나 신고를 해야 한다.

　(1) **허가대상**: 건축물의 용도를 상위군에 해당하는 용도로 변경하는 경우(⇑ 방향)

　(2) **신고대상**: 건축물의 용도를 하위군에 해당하는 용도로 변경하는 경우(⇓ 방향)

3. 건축물대장 기재내용의 변경신청

　(1) **원칙**: 같은 시설군 안에서 용도를 변경하려는 자는 특별자치시장 · 특별자치도지사 또는 시장 · 군수 · 구청장에게 건축물대장 기재내용의 변경을 신청해야 한다.

　(2) **예외**: 다음의 어느 하나에 해당하는 건축물 상호간의 용도변경의 경우에는 건축물대장 기재내용의 변경을 신청하지 않는다. 다만, 제1종 근린생활시설 중 목욕장 · 의원, 제2종 근린생활시설 중 공연장 · 게임제공업소 · 학원 · 골프연습장 · 놀이형시설 · 단란주점 · 안마시술소 · 노래연습장 · 주문배송시설, 판매시설 중 게임제공업의 시설, 숙박시설 중 생활숙박시설 및 위락시설 중 단란주점 · 유흥주점에 해당하는 용도로 변경하는 경우는 제외한다.

　　• 같은 용도에 속하는 건축물 상호간의 용도변경

　　• 「국토의 계획 및 이용에 관한 법률」이나 그 밖의 관계 법령에서 정하는 용도제한에 적합한 범위에서 제1종 근린생활시설과 제2종 근린생활시설 상호간의 용도변경

11 건축법령상 용어에 관한 설명으로 옳은 것은?

제31회

① 건축물을 이전하는 것은 건축에 해당한다.
② 고층건축물에 해당하려면 건축물의 층수가 30층 이상이고 높이가 120m 이상이어야 한다.
③ 건축물이 천재지변으로 멸실된 경우 그 대지에 종전 규모보다 연면적의 합계를 늘려 건축물을 다시 축조하는 것은 재축에 해당한다.
④ 건축물의 내력벽을 해체하여 같은 대지의 다른 위치로 옮기는 것은 이전에 해당한다.
⑤ 기존 건축물이 있는 대지에서 건축물의 내력벽을 증설하여 건축면적을 늘리는 것은 대수선에 해당한다.

톺아보기

오답해설

★ ② 고층건축물이란 층수가 30층 이상이거나 높이가 120m 이상인 건축물을 말한다.
③ 재축의 연면적 합계는 종전 규모 이하로 하여야 한다.
★ ④ 이전이란 건축물의 주요구조부를 해체하지 않고 같은 대지의 다른 위치로 옮기는 것을 말한다.
⑤ 기존 건축물이 있는 대지에서 건축물의 내력벽을 증설하여 건축면적을 늘리는 것은 증축에 해당한다.

더 알아보기

재축

재축이란 건축물이 천재지변이나 그 밖의 재해(災害)로 멸실된 경우 그 대지에 다음의 요건을 모두 갖추어 다시 축조하는 것을 말한다.
1. 연면적 합계는 종전 규모 이하로 할 것
2. **동(棟)수, 층수 및 높이는 다음의 어느 하나에 해당할 것**
   - 동수, 층수 및 높이가 모두 종전 규모 이하일 것
   - 동수, 층수 또는 높이의 어느 하나가 종전 규모를 초과하는 경우에는 해당 동수, 층수 및 높이가 건축법령 또는 건축조례에 모두 적합할 것

정답 | 11 ①

12 상중하

甲은 A도 B군에서 숙박시설로 사용승인을 받은 바닥면적의 합계가 3천m^2인 건축물의 용도를 변경하려고 한다. 건축법령상 이에 관한 설명으로 **틀린** 것은?

제31회

① 의료시설로 용도를 변경하려는 경우에는 용도변경 신고를 하여야 한다.
② 종교시설로 용도를 변경하려는 경우에는 용도변경 허가를 받아야 한다.
③ 甲이 바닥면적의 합계 1천m^2의 부분에 대해서만 업무시설로 용도를 변경하는 경우에는 사용승인을 받지 않아도 된다.
④ A도지사는 도시·군계획에 특히 필요하다고 인정하면 B군수의 용도변경 허가를 제한할 수 있다.
⑤ B군수는 甲이 판매시설과 위락시설의 복수용도로 용도변경 신청을 한 경우 지방건축위원회의 심의를 거쳐 이를 허용할 수 있다.

톺아보기

★ 허가나 신고대상인 경우로서 용도변경하려는 부분의 바닥면적의 합계가 100m^2 이상인 경우에는 사용승인을 받아야 한다.

더 알아보기

용도변경 준용규정

1. **사용승인**: 허가나 신고대상인 경우로서 용도변경하려는 부분의 바닥면적의 합계가 100m^2 이상인 경우의 사용승인에 관하여는 「건축법」 제22조(건축물의 사용승인)를 준용한다. 다만, 용도변경하려는 부분의 바닥면적의 합계가 500m^2 미만으로서 대수선에 해당되는 공사를 수반하지 않는 경우에는 그러하지 아니하다.
2. **건축사의 설계**: 허가대상인 경우로서 용도변경하려는 부분의 바닥면적의 합계가 500m^2 이상인 용도변경(대통령령으로 정하는 경우는 제외한다)의 설계에 관하여는 「건축법」 제23조(건축물의 설계)를 준용한다.

13

건축주인 甲은 4층 건축물을 병원으로 사용하던 중 이를 서점으로 용도변경하고자 한다. 건축법령상 이에 관한 설명으로 옳은 것은? (단, 다른 조건은 고려하지 않음)

제29회

① 甲이 용도변경을 위하여 건축물을 대수선할 경우 그 설계는 건축사가 아니어도 할 수 있다.
② 甲은 건축물의 용도를 서점으로 변경하려면 용도변경을 신고하여야 한다.
③ 甲은 서점에 다른 용도를 추가하여 복수용도로 용도변경 신청을 할 수 없다.
④ 甲의 병원이 준주거지역에 위치하고 있다면 서점으로 용도변경을 할 수 없다.
⑤ 甲은 서점으로 용도변경을 할 경우 피난용도로 쓸 수 있는 광장을 옥상에 설치하여야 한다.

톺아보기

오답해설

① 연면적이 200m² 미만이고 층수가 3층 미만인 건축물의 대수선을 위한 설계는 건축사가 아니어도 할 수 있다.
③ 건축주는 건축물의 용도를 복수로 하여 건축허가, 건축신고 및 용도변경 허가·신고 또는 건축물대장 기재내용의 변경신청을 할 수 있다.
④ 준주거지역에서 서점으로 용도변경을 할 수 있다.
⑤ 5층 이상인 층이 제2종 근린생활시설 중 공연장·종교집회장·인터넷컴퓨터게임시설제공업소(해당 용도로 쓰는 바닥면적의 합계가 각각 300m² 이상인 경우만 해당한다), 문화 및 집회시설(전시장 및 동·식물원은 제외한다), 종교시설, 판매시설, 위락시설 중 주점영업 또는 장례시설의 용도로 쓰는 경우에는 피난용도로 쓸 수 있는 광장을 옥상에 설치해야 한다.

정답 | 12 ③ 13 ②

14 건축법령상 「건축법」의 적용에 관한 설명으로 틀린 것은? 제22회

① 철도의 선로부지에 있는 플랫폼을 건축하는 경우에는 「건축법」상 건폐율 규정이 적용되지 않는다.
② 고속도로 통행료 징수시설을 건축하는 경우에는 「건축법」상 대지의 분할제한 규정이 적용되지 않는다.
③ 지구단위계획구역이 아닌 계획관리지역으로서 동이나 읍이 아닌 지역에서는 「건축법」상 대지의 분할제한 규정이 적용되지 않는다.
④ 지구단위계획구역이 아닌 계획관리지역으로서 동이나 읍이 아닌 지역에서는 「건축법」상 건축선에 따른 건축제한 규정이 적용되지 않는다.
⑤ 지구단위계획구역이 아닌 계획관리지역으로서 동이나 읍이 아닌 지역에서는 「건축법」상 용적률 규정이 적용되지 않는다.

톺아보기

⑤ 용적률 규정은 적용된다.

[오답해설]
①② 「건축법」이 적용되지 않는다.
③④ 「건축법」이 제한적으로 적용된다.

더 알아보기

「건축법」의 제한적 적용대상 지역

「국토의 계획 및 이용에 관한 법률」에 따른 ㉠ 도시지역 및 ㉡ 도시지역 외의 지역에 지정된 지구단위계획구역 외의 지역으로서 ㉢ 동이나 읍(동이나 읍에 속하는 섬의 경우에는 인구가 500명 이상인 경우만 해당된다)이 아닌 지역은 다음의 규정을 적용하지 않는다.
1. 대지와 도로의 관계(「건축법」 제44조)
2. 도로의 지정·폐지 또는 변경(「건축법」 제45조)
3. 건축선의 지정(「건축법」 제46조)
4. 건축선에 따른 건축제한(「건축법」 제47조)
5. 방화지구 안의 건축물(「건축법」 제51조)
6. 대지의 분할제한(「건축법」 제57조)

15 건축법령상 특수구조 건축물의 특례에 관한 설명으로 옳은 것은? (단, 건축법령상 다른 특례 및 조례는 고려하지 않음)

제32회

① 건축공사현장 안전관리 예치금에 관한 규정을 강화하여 적용할 수 있다.
② 대지의 조경에 관한 규정을 변경하여 적용할 수 있다.
③ 한쪽 끝은 고정되고 다른 끝은 지지되지 아니한 구조로 된 차양이 외벽(외벽이 없는 경우에는 외곽기둥을 말함)의 중심선으로부터 3m 이상 돌출된 건축물은 특수구조 건축물에 해당한다.
④ 기둥과 기둥 사이의 거리(기둥의 중심선 사이의 거리를 말함)가 15m인 건축물은 특수구조 건축물로서 건축물 내진등급의 설정에 관한 규정을 강화하여 적용할 수 있다.
⑤ 특수구조 건축물을 건축하려는 건축주는 건축허가신청 전에 허가권자에게 해당 건축물의 구조안전에 관하여 지방건축위원회의 심의를 신청하여야 한다.

톺아보기

[오답해설]
①② 건축공사현장 안전관리 예치금과 대지의 조경에 관한 규정은 강화 또는 변경하여 적용할 수 있는 규정에 해당하지 않는다.
★ ④ 기둥과 기둥 사이의 거리가 20m 이상인 건축물이다.
⑤ 특수구조 건축물을 건축하거나 대수선하려는 건축주는 착공신고를 하기 전에 국토교통부령으로 정하는 바에 따라 허가권자에게 해당 건축물의 구조안전에 관하여 지방건축위원회의 심의를 신청해야 한다.

더 알아보기

특수구조 건축물

다음의 어느 하나에 해당하는 건축물을 말한다.
1. 한쪽 끝은 고정되고 다른 끝은 지지(支持)되지 않은 구조로 된 보·차양 등이 외벽(외벽이 없는 경우에는 외곽 기둥을 말한다)의 중심선으로부터 3m 이상 돌출된 건축물
2. 기둥과 기둥 사이의 거리(기둥의 중심선 사이의 거리를 말하며, 기둥이 없는 경우에는 내력벽과 내력벽의 중심선 사이의 거리를 말한다)가 20m 이상인 건축물
3. 무량판 구조(보가 없이 바닥판·기둥으로 구성된 구조를 말한다. 이하 같다)를 가진 건축물로서 무량판 구조인 어느 하나의 층에 수직으로 배치된 주요구조부의 전체 단면적에서 보가 없이 배치된 기둥의 전체 단면적이 차지하는 비율이 4분의 1 이상인 건축물
4. 특수한 설계·시공·공법 등이 필요한 건축물로서 국토교통부장관이 정하여 고시하는 구조로 된 건축물

정답 | 14 ⑤ 15 ③

제2장 / 건축물의 건축

01 건축법령상 건축허가 제한 등에 관한 설명으로 옳은 것은? 제35회

① 도지사는 지역계획에 특히 필요하다고 인정하더라도 허가 받은 건축물의 착공을 제한할 수 없다.
② 시장·군수·구청장이 건축허가를 제한하려는 경우에는 주민의견을 청취한 후 도시계획위원회의 심의를 거쳐야 한다.
③ 건축허가를 제한하는 경우 제한기간은 2년 이내로 하며, 1회에 한하여 1년 이내의 범위에서 제한기간을 연장할 수 있다.
④ 건축허가를 제한하는 경우 국토교통부장관은 제한 목적·기간 등을 상세하게 정하여 지체 없이 공고해야 한다.
⑤ 건축허가를 제한한 경우 허가권자는 즉시 국토교통부장관에게 보고해야 하며, 보고를 받은 국토교통부장관은 제한 내용이 지나치다고 인정하면 직권으로 이를 해제해야 한다.

톺아보기

오답해설

★ ① 특별시장·광역시장·도지사는 지역계획이나 도시·군계획에 특히 필요하다고 인정하면 시장·군수·구청장의 건축허가나 허가를 받은 건축물의 착공을 제한할 수 있다.
② 국토교통부장관이나 시·도지사는 건축허가나 건축허가를 받은 건축물의 착공을 제한하려는 경우에는 「토지이용규제 기본법」에 따라 주민의견을 청취한 후 건축위원회의 심의를 거쳐야 한다.
④ 국토교통부장관이나 특별시장·광역시장·도지사는 건축허가나 건축물의 착공을 제한하는 경우 제한 목적·기간, 대상 건축물의 용도와 대상 구역의 위치·면적·경계 등을 상세하게 정하여 허가권자에게 통보해야 하며, 통보를 받은 허가권자는 지체 없이 이를 공고해야 한다.
⑤ 특별시장·광역시장·도지사는 시장·군수·구청장의 건축허가나 건축물의 착공을 제한한 경우 즉시 국토교통부장관에게 보고해야 하며, 보고를 받은 국토교통부장관은 제한 내용이 지나치다고 인정하면 해제를 명할 수 있다.

02 건축법령상 건축물 안전영향평가에 관한 설명으로 옳은 것은? 제35회

① 초고층 건축물에 대하여는 건축허가 이후 지체 없이 건축물 안전영향평가를 실시해야 한다.
② 안전영향평가기관은 안전영향평가를 의뢰받은 날부터 30일 이내에 안전영향평가 결과를 허가권자에게 제출해야 하며, 이 기간은 연장될 수 없다.
③ 건축물 안전영향평가 결과는 도시계획위원회의 심의를 거쳐 확정된다.
④ 허가권자는 안전영향평가에 대한 심의 결과 및 안전영향평가 내용을 일간신문에 게재하는 방법으로 공개해야 한다.
⑤ 안전영향평가를 실시해야 하는 건축물이 다른 법률에 따라 구조안전과 인접 대지의 안전에 미치는 영향 등을 평가 받은 경우에는 안전영향평가의 해당항목을 평가 받은 것으로 본다.

톺아보기

오답해설

★ ① 허가권자는 초고층 건축물에 대하여 건축허가를 하기 전에 건축물 안전영향평가를 실시해야 한다.
② 안전영향평가기관은 안전영향평가를 의뢰받은 날부터 30일 이내에 안전영향평가 결과를 허가권자에게 제출해야 한다. 다만, 부득이한 경우에는 20일의 범위에서 그 기간을 한 차례만 연장할 수 있다.
★ ③ 안전영향평가 결과는 건축위원회의 심의를 거쳐 확정한다.
④ 허가권자는 심의 결과 및 안전영향평가 내용을 해당 지방자치단체의 공보에 게시하는 방법에 따라 즉시 공개해야 한다.

더 알아보기

건축물 안전영향평가 허가권자는 다음의 어느 하나에 해당하는 주요 건축물에 대하여 건축허가를 하기 전에 건축물의 구조, 지반 및 풍환경(風環境) 등이 건축물의 구조안전과 인접 대지의 안전에 미치는 영향 등을 평가하는 건축물 안전영향평가를 안전영향평가기관에 의뢰하여 실시해야 한다.
1. 초고층 건축물
2. 16층 이상이고 연면적(하나의 대지에 둘 이상의 건축물을 건축하는 경우에는 각각의 건축물의 연면적을 말한다)이 10만m² 이상인 건축물

정답 | 01 ③ 02 ⑤

03

건축법령상 건축허가대상 건축물을 건축하려는 자가 건축 관련 입지와 규모의 사전결정통지를 받은 경우에 허가를 받은 것으로 볼 수 있는 것을 모두 고른 것은? (단, 미리 관계 행정기관의 장과 사전결정에 관하여 협의한 것을 전제로 함) 제33회

> ㉠ 「농지법」 제34조에 따른 농지전용허가
> ㉡ 「하천법」 제33조에 따른 하천점용허가
> ㉢ 「국토의 계획 및 이용에 관한 법률」 제56조에 따른 개발행위허가
> ㉣ 도시지역 외의 지역에서 「산지관리법」 제14조에 따른 보전산지에 대한 산지전용허가

① ㉠, ㉡
② ㉢, ㉣
③ ㉠, ㉡, ㉢
④ ㉡, ㉢, ㉣
⑤ ㉠, ㉡, ㉢, ㉣

톺아보기

해당하는 것은 ㉠㉡㉢이다.
사전결정통지를 받은 경우에는 다음의 허가를 받거나 신고 또는 협의를 한 것으로 본다.
1. 「국토의 계획 및 이용에 관한 법률」에 따른 개발행위허가
2. 「산지관리법」에 따른 산지전용허가와 산지전용신고, 산지일시사용허가·신고. 다만, 보전산지인 경우에는 도시지역만 해당된다.
3. 「농지법」에 따른 농지전용허가·신고 및 협의
4. 「하천법」에 따른 하천점용허가

04 건축법령상 건축허가 제한에 관한 설명으로 옳은 것은? 제32회

① 국방, 국가유산의 보존 또는 국민경제를 위하여 특히 필요한 경우 주무부장관은 허가권자의 건축허가를 제한할 수 있다.
② 지역계획을 위하여 특히 필요한 경우 도지사는 특별자치시장의 건축허가를 제한할 수 있다.
③ 건축허가를 제한하는 경우 건축허가 제한기간은 2년 이내로 하며, 1회에 한하여 1년 이내의 범위에서 제한기간을 연장할 수 있다.
④ 시·도지사가 건축허가를 제한하는 경우에는 「토지이용규제 기본법」에 따라 주민의견을 청취하거나 건축위원회의 심의를 거쳐야 한다.
⑤ 국토교통부장관은 건축허가를 제한하는 경우 제한목적·기간, 대상 건축물의 용도와 대상 구역의 위치·면적·경계를 지체 없이 공고하여야 한다.

톺아보기

★ ③ 건축허가를 제한하는 경우 건축허가 제한기간은 2년 이내로 하며, 1회에 한하여 1년 이내의 범위에서 제한기간을 연장할 수 있다.

오답해설

★ ① 국토교통부장관은 국토관리를 위하여 특히 필요하다고 인정하거나 주무부장관이 국방, 국가유산의 보존, 환경보전 또는 국민경제를 위하여 특히 필요하다고 인정하여 요청하면 허가권자의 건축허가나 허가를 받은 건축물의 착공을 제한할 수 있다.
★ ② 특별시장·광역시장·도지사는 지역계획이나 도시·군계획에 특히 필요하다고 인정하면 시장·군수·구청장의 건축허가나 허가를 받은 건축물의 착공을 제한할 수 있다.
④ 국토교통부장관이나 시·도지사는 건축허가나 건축허가를 받은 건축물의 착공을 제한하려는 경우에는 「토지이용규제 기본법」에 따라 주민의견을 청취한 후 건축위원회의 심의를 거쳐야 한다.
⑤ 국토교통부장관이나 특별시장·광역시장·도지사는 건축허가나 건축물의 착공을 제한하는 경우 제한목적·기간, 대상 건축물의 용도와 대상 구역의 위치·면적·경계 등을 상세하게 정하여 허가권자에게 통보해야 하며, 통보를 받은 허가권자는 지체 없이 이를 공고해야 한다.

정답 | 03 ③ 04 ③

05 상중하

건축주 甲은 A도 B시에서 연면적이 100m²이고 2층인 건축물을 대수선하고자 「건축법」 제14조에 따른 신고(이하 '건축신고')를 하려고 한다. 건축법령상 이에 관한 설명으로 옳은 것은? (단, 건축법령상 특례 및 조례는 고려하지 않음) 제32회

① 甲이 대수선을 하기 전에 B시장에게 건축신고를 하면 건축허가를 받은 것으로 본다.
② 건축신고를 한 甲이 공사시공자를 변경하려면 B시장에게 허가를 받아야 한다.
③ B시장은 건축신고의 수리 전에 건축물 안전영향평가를 실시하여야 한다.
④ 건축신고를 한 甲이 신고일부터 6개월 이내에 공사에 착수하지 아니하면 그 신고의 효력은 없어진다.
⑤ 건축신고를 한 甲은 건축물의 공사가 끝난 후 사용승인신청 없이 건축물을 사용할 수 있다.

톺아보기

★ ① 연면적이 200m² 미만이고 3층 미만인 건축물을 대수선하려는 경우에는 미리 특별자치시장·특별자치도지사 또는 시장·군수·구청장에게 신고를 하면 건축허가를 받은 것으로 본다.

[오답해설]

★ ② 건축주·설계자·공사시공자 또는 공사감리자를 변경하는 경우에는 신고해야 한다.
③ 허가권자는 다음의 어느 하나에 해당하는 주요건축물에 대하여 건축허가를 하기 전에 건축물 안전영향평가를 안전영향평가기관에 의뢰하여 실시해야 한다.
  1. 초고층 건축물
  2. 16층 이상이고 연면적(하나의 대지에 둘 이상의 건축물을 건축하는 경우에는 각각의 건축물의 연면적을 말한다)이 10만m² 이상인 건축물
★ ④ 건축신고를 한 자가 신고일부터 1년 이내에 공사에 착수하지 않으면 그 신고의 효력은 없어진다.
⑤ 건축주가 법 제11조(건축허가)·제14조(건축신고) 또는 제20조 제1항(가설건축물의 건축허가)에 따라 허가를 받았거나 신고를 한 건축물의 건축공사를 완료한 후 그 건축물을 사용하려면 공사감리자가 작성한 감리완료보고서(공사감리자를 지정한 경우만 해당된다)와 국토교통부령으로 정하는 공사완료도서를 첨부하여 허가권자에게 사용승인을 신청해야 한다.

06 상중하

甲은 A광역시 B구에서 연면적 합계가 5만m²인 허가대상 건축물을 신축하려고 한다. 건축법령상 이에 관한 설명으로 <u>틀린</u> 것은? (단, 건축법령상 특례규정은 고려하지 않음)   제31회

① 甲은 B구청장에게 건축허가를 받아야 한다.
② 甲이 건축허가를 받은 경우에도 해당 대지를 조성하기 위해 높이 5m의 옹벽을 축조하려면 따로 공작물 축조신고를 하여야 한다.
③ 甲이 건축허가를 받은 이후에 공사시공자를 변경하는 경우에는 B구청장에게 신고하여야 한다.
④ 甲이 건축허가를 받은 경우에도 A광역시장은 지역계획에 특히 필요하다고 인정하면 甲의 건축물의 착공을 제한할 수 있다.
⑤ 공사감리자는 필요하다고 인정하면 공사시공자에게 상세시공도면을 작성하도록 요청할 수 있다.

톺아보기

건축허가를 받으면 공작물의 축조신고를 한 것으로 본다.

더 알아보기

관련 인·허가 등의 의제

건축허가를 받거나 건축신고를 하면 다음의 허가 등을 받거나 신고를 한 것으로 본다.
1. 공사용 가설건축물의 축조신고
2. 공작물의 축조신고
3. 「국토의 계획 및 이용에 관한 법률」에 따른 개발행위허가, 시행자의 지정과 실시계획의 인가
4. 「산지관리법」에 따른 산지전용허가와 산지전용신고, 산지일시사용허가·신고. 다만, 보전산지인 경우에는 도시지역만 해당된다.
5. 「사도법」에 따른 사도(私道)개설허가
6. 「농지법」에 따른 농지전용허가·신고 및 협의
7. 「도로법」에 따른 도로관리청이 아닌 자에 대한 도로공사 시행의 허가, 도로와 다른 시설의 연결허가, 도로의 점용허가
8. 「하천법」에 따른 하천점용 등의 허가
9. 「하수도법」에 따른 배수설비(配水設備)의 설치신고, 개인하수처리시설의 설치신고
10. 「수도법」에 따라 수도사업자가 지방자치단체인 경우 그 지방자치단체가 정한 조례에 따른 상수도 공급신청
11. 「전기안전관리법」에 따른 자가용전기설비 공사계획의 인가 또는 신고
12. 「물환경보전법」에 따른 수질오염물질 배출시설 설치의 허가나 신고
13. 「대기환경보전법」에 따른 대기오염물질 배출시설 설치의 허가나 신고
… (이하 23.까지 생략)

정답 | 05 ① 06 ②

07

건축법령상 신고대상 가설건축물인 전시를 위한 견본주택을 축조하는 경우에 관한 설명으로 옳은 것을 모두 고른 것은? (단, 건축법령상 특례규정은 고려하지 않음)

제31회

> ㉠ 「건축법」 제44조(대지와 도로의 관계)는 적용된다.
> ㉡ 견본주택의 존치기간은 해당 주택의 분양완료일까지이다.
> ㉢ 견본주택이 2층 이상인 경우 공사감리자를 지정하여야 한다.

① ㉠
② ㉢
③ ㉠, ㉡
④ ㉡, ㉢
⑤ ㉠, ㉡, ㉢

톺아보기

옳은 것은 ㉠이다.
★ ㉡ 신고해야 하는 가설건축물의 존치기간은 3년 이내로 한다.
㉢ 가설건축물을 건축하거나 축조할 때에는 건축물의 공사감리에 관한 규정을 적용하지 않는다.

08

건축법령상 건축신고를 하면 건축허가를 받은 것으로 볼 수 있는 경우에 해당하지 않는 것은?

제29회

① 연면적 150m²인 3층 건축물의 피난계단 증설
② 연면적 180m²인 2층 건축물의 대수선
③ 연면적 270m²인 3층 건축물의 방화벽 수선
④ 1층의 바닥면적 50m², 2층의 바닥면적 30m²인 2층 건축물의 신축
⑤ 바닥면적 100m²인 단층 건축물의 신축

톺아보기

★ 건축신고를 하면 건축허가를 받은 것으로 볼 수 있는 경우에 해당하는 것은 연면적이 200m² 미만이고 3층 미만인 건축물의 대수선이다. 따라서, 연면적 150m²인 3층 건축물의 피난계단 증설은 건축신고가 아니라 건축허가의 대상이다.

09 건축법령상 건축허가의 사전결정에 관한 설명으로 틀린 것은? 제28회

① 사전결정을 할 수 있는 자는 건축허가권자이다.
② 사전결정 신청사항에는 건축허가를 받기 위하여 신청자가 고려하여야 할 사항이 포함될 수 있다.
③ 사전결정의 통지로써 「국토의 계획 및 이용에 관한 법률」에 따른 개발행위허가가 의제되는 경우 허가권자는 사전결정을 하기에 앞서 관계 행정기관의 장과 협의하여야 한다.
④ 사전결정신청자는 건축위원회 심의와 「도시교통정비 촉진법」에 따른 교통영향평가서의 검토를 동시에 신청할 수 있다.
⑤ 사전결정신청자는 사전결정을 통지받은 날부터 2년 이내에 착공신고를 하여야 하며, 이 기간에 착공신고를 하지 아니하면 사전결정의 효력이 상실된다.

톺아보기

★ 사전결정신청자는 사전결정을 통지받은 날부터 2년 이내에 건축허가를 신청해야 하며, 이 기간에 건축허가를 신청하지 않으면 사전결정의 효력이 상실된다.

정답 | 07 ① 08 ① 09 ⑤

10 건축법령상 건축허가 및 건축신고 등에 관한 설명으로 틀린 것은? (단, 조례는 고려하지 않음)

제25회

① 바닥면적이 각 80m²인 3층의 건축물을 신축하려는 자는 건축허가의 신청 전에 허가권자에게 그 건축의 허용성에 대한 사전결정을 신청할 수 있다.
② 연면적의 10분의 3을 증축하여 연면적의 합계가 10만m²가 되는 창고를 광역시에 건축하려는 자는 광역시장의 허가를 받아야 한다.
③ 건축물의 건축허가를 받으면「국토의 계획 및 이용에 관한 법률」에 따른 개발행위허가를 받은 것으로 본다.
④ 연면적의 합계가 200m²인 건축물의 높이를 2m 증축할 경우 건축신고를 하면 건축허가를 받은 것으로 본다.
⑤ 건축신고를 한 자가 신고일부터 1년 이내에 공사에 착수하지 아니하면 그 신고의 효력은 없어진다.

톺아보기

★ 층수가 21층 이상이거나 연면적의 합계가 10만m² 이상인 건축물(연면적의 10분의 3 이상을 증축하여 층수가 21층 이상으로 되거나 연면적의 합계가 10만m² 이상으로 되는 경우를 포함한다)을 특별시나 광역시에 건축하려면 특별시장이나 광역시장의 허가를 받아야 한다. 다만, 다음의 어느 하나에 해당하는 건축물의 건축은 제외한다.
  1. 공장
  2. 창고
  3. 지방건축위원회의 심의를 거친 건축물(특별시 또는 광역시의 건축조례로 정하는 바에 따라 해당 지방건축위원회의 심의사항으로 할 수 있는 건축물에 한정하며, 초고층건축물은 제외한다)

11 건축법령상 건축허가 및 건축신고에 관한 설명으로 틀린 것은? 제24회 수정

① 수질을 보호하기 위하여 도지사가 지정·공고한 구역에 시장·군수가 3층의 관광호텔의 건축을 허가하기 위해서는 도지사의 사전승인을 받아야 한다.
② 숙박시설에 해당하는 건축물의 건축을 허가하는 경우 건축물의 용도·규모 또는 형태가 주거환경이나 교육환경 등 주변환경을 고려할 때 부적합하다고 인정되면 건축위원회의 심의를 거쳐 건축허가를 하지 않을 수 있다.
③ 특별시장·광역시장·도지사는 시장·군수·구청장의 건축허가를 제한한 경우 즉시 국토교통부장관에게 보고하여야 한다.
④ 연면적이 180m²이고 2층인 건축물의 대수선은 건축신고의 대상이다.
⑤ 분양을 목적으로 하는 공동주택의 건축주가 그 대지를 사용할 수 있는 권원을 확보한 경우 해당 대지의 소유권을 확보하지 않아도 건축허가를 받을 수 있다.

톺아보기

건축주가 대지의 소유권을 확보하지 못했으나 그 대지를 사용할 수 있는 권원을 확보한 경우 건축허가를 받을 수 있다. 다만, 분양을 목적으로 하는 공동주택은 제외한다.

정답 | 10 ② 11 ⑤

12 상중하

건축법령상 건축공사현장 안전관리 예치금에 관한 조문의 내용이다. (   )에 들어갈 내용을 바르게 나열한 것은? (단, 적용제외는 고려하지 않음) 제30회

> 허가권자는 연면적이 (㉠)m² 이상인 건축물로서 해당 지방자치단체의 조례로 정하는 건축물에 대하여는 착공신고를 하는 건축주에게 장기간 건축물의 공사현장이 방치되는 것에 대비하여 미리 미관개선과 안전관리에 필요한 비용을 건축공사비의 (㉡)%의 범위에서 예치하게 할 수 있다.

① ㉠: 1천, ㉡: 1
② ㉠: 1천, ㉡: 3
③ ㉠: 1천, ㉡: 5
④ ㉠: 3천, ㉡: 3
⑤ ㉠: 3천, ㉡: 5

톺아보기

허가권자는 연면적이 '1천'm² 이상인 건축물로서 해당 지방자치단체의 조례로 정하는 건축물에 대하여는 착공신고를 하는 건축주에게 장기간 건축물의 공사현장이 방치되는 것에 대비하여 미리 미관개선과 안전관리에 필요한 비용을 건축공사비의 '1'%의 범위에서 예치하게 할 수 있다.

13 건축법령상 건축물의 사용승인에 관한 설명으로 옳은 것은?

제20회

① 건축주가 건축공사완료 후 그 건축물을 사용하려면 건축공사완료 이전에 공사감리자에게 그 건축물 전체의 사용승인을 신청하여야 한다.
② 건축주가 사용승인을 받은 경우에는 「대기환경보전법」에 따른 대기오염물질 배출시설의 가동개시 신고를 한 것으로 본다.
③ 허가권자가 법령이 정한 기간 내에 사용승인서를 교부하지 않은 경우 건축주는 그 건축물을 사용하거나 사용하게 할 수 없다.
④ 건축물의 사용승인신청을 위해서는 공사시공자가 작성한 감리중간보고서와 공사예정도서를 첨부하여야 한다.
⑤ 사용승인서의 교부 전에 공사가 완료된 부분이 건폐율, 용적률 등의 법정기준에 적합한 경우 허가권자는 직권으로 임시사용을 승인할 수 있으며 그 기간은 1년 이내로 하여야 한다.

톺아보기

오답해설
① 건축주는 공사완료 후 건축물을 사용하기 전에 허가권자에게 사용승인을 신청해야 한다.
③ 허가권자가 법령이 정한 기간 내에 사용승인서를 교부하지 않은 경우에는 사용승인서를 교부하기 전에 건축물을 사용할 수 있다.
④ 공사감리자가 작성한 감리완료보고서(공사감리자를 지정한 경우만 해당된다)와 국토교통부령으로 정하는 공사완료도서를 첨부해야 한다.
⑤ 허가권자는 임시사용승인신청서를 접수한 경우에는 공사가 완료된 부분이 건폐율, 용적률, 설비, 피난·방화 등 국토교통부령으로 정하는 기준에 적합한 경우에만 임시사용을 승인할 수 있으며, 임시사용승인의 기간은 2년 이내로 한다. 다만, 허가권자는 대형 건축물 또는 암반공사 등으로 인하여 공사기간이 긴 건축물에 대하여는 그 기간을 연장할 수 있다.

정답 | 12 ① 13 ②

14 상중하

건축법령상 건축물대장에 건축물과 그 대지의 현황 및 건축물의 구조내력에 관한 정보를 적어서 보관하고 이를 지속적으로 정비하여야 하는 경우를 모두 고른 것은? (단, 가설건축물은 제외함)

제32회

> ㉠ 허가권자가 건축물의 사용승인서를 내준 경우
> ㉡ 건축허가 또는 건축신고대상 건축물 외의 건축물의 공사가 끝난 후 기재요청이 있는 경우
> ㉢ 「집합건물의 소유 및 관리에 관한 법률」에 따른 건축물대장의 신규등록 신청이 있는 경우

① ㉠
② ㉡
③ ㉠, ㉢
④ ㉡, ㉢
⑤ ㉠, ㉡, ㉢

톺아보기

해당하는 경우는 ㉠㉡㉢ 모두이다.

더 알아보기

건축물대장

특별자치시장·특별자치도지사 또는 시장·군수·구청장은 건축물의 소유·이용 및 유지·관리 상태를 확인하거나 건축정책의 기초 자료로 활용하기 위하여 다음의 어느 하나에 해당하면 건축물대장에 건축물과 그 대지의 현황 및 국토교통부령으로 정하는 건축물의 구조내력(構造耐力)에 관한 정보를 적어서 보관하고 이를 지속적으로 정비해야 한다.
1. 사용승인서를 내준 경우
2. 건축허가대상 건축물(건축신고대상 건축물을 포함한다) 외의 건축물의 공사를 끝낸 후 기재를 요청한 경우
3. 그 밖에 대통령령으로 정하는 경우: 「집합건물의 소유 및 관리에 관한 법률」에 따른 건축물대장의 신규등록 및 변경등록의 신청이 있는 경우 등

정답 | 14 ⑤

제3장 / 대지와 도로

기본서 p.411~419

01 건축법령상 대지의 조경 등의 조치를 하지 아니할 수 있는 건축물이 <u>아닌</u> 것은? (단, 가설건축물은 제외하고, 건축법령상 특례, 기타 강화·완화조건 및 조례는 고려하지 않음) 제35회

상중**하**

① 녹지지역에 건축하는 건축물
② 면적 4천m²인 대지에 건축하는 공장
③ 연면적의 합계가 1천m²인 공장
④ 국토의 계획 및 이용에 관한 법률에 따라 지정된 관리지역(지구단위계획구역으로 지정된 지역이 아님)의 건축물
⑤ 주거지역에 건축하는 연면적의 합계가 1,500m²인 물류시설

톺아보기

★ 연면적의 합계가 1,500m² 미만인 물류시설(주거지역 또는 상업지역에 건축하는 것은 제외한다)은 조경 등의 조치를 하지 않을 수 있다.

더 알아보기

조경의무면제

1. 녹지지역에 건축하는 건축물
2. 「국토의 계획 및 이용에 관한 법률」에 따라 지정된 자연환경보전지역·농림지역 또는 관리지역(지구단위계획구역으로 지정된 지역은 제외한다)의 건축물
3. 면적 5천m² 미만인 대지에 건축하는 공장
4. 연면적의 합계가 1,500m² 미만인 공장
5. 「산업집적활성화 및 공장설립에 관한 법률」에 따른 산업단지의 공장
6. 축사
7. 허가대상 가설건축물
8. 연면적의 합계가 1,500m² 미만인 물류시설(주거지역 또는 상업지역에 건축하는 것은 제외한다)로서 국토교통부령으로 정하는 것
9. 대지에 염분이 함유되어 있는 경우 또는 건축물 용도의 특성상 조경 등의 조치를 하기가 곤란하거나 조경 등의 조치를 하는 것이 불합리한 경우로서 건축조례로 정하는 건축물 등

정답 | 01 ⑤

02 건축법령상 공개공지 등에 관한 설명으로 옳은 것은? (단, 건축법령상 특례, 기타 강화·완화조건은 고려하지 않음)
제35회

① 노후 산업단지의 정비가 필요하다고 인정되어 지정·공고된 지역에는 공개공지 등을 설치할 수 없다.
② 공개공지는 필로티의 구조로 설치할 수 없다.
③ 공개공지 등을 설치할 때에는 모든 사람들이 환경친화적으로 편리하게 이용할 수 있도록 긴 의자 또는 조경시설 등 건축조례로 정하는 시설을 설치해야 한다.
④ 공개공지 등에는 건축조례로 정하는 바에 따라 연간 최장 90일의 기간 동안 주민들을 위한 문화행사를 열거나 판촉활동을 할 수 있다.
⑤ 울타리나 담장 등 시설의 설치 또는 출입구의 폐쇄 등을 통하여 공개공지 등의 출입을 제한한 경우 지체 없이 관할 시장·군수·구청장에게 신고해야 한다.

톺아보기

오답해설

① 다음의 어느 하나에 해당하는 지역의 환경을 쾌적하게 조성하기 위하여 대통령령으로 정하는 용도와 규모의 건축물은 일반이 사용할 수 있도록 대통령령으로 정하는 기준에 따라 소규모 휴식시설 등의 공개공지 또는 공개공간(이하 '공개공지 등'이라 한다)을 설치해야 한다.
  1. 일반주거지역, 준주거지역
  2. 상업지역
  3. 준공업지역
  4. 특별자치시장·특별자치도지사 또는 시장·군수·구청장이 도시화의 가능성이 크거나 노후 산업단지의 정비가 필요하다고 인정하여 지정·공고하는 지역

★ ② 공개공지는 필로티의 구조로 설치할 수 있다.
④ 공개공지 등에는 연간 60일 이내의 기간 동안 건축조례로 정하는 바에 따라 주민들을 위한 문화행사를 열거나 판촉활동을 할 수 있다.
⑤ 누구든지 공개공지 등에 물건을 쌓아놓거나 출입을 차단하는 시설을 설치하는 등 공개공지 등의 활용을 저해하는 다음의 행위를 해서는 안 된다.
  1. 공개공지 등의 일정 공간을 점유하여 영업을 하는 행위
  2. 공개공지 등의 이용에 방해가 되는 행위로서 다음의 행위
     • 공개공지 등에 긴 의자 또는 조경시설 등 건축조례로 정하는 시설 외의 시설물을 설치하는 행위
     • 공개공지 등에 물건을 쌓아 놓는 행위
  3. 울타리나 담장 등의 시설을 설치하거나 출입구를 폐쇄하는 등 공개공지 등의 출입을 차단하는 행위
  4. 공개공지 등과 그에 설치된 편의시설을 훼손하는 행위

03 상중하

건축법령상 대지에 공개공지 또는 공개공간을 설치해야 하는 건축물은? (단, 건축물의 용도로 쓰는 바닥면적의 합계는 5천m² 이상이며, 건축법령상 특례 및 조례는 고려하지 않음)

제34회

① 일반주거지역에 있는 초등학교
② 준주거지역에 있는 「농수산물 유통 및 가격안정에 관한 법률」에 따른 농수산물유통시설
③ 일반상업지역에 있는 관망탑
④ 자연녹지지역에 있는 「청소년활동진흥법」에 따른 유스호스텔
⑤ 준공업지역에 있는 여객용 운수시설

톺아보기

준공업지역에 있는 여객용 운수시설은 공개공지 등을 설치해야 하는 건축물이다.

더 알아보기

공개공지 등의 설치대상

다음의 어느 하나에 해당하는 지역의 환경을 쾌적하게 조성하기 위하여 대통령령으로 정하는 용도와 규모의 건축물은 일반이 사용할 수 있도록 소규모 휴식시설 등의 공개공지 등을 설치해야 한다.

설치대상 지역	설치대상 건축물
1. 일반주거지역, 준주거지역 2. 상업지역 3. 준공업지역 4. 특별자치시장·특별자치도지사 또는 시장·군수·구청장이 도시화의 가능성이 크다고 인정하여 지정·공고하는 지역	1. 문화 및 집회시설, 종교시설, 판매시설(농수산물 유통시설은 제외), 운수시설(여객용 시설만 해당), 업무시설 및 숙박시설로서 해당 용도로 쓰는 바닥면적의 합계가 5천m² 이상인 건축물 2. 그 밖에 다중이 이용하는 시설로서 건축조례로 정하는 건축물

정답 | 02 ③ 03 ⑤

04 상중하

건축법령상 건축선과 대지의 면적에 관한 설명이다. (   )에 들어갈 내용으로 옳은 것은? (단, 허가권자의 건축선의 별도지정, 「건축법」 제3조에 따른 적용제외, 건축법령상 특례 및 조례는 고려하지 않음) 제34회

> 「건축법」 제2조 제1항 제11호에 따른 소요너비에 못 미치는 너비의 도로인 경우에는 그 중심선으로부터 그 (㉠)을 건축선으로 하되, 그 도로의 반대쪽에 하천이 있는 경우에는 그 하천이 있는 쪽의 도로경계선에서 (㉡)을 건축선으로 하며, 그 건축선과 도로 사이의 대지면적은 건축물의 대지면적산정시 (㉢)한다.

① ㉠: 소요너비에 해당하는 수평거리만큼 물러난 선,
　㉡: 소요너비에 해당하는 수평거리의 선, ㉢: 제외
② ㉠: 소요너비의 2분의 1의 수평거리만큼 물러난 선,
　㉡: 소요너비의 2분의 1의 수평거리의 선, ㉢: 제외
③ ㉠: 소요너비의 2분의 1의 수평거리만큼 물러난 선,
　㉡: 소요너비에 해당하는 수평거리의 선, ㉢: 제외
④ ㉠: 소요너비의 2분의 1의 수평거리만큼 물러난 선,
　㉡: 소요너비에 해당하는 수평거리의 선, ㉢: 포함
⑤ ㉠: 소요너비에 해당하는 수평거리만큼 물러난 선,
　㉡: 소요너비의 2분의 1의 수평거리의 선, ㉢: 포함

톺아보기

★ 「건축법」 제2조 제1항 제11호에 따른 소요너비에 못 미치는 너비의 도로인 경우에는 그 중심선으로부터 그 '소요너비의 2분의 1의 수평거리만큼 물러난 선'을 건축선으로 하되, 그 도로의 반대쪽에 하천이 있는 경우에는 그 하천이 있는 쪽의 도로경계선에서 '소요너비에 해당하는 수평거리의 선'을 건축선으로 하며, 그 건축선과 도로 사이의 대지면적은 건축물의 대지면적산정시 '제외'한다.

05 건축법령상 대지면적이 2천m²인 대지에 건축하는 경우 조경 등의 조치를 하여야 하는 건축물은? (단, 건축법령상 특례규정 및 조례는 고려하지 않음) 제31회

① 상업지역에 건축하는 물류시설
② 2층의 공장
③ 도시·군계획시설에서 허가를 받아 건축하는 가설건축물
④ 녹지지역에 건축하는 기숙사
⑤ 연면적의 합계가 1천m²인 축사

톺아보기

★ 주거지역 또는 상업지역에 건축하는 물류시설은 조경 등의 조치를 해야 한다.

06 건축법령상 도시지역에 건축하는 건축물의 대지와 도로 등에 관한 설명으로 틀린 것은? 제25회

① 연면적의 합계가 2천m²인 공장의 대지는 너비 6m 이상의 도로에 4m 이상 접하여야 한다.
② 쓰레기로 매립된 토지에 건축물을 건축하는 경우 성토, 지반개량 등 필요한 조치를 하여야 한다.
③ 군수는 건축물의 위치나 환경을 정비하기 위하여 필요하다고 인정하면 4m 이하의 범위에서 건축선을 따로 지정할 수 있다.
④ 담장의 지표 위 부분은 건축선의 수직면을 넘어서는 아니 된다.
⑤ 공장의 주변에 허가권자가 인정한 공지인 광장이 있는 경우 연면적의 합계가 1천m²인 공장의 대지는 도로에 2m 이상 접하지 않아도 된다.

톺아보기

★ 연면적의 합계가 2천m²(공장인 경우에는 3천m²) 이상인 건축물(축사, 작물 재배사, 그 밖에 이와 비슷한 건축물로서 건축조례로 정하는 규모의 건축물은 제외한다)의 대지는 너비 6m 이상의 도로에 4m 이상 접해야 한다.

정답 | 04 ③ 05 ① 06 ①

07

건축법령상 공개공지 등을 확보하여야 하는 건축물의 공개공지 등에 관한 설명으로 ( )에 알맞은 것을 바르게 나열한 것은?

제24회 수정

- 공개공지 등의 면적은 대지면적의 (㉠) 이하의 범위에서 건축조례로 정한다.
- 건축물에 공개공지 등을 설치하는 경우에는 해당 지역에 적용하는 용적률의 (㉡) 이하의 범위에서 대지면적에 대한 공개공지 등 면적비율에 따라 용적률을 완화하여 적용할 수 있다.

① ㉠: 100분의 10, ㉡: 1.1배
② ㉠: 100분의 10, ㉡: 1.2배
③ ㉠: 100분의 10, ㉡: 1.5배
④ ㉠: 100분의 20, ㉡: 1.1배
⑤ ㉠: 100분의 20, ㉡: 1.2배

톺아보기

★ • 공개공지 등의 면적은 대지면적의 '100분의 10' 이하의 범위에서 건축조례로 정한다.
★ • 건축물에 공개공지 등을 설치하는 경우에는 해당 지역에 적용하는 용적률의 '1.2배' 이하의 범위에서 대지면적에 대한 공개공지 등 면적비율에 따라 용적률을 완화하여 적용할 수 있다.

08

건축법령상 건축물이 있는 대지는 조례로 정하는 면적에 못 미치게 분할할 수 없다. 다음 중 조례로 정할 수 있는 최소 분할면적 기준이 가장 작은 용도지역은? (단, 「건축법」 제3조에 따른 적용제외는 고려하지 않음)

제24회

① 제2종 전용주거지역
② 일반상업지역
③ 근린상업지역
④ 준공업지역
⑤ 생산녹지지역

톺아보기

★ 건축물이 있는 대지는 대통령령으로 정하는 다음의 어느 하나에 해당하는 규모 이상의 범위에서 해당 지방자치단체의 조례로 정하는 면적에 못 미치게 분할할 수 없다.
1. 주거지역: 60m²
2. 상업지역: 150m²
3. 공업지역: 150m²
4. 녹지지역: 200m²
5. 이외의 지역: 60m²

정답 | 07 ② 08 ①

제4장 / 구조·재료 및 건축설비

기본서 p.420~430

01 상중하

건축법령상 건축허가 대상 건축물로서 내진능력을 공개해야 하는 건축물에 해당하지 **않는** 것은? (단, 소규모건축구조기준을 적용한 건축물이 아님) 제35회

① 높이가 13m인 건축물
② 처마높이가 9m인 건축물
③ 기둥과 기둥 사이의 거리가 10m인 건축물
④ 건축물의 용도 및 규모를 고려한 중요도가 높은 건축물로서 국토교통부령으로 정하는 건축물
⑤ 국가적 문화유산으로 보존할 가치가 있는 것으로 문화체육관광부령으로 정하는 건축물

톺아보기

국가적 문화유산으로 보존할 가치가 있는 건축물로서 국토교통부령으로 정하는 것

더 알아보기

내진능력 공개 대상 건축물(= 구조안전 확인서류의 제출 대상 건축물)

1. 층수가 2층(목구조 건축물의 경우에는 3층) 이상인 건축물
2. 연면적이 200m²(목구조 건축물의 경우에는 500m²) 이상인 건축물
3. 높이가 13m 이상인 건축물
4. 처마높이가 9m 이상인 건축물
5. 기둥과 기둥 사이의 거리가 10m 이상인 건축물
6. 건축물의 용도 및 규모를 고려한 중요도가 높은 건축물로서 국토교통부령으로 정하는 건축물
7. 국가적 문화유산으로 보존할 가치가 있는 건축물로서 국토교통부령으로 정하는 것
8. 다음의 특수구조 건축물
   • 한쪽 끝은 고정되고 다른 끝은 지지(支持)되지 않은 구조로 된 보·차양 등이 외벽의 중심선으로부터 3m 이상 돌출된 건축물
   • 무량판 구조를 가진 건축물로서 무량판 구조인 어느 하나의 층에 수직으로 배치된 주요구조부의 전체 단면적에서 보가 없이 배치된 기둥의 전체단면적이 차지하는 비율이 4분의 1 이상인 건축물
   • 특수한 설계·시공·공법 등이 필요한 건축물로서 국토교통부장관이 정하여 고시하는 구조로 된 건축물
9. 단독주택 및 공동주택

정답 | 01 ⑤

02 상중하

건축법령상 건축허가를 받은 건축물의 착공신고시 허가권자에 대하여 구조안전 확인서류의 제출이 필요한 대상 건축물의 기준으로 옳은 것을 모두 고른 것은? (단, 표준설계도서에 따라 건축하는 건축물이 아니며, 건축법령상 특례는 고려하지 않음)

제34회

> ㉠ 건축물의 높이: 13m 이상
> ㉡ 건축물의 처마높이: 7m 이상
> ㉢ 건축물의 기둥과 기둥 사이의 거리: 10m 이상

① ㉠   ② ㉡   ③ ㉠, ㉢
④ ㉡, ㉢   ⑤ ㉠, ㉡, ㉢

톺아보기

구조안전 확인서류의 제출이 필요한 대상 건축물의 기준으로 옳은 것은 ㉠㉢이다.
★ ㉡ 처마높이가 9m 이상인 건축물이다.

더 알아보기

구조안전 확인서류의 제출

다음의 어느 하나에 해당하는 건축물의 건축주는 해당 건축물의 설계자로부터 구조안전의 확인서류를 받아 착공신고를 하는 때에 그 확인서류를 허가권자에게 제출해야 한다. 다만, 표준설계도서에 따라 건축하는 건축물은 제외한다.

1. 층수가 2층(목구조 건축물의 경우에는 3층) 이상인 건축물
2. 연면적이 200m²(목구조 건축물의 경우에는 500m²) 이상인 건축물. 다만, 창고, 축사, 작물 재배사는 제외한다.
3. 높이가 13m 이상인 건축물
4. 처마높이가 9m 이상인 건축물
5. 기둥과 기둥 사이의 거리가 10m 이상인 건축물
6. 건축물의 용도 및 규모를 고려한 중요도가 높은 건축물로서 국토교통부령으로 정하는 건축물
7. 국가적 문화유산으로 보존할 가치가 있는 건축물로서 국토교통부령으로 정하는 것
8. 다음의 특수구조 건축물
    - 한쪽 끝은 고정되고 다른 끝은 지지(支持)되지 않은 구조로 된 보·차양 등이 외벽의 중심선으로부터 3m 이상 돌출된 건축물
    - 무량판 구조를 가진 건축물로서 무량판 구조인 어느 하나의 층에 수직으로 배치된 주요구조부의 전체 단면적에서 보가 없이 배치된 기둥의 전체단면적이 차지하는 비율이 4분의 1 이상인 건축물
    - 특수한 설계·시공·공법 등이 필요한 건축물로서 국토교통부장관이 정하여 고시하는 구조로 된 건축물
9. 단독주택 및 공동주택

03

건축법령상 구조 안전 확인 건축물 중 건축주가 착공신고시 구조 안전 확인서류를 제출해야 하는 건축물이 아닌 것은? (단, 「건축법」상 적용 제외 및 특례는 고려하지 않음)

제29회

① 단독주택
② 처마높이가 10m인 건축물
③ 기둥과 기둥 사이의 거리가 10m인 건축물
④ 연면적이 330m²인 2층의 목구조 건축물
⑤ 다세대주택

톺아보기

3층 이상이거나 연면적이 500m² 이상인 목구조 건축물이다.

04

건축법령상 고층건축물의 피난시설에 관한 내용으로 ( )에 들어갈 것을 옳게 연결한 것은?

제27회

> 층수가 63층이고 높이가 190m인 (㉠)건축물에는 피난층 또는 지상으로 통하는 직통계단과 직접 연결되는 피난안전구역을 지상층으로부터 최대 (㉡)개 층마다 (㉢)개소 이상 설치하여야 한다.

① ㉠: 준고층, ㉡: 20, ㉢: 1
② ㉠: 준고층, ㉡: 30, ㉢: 2
③ ㉠: 초고층, ㉡: 20, ㉢: 1
④ ㉠: 초고층, ㉡: 30, ㉢: 1
⑤ ㉠: 초고층, ㉡: 30, ㉢: 2

톺아보기

'초고층'건축물에는 피난층 또는 지상으로 통하는 직통계단과 직접 연결되는 피난안전구역을 지상층으로부터 최대 '30'개 층마다 '1'개소 이상 설치해야 한다.

정답 | 02 ③ 03 ④ 04 ④

제5장 / 지역 및 지구의 건축물

기본서 p.431~440

01 건축법령상 지상 11층, 지하 3층인 하나의 건축물이 다음 조건을 갖추고 있는 경우 건축물의 용적률은? (단, 제시된 조건 이외의 다른 조건이나 제한 및 건축법령상 특례는 고려하지 않음)

제34회

- 대지면적은 1,500m²임
- 각 층의 바닥면적은 1,000m²로 동일함
- 지상 1층 중 500m²는 건축물의 부속용도인 주차장으로, 나머지 500m²는 제2종 근린생활시설로 사용함
- 지상 2층에서 11층까지는 업무시설로 사용함
- 지하 1층은 제1종 근린생활시설로, 지하 2층과 지하 3층은 주차장으로 사용함

① 660%　　② 700%　　③ 800%
④ 900%　　⑤ 1,100%

톺아보기

용적률은 '(연면적 / 대지면적) × 100'이다. 용적률을 산정할 때에는 지하층의 면적, 지상층의 주차용(해당 건축물의 부속용도인 경우에 한한다)으로 쓰는 면적은 연면적에서 제외한다. 문제의 건축물에서 지하 1·2·3층과 지상 1층의 주차장 면적은 연면적에서 제외하므로 지상 1층의 제2종 근린생활시설로 쓰는 면적(500m²)과 지상 2층부터 11층까지의 바닥면적의 합계(10개 층 × 1,000m² = 10,000m²)를 더하면 연면적은 10,500m²가 된다. 따라서 용적률은 (10,500m² / 1,500m²) × 100 = 700%이다.

02 건축법령상 건축물의 면적 등의 산정방법에 관한 설명으로 틀린 것은? (단, 건축법령상 특례는 고려하지 않음)

제33회

① 공동주택으로서 지상층에 설치한 조경시설의 면적은 바닥면적에 산입하지 않는다.
② 지하주차장의 경사로의 면적은 건축면적에 산입한다.
③ 태양열을 주된 에너지원으로 이용하는 주택의 건축면적은 건축물의 외벽 중 내측 내력벽의 중심선을 기준으로 한다.
④ 용적률을 산정할 때에는 지하층의 면적은 연면적에 산입하지 않는다.
⑤ 층의 구분이 명확하지 아니한 건축물의 높이는 4m마다 하나의 층으로 보고 그 층수를 산정한다.

톺아보기

지하주차장의 경사로의 면적은 건축면적에 산입하지 않는다.

03 건축법령상 건축물의 면적 등의 산정방법으로 옳은 것은?

제31회

① 공동주택으로서 지상층에 설치한 생활폐기물 보관시설의 면적은 바닥면적에 산입한다.
② 지하층에 설치한 기계실, 전기실의 면적은 용적률을 산정할 때 연면적에 산입한다.
③ 「건축법」상 건축물의 높이제한 규정을 적용할 때, 건축물의 1층 전체에 필로티가 설치되어 있는 경우 건축물의 높이는 필로티의 층고를 제외하고 산정한다.
④ 건축물의 층고는 방의 바닥구조체 윗면으로부터 위층 바닥구조체의 아랫면까지의 높이로 한다.
⑤ 건축물이 부분에 따라 그 층수가 다른 경우에는 그중 가장 많은 층수와 가장 적은 층수를 평균하여 반올림한 수를 그 건축물의 층수로 본다.

톺아보기

오답해설
★ ① 공동주택으로서 지상층에 설치한 기계실, 전기실, 어린이놀이터, 조경시설 및 생활폐기물 보관시설의 면적은 바닥면적에 산입하지 않는다.
★ ② 지하층의 면적은 용적률을 산정할 때에는 연면적에서 제외한다.
④ 층고는 방의 바닥구조체 윗면으로부터 위층 바닥구조체의 윗면까지의 높이로 한다.
★ ⑤ 건축물이 부분에 따라 그 층수가 다른 경우에는 그중 가장 많은 층수를 그 건축물의 층수로 본다.

정답 | 01 ② 02 ② 03 ③

04 건축법령상 건축물 바닥면적의 산정방법에 관한 설명으로 틀린 것은? 제29회

① 벽·기둥의 구획이 없는 건축물은 그 지붕 끝부분으로부터 수평거리 1m를 후퇴한 선으로 둘러싸인 수평투영면적으로 한다.
② 승강기탑은 바닥면적에 산입하지 아니한다.
③ 필로티 부분은 공동주택의 경우에는 바닥면적에 산입한다.
④ 공동주택으로서 지상층에 설치한 조경시설은 바닥면적에 산입하지 아니한다.
⑤ 건축물의 노대의 바닥은 난간 등의 설치 여부에 관계없이 노대의 면적에서 노대가 접한 가장 긴 외벽에 접한 길이에 1.5m를 곱한 값을 뺀 면적을 바닥면적에 산입한다.

톺아보기

★ 필로티나 그 밖에 이와 비슷한 구조의 부분은 그 부분이 공중의 통행이나 차량의 통행 또는 주차에 전용되는 경우와 공동주택의 경우에는 바닥면적에 산입하지 않는다.

05 건축법령상 지역 및 지구의 건축물에 관한 설명으로 옳은 것은? (단, 조례 및 특별건축구역에 대한 특례는 고려하지 않음) 제26회 수정

① 하나의 건축물이 방화벽을 경계로 방화지구와 그 밖의 구역에 속하는 부분으로 구획되는 경우, 건축물 전부에 대하여 방화지구 안의 건축물에 관한 「건축법」의 규정을 적용한다.
② 대지가 지역·지구(녹지지역과 방화지구는 제외한다) 또는 구역에 걸치는 경우에는 그 건축물과 대지의 전부에 대하여 대지의 과반(過半)이 속하는 지역·지구 또는 구역 안의 건축물 및 대지에 관한 「건축법」의 규정을 적용한다.
③ 대지가 녹지지역과 관리지역에 걸치면서 녹지지역 안의 건축물이 취락지구에 걸치는 경우에는 건축물과 대지 전부에 대해 취락지구에 관한 「건축법」의 규정을 적용한다.
④ 시장·군수는 도시의 관리를 위하여 필요하면 가로구역별 건축물의 높이를 시·군의 조례로 정할 수 있다.
⑤ 상업지역에서 건축물을 건축하는 경우에는 일조의 확보를 위하여 건축물을 인접 대지경계선으로부터 1.5m 이상 띄어 건축하여야 한다.

톺아보기

오답해설

★ ① 하나의 건축물이 방화지구와 그 밖의 구역에 걸치는 경우에는 그 전부에 대하여 방화지구 안의 건축물에 관한「건축법」의 규정을 적용한다. 다만, 건축물의 방화지구에 속한 부분과 그 밖의 구역에 속한 부분의 경계가 방화벽으로 구획되는 경우 그 밖의 구역에 있는 부분에 대하여는 그러하지 아니하다.
③ 취락지구의 특례에 관한 규정은 없다.
④ 특별시장이나 광역시장은 도시의 관리를 위하여 필요하면 가로구역별 건축물의 높이를 특별시나 광역시의 조례로 정할 수 있다.
⑤ 전용주거지역이나 일반주거지역에서 건축물을 건축하는 경우에는 건축물의 각 부분을 정북방향(正北方向)으로의 인접 대지경계선으로부터 다음의 범위에서 건축조례로 정하는 거리 이상을 띄어 건축해야 한다.
  1. 높이 10m 이하인 부분: 인접 대지경계선으로부터 1.5m 이상
  2. 높이 10m를 초과하는 부분: 인접 대지경계선으로부터 해당 건축물 각 부분 높이의 2분의 1 이상

더 알아보기

일조(채광) 등의 확보를 위한 높이제한

1. **전용주거지역·일반주거지역에서 건축하는 모든 건축물**: 정북방향으로 이격(원칙)
2. **공동주택(일반상업지역·중심상업지역을 제외한 모든 지역)**: 채광거리, 인동거리
3. **적용배제**: 2층 이하로서 높이가 8m 이하인 건축물

06 건축법령상 건축물의 높이제한에 관한 설명으로 틀린 것은? (단, 「건축법」 제73조에 따른 적용특례 및 조례는 고려하지 않음) 제25회 수정

① 전용주거지역과 일반주거지역 안에서 건축하는 건축물에 대하여는 일조의 확보를 위한 높이제한이 적용된다.
② 일반상업지역에 건축하는 공동주택으로서 하나의 대지에 두 동(棟) 이상을 건축하는 경우에는 채광의 확보를 위한 높이제한이 적용된다.
③ 정북방향으로 도로 등 건축이 금지된 공지에 접하는 대지인 경우 건축물의 높이를 정남방향의 인접 대지경계선으로부터 일정 거리에 따라 대통령령으로 정하는 높이 이하로 할 수 있다.
④ 허가권자는 같은 가로구역에서 건축물의 용도 및 형태에 따라 건축물의 높이를 다르게 정할 수 있다.
⑤ 허가권자는 가로구역별 건축물의 높이를 지정하려면 지방건축위원회의 심의를 거쳐야 한다.

톺아보기

★ 공동주택(일반상업지역과 중심상업지역에 건축하는 것은 제외한다)은 채광(採光) 등의 확보를 위하여 대통령령으로 정하는 높이 이하로 해야 한다.

07 건축법령상 건폐율 및 용적률에 관한 설명으로 옳은 것은?   제23회 수정

① 건폐율은 대지면적에 대한 건축물의 바닥면적의 비율이다.
② 용적률을 산정할 경우 연면적에는 지하층의 면적은 포함되지 않는다.
③ 「건축법」의 규정을 통하여 「국토의 계획 및 이용에 관한 법률」상 건폐율의 최대한도를 강화하여 적용할 수 있으나, 이를 완화하여 적용할 수는 없다.
④ 하나의 대지에 건축물이 둘 이상 있는 경우 용적률의 제한은 건축물별로 각각 적용한다.
⑤ 도시지역에서 건축물이 있는 대지는 건폐율 기준에 못 미치게 분할할 수 있다.

톺아보기

[오답해설]

★ ① 건폐율은 대지면적에 대한 건축면적(대지에 건축물이 둘 이상 있는 경우에는 이들 건축면적의 합계로 한다)의 비율이다.
③ 건폐율의 최대한도는 「국토의 계획 및 이용에 관한 법률」 제77조에 따른 건폐율의 기준에 따른다. 다만, 「건축법」에서 기준을 완화하거나 강화하여 적용하도록 규정한 경우에는 그에 따른다.
④ 대지에 건축물이 둘 이상 있는 경우에는 이들 연면적의 합계로 한다.
⑤ 건축물이 있는 대지는 다음의 기준에 못 미치게 분할할 수 없다.
 1. 대지와 도로의 관계(「건축법」 제44조)
 2. 건축물의 건폐율(「건축법」 제55조)
 3. 건축물의 용적률(「건축법」 제56조)
 4. 대지 안의 공지(「건축법」 제58조)
 5. 건축물의 높이제한(「건축법」 제60조)
 6. 일조 등의 확보를 위한 건축물의 높이제한(「건축법」 제61조)

정답 | 06 ② 07 ②

제6장 / 특별건축구역, 건축협정, 보칙·벌칙

기본서 p.441~457

01 상중하

건축법령상 건축협정구역에서 건축하는 건축물에 대하여 완화하여 적용할 수 있는 건축기준 중 건축위원회의 심의와 「국토의 계획 및 이용에 관한 법률」에 따른 지방도시계획위원회의 심의를 통합하여 거쳐야 하는 것은? 제34회

① 건축물의 용적률
② 건축물의 건폐율
③ 건축물의 높이제한
④ 대지의 조경면적
⑤ 일조 등의 확보를 위한 건축물의 높이제한

톺아보기

용적률을 완화하여 적용하는 경우에는 건축위원회의 심의와 지방도시계획위원회의 심의를 통합하여 거쳐야 한다.

더 알아보기

완화적용

건축협정구역에 건축하는 건축물에 대하여는 「건축법」 제42조(대지의 조경), 제55조(건축물의 건폐율), 제56조(건축물의 용적률), 제58조(대지 안의 공지), 제60조(건축물의 높이제한) 및 제61조(일조 등의 확보를 위한 건축물의 높이제한)와 「주택법」 제35조(주택건설기준 등)를 대통령령으로 정하는 바에 따라 완화하여 적용할 수 있다. 다만, 용적률을 완화하여 적용하는 경우에는 건축위원회의 심의와 지방도시계획위원회의 심의를 통합하여 거쳐야 한다.

02 상중하

건축법령상 특별건축구역에서 국가가 건축하는 건축물에 적용하지 아니할 수 있는 사항을 모두 고른 것은? (단, 건축법령상 특례 및 조례는 고려하지 않음) 제33회

> ㉠ 「건축법」 제42조 대지의 조경에 관한 사항
> ㉡ 「건축법」 제44조 대지와 도로의 관계에 관한 사항
> ㉢ 「건축법」 제57조 대지의 분할제한에 관한 사항
> ㉣ 「건축법」 제58조 대지 안의 공지에 관한 사항

① ㉠, ㉡
② ㉠, ㉢
③ ㉠, ㉣
④ ㉡, ㉢
⑤ ㉢, ㉣

톺아보기

해당하는 것은 ㉠㉣이다.
특별건축구역에 건축하는 건축물에 대하여는 다음의 규정을 적용하지 않을 수 있다.
1. 대지의 조경(「건축법」 제42조), 건축물의 건폐율(「건축법」 제55조), 건축물의 용적률(「건축법」 제56조), 대지 안의 공지(「건축법」 제58조), 건축물의 높이제한(「건축법」 제60조) 및 일조 등의 확보를 위한 건축물의 높이제한(「건축법」 제61조)
2. 「주택법」 제35조(주택건설기준 등) 중 대통령령으로 정하는 규정

정답 | 01 ① 02 ③

03 건축법령상 결합건축을 할 수 있는 지역·구역에 해당하지 않는 것은? (단, 조례는 고려하지 않음)

제33회

① 「국토의 계획 및 이용에 관한 법률」에 따라 지정된 상업지역
② 「역세권의 개발 및 이용에 관한 법률」에 따라 지정된 역세권개발구역
③ 건축협정구역
④ 특별가로구역
⑤ 리모델링 활성화 구역

톺아보기

특별가로구역은 해당하지 않는다.

더 알아보기

결합건축 대상 지역

다음의 어느 하나에 해당하는 지역에서 대지간의 최단거리가 100m 이내의 범위에서 대통령령으로 정하는 범위에 있는 2개의 대지의 건축주가 서로 합의한 경우 2개의 대지를 대상으로 결합건축을 할 수 있다.

1. 「국토의 계획 및 이용에 관한 법률」에 따라 지정된 상업지역
2. 「역세권의 개발 및 이용에 관한 법률」에 따라 지정된 역세권개발구역
3. 「도시 및 주거환경정비법」에 따른 정비구역 중 주거환경개선사업의 시행을 위한 구역
4. 그 밖에 도시 및 주거환경 개선과 효율적인 토지이용이 필요하다고 대통령령으로 정하는 다음의 지역
    - 건축협정구역, 특별건축구역, 리모델링 활성화 구역
    - 「도시재생 활성화 및 지원에 관한 특별법」에 따른 도시재생활성화지역
    - 「한옥 등 건축자산의 진흥에 관한 법률」에 따른 건축자산 진흥구역

04 건축법령상 특별건축구역에 관한 설명으로 옳은 것은? 제32회

① 국토교통부장관은 지방자치단체가 국제행사 등을 개최하는 지역의 사업구역을 특별건축구역으로 지정할 수 있다.
② 「도로법」에 따른 접도구역은 특별건축구역으로 지정될 수 없다.
③ 특별건축구역에서의 건축기준의 특례사항은 지방자치단체가 건축하는 건축물에는 적용되지 않는다.
④ 특별건축구역에서 「주차장법」에 따른 부설주차장의 설치에 관한 규정은 개별 건축물마다 적용하여야 한다.
⑤ 특별건축구역을 지정한 경우에는 「국토의 계획 및 이용에 관한 법률」에 따른 용도지역·지구·구역의 지정이 있는 것으로 본다.

톺아보기

[오답해설]
① 국토교통부장관은 국가가 국제행사 등을 개최하는 도시 또는 지역의 사업구역을 특별건축구역으로 지정할 수 있다.
③ 국가 또는 지방자치단체가 건축하는 건축물은 특별건축구역에서 건축기준 등의 특례사항을 적용하여 건축할 수 있다.
★ ④ 특별건축구역에서는 다음의 관계 법령의 규정에 대하여는 개별 건축물마다 적용하지 않고 특별건축구역 전부 또는 일부를 대상으로 통합하여 적용할 수 있다.
  1. 「문화예술진흥법」에 따른 건축물에 대한 미술작품의 설치
  2. 「주차장법」에 따른 부설주차장의 설치
  3. 「도시공원 및 녹지 등에 관한 법률」에 따른 공원의 설치
★ ⑤ 특별건축구역을 지정하거나 변경한 경우에는 「국토의 계획 및 이용에 관한 법률」에 따른 도시·군관리계획의 결정이 있는 것으로 본다. 다만, 용도지역·지구·구역의 지정 및 변경은 제외한다.

정답 | 03 ④　04 ②

05 상중하

건축법령상 건축 등과 관련된 분쟁으로서 건축분쟁전문위원회의 조정 및 재정의 대상이 되는 것은? (단, 「건설산업기본법」 제69조에 따른 조정의 대상이 되는 분쟁은 고려하지 않음)   제32회

① '건축주'와 '건축신고수리자'간의 분쟁
② '공사시공자'와 '건축지도원'간의 분쟁
③ '건축허가권자'와 '공사감리자'간의 분쟁
④ '관계 전문기술자'와 '해당 건축물의 건축 등으로 피해를 입은 인근주민'간의 분쟁
⑤ '건축허가권자'와 '해당 건축물의 건축 등으로 피해를 입은 인근주민'간의 분쟁

톺아보기

건축 등과 관련된 다음의 분쟁의 조정(調停) 및 재정(裁定)을 하기 위하여 국토교통부에 건축분쟁전문위원회(분쟁위원회)를 둔다.
1. 건축관계자와 해당 건축물의 건축 등으로 피해를 입은 인근주민(이하 '인근주민'이라 한다)간의 분쟁
2. 관계 전문기술자와 인근주민간의 분쟁
3. 건축관계자와 관계 전문기술자간의 분쟁
4. 건축관계자간의 분쟁
5. 인근주민간의 분쟁
6. 관계 전문기술자간의 분쟁
7. 그 밖에 대통령령으로 정하는 사항

06 상중하

건축법령상 건축협정에 관한 설명으로 옳은 것은? (단, 조례는 고려하지 않음)

제31회

① 해당 지역의 토지 또는 건축물의 소유자 전원이 합의하면 지상권자가 반대하는 경우에도 건축협정을 체결할 수 있다.
② 건축협정 체결대상 토지가 둘 이상의 시·군·구에 걸치는 경우에는 관할 시·도지사에게 건축협정의 인가를 받아야 한다.
③ 협정체결자는 인가받은 건축협정을 변경하려면 협정체결자 과반수의 동의를 받아 건축협정인가권자에게 신고하여야 한다.
④ 건축협정을 폐지하려면 협정체결자 전원의 동의를 받아 건축협정인가권자의 인가를 받아야 한다.
⑤ 건축협정에서 달리 정하지 않는 한, 건축협정이 공고된 후에 건축협정구역에 있는 토지에 관한 권리를 협정체결자로부터 이전받은 자도 건축협정에 따라야 한다.

톺아보기

오답해설

★ ① 토지 또는 건축물의 소유자, 지상권자는 전원의 합의로 건축물의 건축·대수선 또는 리모델링에 관한 건축협정을 체결할 수 있다.
② 건축협정 체결대상 토지가 둘 이상의 특별자치시 또는 시·군·구에 걸치는 경우 건축협정 체결대상 토지면적의 과반(過半)이 속하는 건축협정인가권자에게 인가를 신청할 수 있다.
③ 협정체결자는 인가받은 사항을 변경하려면 국토교통부령으로 정하는 바에 따라 변경인가를 받아야 한다.
★ ④ 협정체결자는 건축협정을 폐지하려는 경우에는 협정체결자 과반수의 동의를 받아 국토교통부령으로 정하는 바에 따라 건축협정인가권자의 인가를 받아야 한다.

정답 | 05 ④ 06 ⑤

07 건축법령상 이행강제금을 산정하기 위하여 위반내용에 따라 곱하는 비율을 높은 순서대로 나열한 것은? (단, 조례는 고려하지 않음) 제29회

㉠ 용적률을 초과하여 건축한 경우
㉡ 건폐율을 초과하여 건축한 경우
㉢ 신고를 하지 아니하고 건축한 경우
㉣ 허가를 받지 아니하고 건축한 경우

① ㉠ – ㉡ – ㉣ – ㉢
② ㉠ – ㉣ – ㉢ – ㉡
③ ㉡ – ㉠ – ㉣ – ㉢
④ ㉣ – ㉠ – ㉡ – ㉢
⑤ ㉣ – ㉢ – ㉡ – ㉠

톺아보기

㉣ 무허가 건축(100%) > ㉠ 용적률 초과(90%) > ㉡ 건폐율 초과(80%) > ㉢ 무신고 건축(70%)

더 알아보기

이행강제금의 부과기준

건축물이 건폐율이나 용적률을 초과하여 건축된 경우 또는 허가를 받지 않거나 신고를 하지 않고 건축된 경우: 「지방세법」에 따라 해당 건축물에 적용되는 $1m^2$의 시가표준액의 100분의 50에 해당하는 금액에 위반면적을 곱한 금액 이하의 범위에서 위반내용에 따라 대통령령으로 정하는 다음의 구분에 따른 비율을 곱한 금액. 다만, 건축조례로 다음의 비율을 낮추어 정할 수 있되, 낮추는 경우에도 그 비율은 100분의 60 이상이어야 한다.

1. 건폐율을 초과하여 건축한 경우: 100분의 80
2. 용적률을 초과하여 건축한 경우: 100분의 90
3. 허가를 받지 않고 건축한 경우: 100분의 100
4. 신고를 하지 않고 건축한 경우: 100분의 70

정답 | 07 ④

land.Hackers.com

land.Hackers.com
해커스 공인중개사 단원별 기출문제집

3개년 출제비중분석

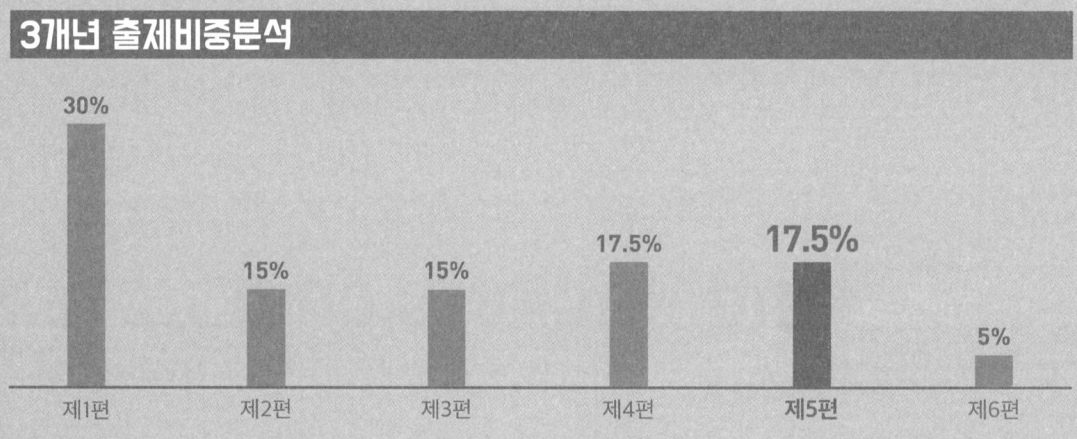

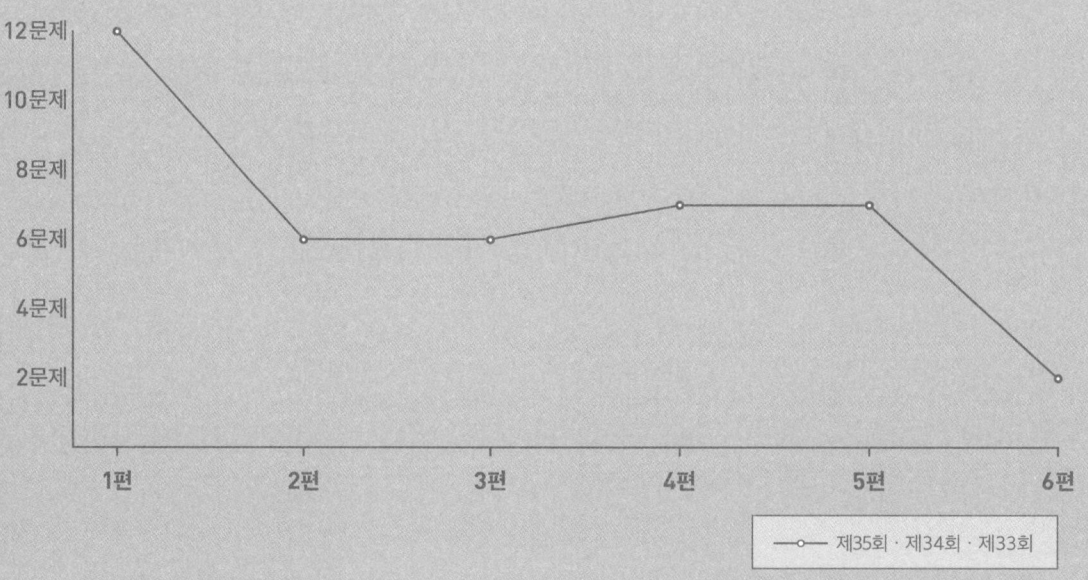

제35회 · 제34회 · 제33회

제5편

주택법

제1장 총칙
제2장 주택의 건설
제3장 주택의 공급
제4장 리모델링
제5장 보칙·벌칙

제1장 / 총칙

기본서 p.461~469

01 상중하

주택법령상 기간시설에 해당하지 않는 것은? 제35회

① 전기시설
② 통신시설
③ 상하수도
④ 어린이놀이터
⑤ 지역난방시설

톺아보기

어린이놀이터는 기간시설에 해당하지 않는다.
★ 기간시설(基幹施設)이란 도로 · 상하수도 · 전기시설 · 가스시설 · 통신시설 · 지역난방시설 등을 말한다.

02 상중하

주택법령상 수직증축형 리모델링의 허용 요건에 관한 규정의 일부이다. (　　)에 들어갈 숫자로 옳은 것은? 제35회

> 시행령 제13조 ① 법 제2조 제25호 다목 1)에서 '대통령령으로 정하는 범위'란 다음 각 호의 구분에 따른 범위를 말한다.
> 1. 수직으로 증축하는 행위(이하 '수직증축형 리모델링'이라 한다)의 대상이 되는 기존 건축물의 층수가 (㉠)층 이상인 경우: (㉡)개 층
> 2. 수직증축형 리모델인의 대상이 되는 기존 건축물의 층수가 (㉢)층 이하인 경우: (㉣)개 층

① ㉠: 10, ㉡: 3, ㉢: 9, ㉣: 2
② ㉠: 10, ㉡: 4, ㉢: 9, ㉣: 3
③ ㉠: 15, ㉡: 3, ㉢: 14, ㉣: 2
④ ㉠: 15, ㉡: 4, ㉢: 14, ㉣: 3
⑤ ㉠: 20, ㉡: 5, ㉢: 19, ㉣: 4

톺아보기

③ ㉠: 15, ㉡: 3, ㉢: 14, ㉣: 2

> **더 알아보기**
>
> 증축에 의한 리모델링의 요건
>
> 1. 사용검사일 또는 「건축법」에 따른 사용승인일부터 15년이 지난 공동주택을 각 세대의 주거전용면적의 30% 이내(세대의 주거전용면적이 85㎡ 미만인 경우에는 40% 이내)에서 증축하는 행위. 이 경우 공동주택의 기능향상 등을 위하여 공용부분에 대하여도 별도로 증축할 수 있다.
> 2. 각 세대의 증축 가능 면적을 합산한 면적의 범위에서 기존 세대수의 15% 이내에서 세대수를 증가하는 증축 행위(세대수 증가형 리모델링). 다만, 수직으로 증축하는 행위(수직증축형 리모델링)는 다음 요건을 모두 충족하는 경우로 한정한다.
>   ⓐ 최대 3개층 이하로서 대통령령으로 정하는 다음의 범위에서 증축할 것
>   • 기존 건축물의 층수가 15층 이상인 경우: 3개층
>   • 기존 건축물의 층수가 14층 이하인 경우: 2개층
>   ⓑ 수직증축형 리모델링의 대상이 되는 기존 건축물의 신축 당시 구조도를 보유하고 있을 것

03 주택법령상 「공동주택관리법」에 따른 행위의 허가를 받거나 신고를 하고 설치하는 세대구분형 공동주택이 충족하여야 하는 요건에 해당하는 것을 모두 고른 것은? (단, 조례는 고려하지 않음)

제34회

> ㉠ 하나의 세대가 통합하여 사용할 수 있도록 세대간에 연결문 또는 경량구조의 경계벽 등을 설치할 것
> ㉡ 구분된 공간의 세대수는 기존 세대를 포함하여 2세대 이하일 것
> ㉢ 세대별로 구분된 각각의 공간마다 별도의 욕실, 부엌과 구분 출입문을 설치할 것
> ㉣ 구조, 화재, 소방 및 피난안전 등 관계 법령에서 정하는 안전기준을 충족할 것

① ㉠, ㉡, ㉢
② ㉠, ㉡, ㉣
③ ㉠, ㉢, ㉣
④ ㉡, ㉢, ㉣
⑤ ㉠, ㉡, ㉢, ㉣

톺아보기

해당하는 것은 ㉡㉢㉣이다.

「공동주택관리법」에 따른 행위의 허가를 받거나 신고를 하고 설치하는 세대구분형 공동주택의 경우 다음의 요건을 모두 충족해야 한다.

1. 구분된 공간의 세대수는 기존 세대를 포함하여 2세대 이하일 것
2. 세대별로 구분된 각각의 공간마다 별도의 욕실, 부엌과 구분 출입문을 설치할 것
3. 세대구분형 공동주택의 세대수가 해당 주택단지 안의 공동주택 전체 세대수의 10분의 1과 해당 동의 전체 세대수의 3분의 1을 각각 넘지 않을 것
4. 구조, 화재, 소방 및 피난안전 등 관계 법령에서 정하는 안전기준을 충족할 것

정답 | 01 ④ 02 ③ 03 ④

04 주택법령상 용어에 관한 설명으로 틀린 것은?

제34회

① 「건축법 시행령」에 따른 다세대주택은 공동주택에 해당한다.
② 「건축법 시행령」에 따른 오피스텔은 준주택에 해당한다.
③ 주택단지에 해당하는 토지가 폭 8m 이상인 도시계획예정도로로 분리된 경우, 분리된 토지를 각각 별개의 주택단지로 본다.
④ 주택에 딸린 자전거보관소는 복리시설에 해당한다.
⑤ 도로·상하수도·전기시설·가스시설·통신시설·지역난방시설은 기간시설(基幹施設)에 해당한다.

풀어보기

주택에 딸린 자전거보관소는 부대시설에 해당한다.

더 알아보기

부대시설과 복리시설

부대시설	복리시설
1. 주차장, 관리사무소, 담장 및 주택단지 안의 도로 2. 「건축법」에 따른 건축설비 3. 이에 준하는 것으로서 대통령령으로 정하는 시설 또는 설비 • 보안등, 대문, 경비실 및 자전거보관소 • 조경시설, 옹벽 및 축대 • 안내표지판 및 공중화장실 • 저수시설, 지하양수시설 및 대피시설 • 쓰레기 수거 및 처리시설, 오수처리시설, 정화조 • 소방시설, 냉난방공급시설(지역난방공급시설은 제외) 및 방범설비 • 전기자동차에 전기를 충전하여 공급하는 시설	1. 어린이놀이터, 근린생활시설, 유치원, 주민운동시설 및 경로당 2. 그 밖에 입주자 등의 생활복리를 위하여 대통령령으로 정하는 공동시설 • 제1종 근린생활시설 • 제2종 근린생활시설(총포판매소, 장의사, 다중생활시설, 단란주점 및 안마시술소는 제외) • 종교시설, 교육연구시설, 노유자시설, 수련시설 • 판매시설 중 소매시장 및 상점 • 업무시설 중 금융업소 • 지식산업센터 • 사회복지관 • 공동작업장, 주민공동시설 • 도시·군계획시설인 시장

주택법령상 용어에 관한 설명으로 옳은 것을 모두 고른 것은? 제32회

㉠ 주택에 딸린 「건축법」에 따른 건축설비는 복리시설에 해당한다.
㉡ 300세대인 국민주택규모의 단지형 다세대주택은 도시형 생활주택에 해당한다.
㉢ 민영주택은 국민주택을 제외한 주택을 말한다.

① ㉠ ② ㉢ ③ ㉠, ㉡
④ ㉡, ㉢ ⑤ ㉠, ㉡, ㉢

톺아보기

㉠ 주택에 딸린 「건축법」에 따른 건축설비는 부대시설에 해당한다.
★ ㉡ 도시형 생활주택이란 300세대 미만의 국민주택규모에 해당하는 주택으로서 「국토의 계획 및 이용에 관한 법률」에 따른 도시지역에 건설하는 소형 주택, 단지형 연립주택 및 단지형 다세대주택을 말한다.

정답 | 04 ④ 05 ②

06 주택법령상 용어에 관한 설명으로 옳은 것은?

제31회

① 「건축법 시행령」에 따른 다중생활시설은 준주택에 해당하지 않는다.
② 주택도시기금으로부터 자금을 지원받아 건설되는 1세대당 주거전용면적 84m²인 주택은 국민주택에 해당한다.
③ 간선시설이란 도로·상하수도·전기시설·가스시설·통신시설·지역난방시설 등을 말한다.
④ 방범설비는 복리시설에 해당한다.
⑤ 주민공동시설은 부대시설에 해당한다.

톺아보기

★ ② 주택도시기금으로부터 자금을 지원받아 건설되는 1세대당 주거전용면적이 84m²인 주택은 국민주택에 해당한다.

오답해설
① 다중생활시설은 준주택에 해당한다.
③ 간선시설(幹線施設)이란 도로·상하수도·전기시설·가스시설·통신시설 및 지역난방시설 등 주택단지 안의 기간시설을 그 주택단지 밖에 있는 같은 종류의 기간시설에 연결시키는 시설을 말한다. 다만, 가스시설·통신시설 및 지역난방시설의 경우에는 주택단지 안의 기간시설을 포함한다.
④ 방범설비는 부대시설에 해당한다.
⑤ 주민공동시설은 복리시설에 해당한다.

더 알아보기

준주택

주택 외의 건축물과 그 부속토지로서 주거시설로 이용가능한 시설 등을 말하며, 그 범위와 종류는 다음과 같다.
1. 기숙사
2. 다중생활시설
3. 노인복지시설 중 「노인복지법」의 노인복지주택
4. 오피스텔

07 주택법령상 용어에 관한 설명으로 옳은 것은?

제30회

① 주택단지에 해당하는 토지가 폭 8m 이상인 도시계획예정도로로 분리된 경우, 분리된 토지를 각각 별개의 주택단지로 본다.
② 단독주택에는 「건축법 시행령」에 따른 다가구주택이 포함되지 않는다.
③ 공동주택에는 「건축법 시행령」에 따른 아파트, 연립주택, 기숙사 등이 포함된다.
④ 주택이란 세대의 구성원이 장기간 독립된 주거생활을 할 수 있는 구조로 된 건축물의 전부 또는 일부를 말하며, 그 부속토지는 제외한다.
⑤ 주택단지에 딸린 어린이놀이터, 근린생활시설, 유치원, 주민운동시설, 지역난방공급시설 등은 부대시설에 포함된다.

톺아보기

오답해설

★ ② 주택법령상 단독주택이란 단독주택, 다중주택 및 다가구주택을 말한다.
★ ③ 주택법령상 공동주택이란 아파트, 연립주택 및 다세대주택을 말한다.
★ ④ 주택이란 세대의 구성원이 장기간 독립된 주거생활을 할 수 있는 구조로 된 건축물의 전부 또는 일부 및 그 부속토지를 말한다.
★ ⑤ 어린이놀이터, 근린생활시설, 유치원, 주민운동시설은 복리시설에 해당한다. 지역난방공급시설은 기간시설에 포함된다.

더 알아보기

주택단지

주택건설사업계획 또는 대지조성사업계획의 승인을 받아 주택과 그 부대시설 및 복리시설을 건설하거나 대지를 조성하는 데 사용되는 일단(一團)의 토지를 말한다. 다만, 다음의 시설로 분리된 토지는 각각 별개의 주택단지로 본다.
1. 철도 · 고속도로 · 자동차전용도로
2. 폭 20m 이상인 일반도로
3. 폭 8m 이상인 도시계획예정도로
4. 이에 준하는 것으로서 대통령령으로 정하는 시설

정답 | 06 ② 07 ①

08 주택법령상 국민주택 등에 관한 설명으로 옳은 것은? 제29회

① 민영주택이라도 국민주택규모 이하로 건축되는 경우 국민주택에 해당한다.
② 한국토지주택공사가 수도권에 건설한 주거전용면적이 1세대당 80m²인 아파트는 국민주택에 해당한다.
③ 지방자치단체의 재정으로부터 자금을 지원받아 건설되는 주택이 국민주택에 해당하려면 자금의 50% 이상을 지방자치단체로부터 지원받아야 한다.
④ 다세대주택의 경우 주거전용면적은 건축물의 바닥면적에서 지하층 면적을 제외한 면적으로 한다.
⑤ 아파트의 경우 복도, 계단 등 아파트의 지상층에 있는 공용면적은 주거전용면적에 포함한다.

톺아보기

오답해설
★ ① 민영주택이란 국민주택을 제외한 주택을 말한다.
③ 국가 또는 지방자치단체의 재정지원 비율에 관한 규정은 따로 없다.
④ 공동주택의 경우 주거전용면적은 외벽의 내부선을 기준으로 산정한 면적으로 한다.
⑤ 복도, 계단, 현관 등 공동주택의 지상층에 있는 공용면적은 주거전용면적에서 제외한다.

더 알아보기

주거전용면적의 산정방법

1. **단독주택의 경우**: 그 바닥면적에서 지하실(거실로 사용되는 면적은 제외한다), 본 건축물과 분리된 창고·차고 및 화장실의 면적을 제외한 면적. 다만, 다가구주택은 그 바닥면적에서 본 건축물의 지상층에 있는 부분으로서 복도, 계단, 현관 등 2세대 이상이 공동으로 사용하는 부분의 면적도 제외한다.
2. **공동주택의 경우**: 외벽의 내부선을 기준으로 산정한 면적. 다만, 2세대 이상이 공동으로 사용하는 부분으로서 다음의 어느 하나에 해당하는 공용면적은 제외하며, 이 경우 바닥면적에서 주거전용면적을 제외하고 남는 외벽면적은 공용면적에 가산한다.
   • 복도, 계단, 현관 등 공동주택의 지상층에 있는 공용면적
   • 지하층, 관리사무소 등 그 밖의 공용면적

09 주택법령상 용어에 관한 설명으로 옳은 것은?

제28회 수정

① 폭 10m인 일반도로로 분리된 토지는 각각 별개의 주택단지이다.
② 공구란 하나의 주택단지에서 둘 이상으로 구분되는 일단의 구역으로서 공구별 세대수는 200세대 이상으로 하여야 한다.
③ 세대구분형 공동주택이란 공동주택의 주택 내부공간의 일부를 세대별로 구분하여 생활이 가능한 구조로 하되, 그 구분된 공간의 일부를 구분소유할 수 있는 주택이다.
④ 500세대인 국민주택규모의 소형 주택은 도시형 생활주택에 해당한다.
⑤ 「산업입지 및 개발에 관한 법률」에 따른 산업단지개발사업에 의하여 개발·조성되는 공동주택이 건설되는 용지는 공공택지에 해당한다.

톺아보기

[오답해설]
★ ① 폭 20m 이상의 일반도로로 분리된 토지는 각각 별개의 주택단지이다.
★ ② 200세대가 아니라 300세대 이상이어야 한다.
★ ③ 세대구분형 공동주택은 그 구분된 공간의 일부를 구분소유할 수 없는 주택이다.
④ 도시형 생활주택은 300세대 미만이어야 한다.

정답 | 08 ② 09 ⑤

10 주택법령상 도시형 생활주택에 관한 설명으로 틀린 것은?

제23회 수정

① 소형 주택은 세대별 주거전용면적이 60m² 이하이어야 한다.
② 「수도권정비계획법」에 따른 수도권의 경우 도시형 생활주택은 1호(戶) 또는 1세대당 주거전용면적이 85m² 이하이어야 한다.
③ 「국토의 계획 및 이용에 관한 법률」에 따른 도시지역에 건설하는 세대별 주거전용면적이 85m²인 아파트는 도시형 생활주택에 해당하지 아니한다.
④ 도시형 생활주택에는 분양가상한제가 적용되지 아니한다.
⑤ 준주거지역에서 도시형 생활주택인 소형 주택과 도시형 생활주택이 아닌 주택 1세대는 하나의 건축물에 함께 건축할 수 없다.

톺아보기

준주거지역에서는 도시형 생활주택인 소형 주택과 도시형 생활주택이 아닌 주택 1세대를 하나의 건축물에 함께 건축할 수 있다.

더 알아보기

도시형 생활주택 건축제한의 예외

하나의 건축물에는 도시형 생활주택과 그 밖의 주택을 함께 건축할 수 없다. 다만, 다음의 어느 하나에 해당하는 경우는 예외로 한다.
1. 소형 주택과 주거전용면적이 85m²를 초과하는 주택 1세대를 함께 건축하는 경우
2. 준주거지역 또는 상업지역에서 소형 주택과 도시형 생활주택 외의 주택을 함께 건축하는 경우

정답 | 10 ⑤

제2장 / 주택의 건설

기본서 p.470~505

01 주택법령상 주택건설사업자 등에 관한 설명으로 옳은 것은? 제34회

① 「공익법인의 설립·운영에 관한 법률」에 따라 주택건설사업을 목적으로 설립된 공익법인이 연간 20호 이상의 단독주택 건설사업을 시행하려는 경우 국토교통부장관에게 등록해야 한다.
② 세대수를 증가하는 리모델링주택조합이 그 구성원의 주택을 건설하는 경우에는 국가와 공동으로 사업을 시행할 수 있다.
③ 고용자가 그 근로자의 주택을 건설하는 경우에는 대통령령으로 정하는 바에 따라 등록사업자와 공동으로 사업을 시행해야 한다.
④ 국토교통부장관은 등록사업자가 타인에게 등록증을 대여한 경우에는 1년 이내의 기간을 정하여 영업의 정지를 명할 수 있다.
⑤ 영업정지 처분을 받은 등록사업자는 그 처분 전에 사업계획승인을 받은 사업을 계속 수행할 수 없다.

톺아보기

오답해설

① 「공익법인의 설립·운영에 관한 법률」에 따라 주택건설사업을 목적으로 설립된 공익법인은 국토교통부장관에게 등록하지 않는다.
★ ② 주택조합(세대수를 증가하지 않는 리모델링주택조합은 제외한다)이 그 구성원의 주택을 건설하는 경우에는 대통령령으로 정하는 바에 따라 등록사업자(지방자치단체·한국토지주택공사 및 지방공사를 포함한다)와 공동으로 사업을 시행할 수 있다.
④ 국토교통부장관은 등록사업자가 타인에게 등록증을 대여한 경우에는 그 등록을 말소해야 한다.
⑤ 등록말소 또는 영업정지 처분을 받은 등록사업자는 그 처분 전에 사업계획승인을 받은 사업은 계속 수행할 수 있다.

정답 | 01 ③

더 알아보기

등록사업자

★ 연간 단독주택의 경우에는 20호, 공동주택의 경우에는 20세대(도시형 생활주택은 30세대) 이상의 주택건설사업을 시행하려는 자 또는 연간 1만m² 이상의 대지조성사업을 시행하려는 자는 국토교통부장관에게 등록해야 한다. 다만, 다음의 사업주체의 경우에는 그러하지 않다.
1. 국가·지방자치단체
2. 한국토지주택공사
3. 지방공사
4. 「공익법인의 설립·운영에 관한 법률」에 따라 주택건설사업을 목적으로 설립된 공익법인
5. 주택조합(등록사업자와 공동으로 주택건설사업을 하는 주택조합만 해당한다)
6. 근로자를 고용하는 자(등록사업자와 공동으로 주택건설사업을 시행하는 고용자만 해당하며, 이하 '고용자'라 한다)

---

02 주택법령상 지역주택조합의 조합원을 모집하기 위하여 모집주체가 광고를 하는 경우 광고에 포함되어야 하는 내용에 해당하는 것을 모두 고른 것은? 제34회

㉠ 조합의 명칭 및 사무소의 소재지
㉡ 조합원의 자격기준에 관한 내용
㉢ 조합설립인가일
㉣ 조합원 모집신고 수리일

① ㉠, ㉡, ㉢
② ㉠, ㉡, ㉣
③ ㉠, ㉢, ㉣
④ ㉡, ㉢, ㉣
⑤ ㉠, ㉡, ㉢, ㉣

톺아보기

해당하는 것은 ㉠㉡㉣이다.

더 알아보기

조합원 모집 광고

모집주체가 주택조합의 조합원을 모집하기 위하여 광고를 하는 경우에는 다음의 내용이 포함되어야 한다.
1. '지역주택조합 또는 직장주택조합의 조합원 모집을 위한 광고'라는 문구
2. 조합원의 자격기준에 관한 내용
3. 주택건설대지의 사용권원 및 소유권을 확보한 비율
4. 그 밖에 조합원 보호를 위하여 대통령령으로 정하는 내용
   - 조합의 명칭 및 사무소의 소재지
   - 조합원 모집신고 수리일

03 주택법령상 주택건설사업자 등에 관한 설명으로 옳은 것을 모두 고른 것은? 제31회

㉠ 한국토지주택공사가 연간 10만m^2 이상의 대지조성사업을 시행하려는 경우에는 대지조성사업의 등록을 하여야 한다.
㉡ 세대수를 증가하는 리모델링주택조합이 그 구성원의 주택을 건설하려는 경우에는 등록사업자와 공동으로 사업을 시행할 수 없다.
㉢ 주택건설공사를 시공할 수 있는 등록사업자가 최근 3년간 300세대 이상의 공동주택을 건설한 실적이 있는 경우에는 주택으로 쓰는 층수가 7개 층인 주택을 건설할 수 있다.

① ㉠
② ㉢
③ ㉠, ㉡
④ ㉡, ㉢
⑤ ㉠, ㉡, ㉢

톺아보기

옳은 것은 ㉢이다.
★ ㉠ 한국토지주택공사는 국토교통부장관에게 등록하지 않는다.
㉡ 주택조합(세대수를 증가하지 않는 리모델링주택조합은 제외한다)이 그 구성원의 주택을 건설하는 경우에는 등록사업자와 공동으로 사업을 시행할 수 있다.

정답 | 02 ② 03 ②

04 주택법령상 지역주택조합이 설립인가를 받은 후 조합원을 신규로 가입하게 할 수 있는 경우와 결원의 범위에서 충원할 수 있는 경우 중 어느 하나에도 해당하지 않는 것은?
제31회

① 조합원이 사망한 경우
② 조합원이 무자격자로 판명되어 자격을 상실하는 경우
③ 조합원 수가 주택건설 예정 세대수를 초과하지 아니하는 범위에서 조합원 추가 모집의 승인을 받은 경우
④ 조합원의 탈퇴 등으로 조합원 수가 주택건설 예정 세대수의 60%가 된 경우
⑤ 사업계획승인의 과정에서 주택건설 예정 세대수가 변경되어 조합원 수가 변경된 세대수의 40%가 된 경우

톺아보기
★ 지역주택조합은 조합원의 탈퇴 등으로 조합원 수가 주택건설 예정 세대수의 50% 미만이 되는 경우 결원이 발생한 범위에서 충원할 수 있다.

05 주택법령상 지역주택조합의 설립인가신청을 위하여 제출하여야 하는 서류에 해당하지 않는 것은?
제30회 수정

① 조합장선출동의서
② 총회의 의결정족수에 해당하는 조합원의 동의를 받은 정산서
③ 조합원 전원이 자필로 연명한 조합규약
④ 조합원 자격이 있는 자임을 확인하는 서류
⑤ 해당 주택건설대지의 80% 이상에 해당하는 토지의 사용권원을 확보하였음을 증명하는 서류

톺아보기
조합해산의 결의를 위한 총회의 의결정족수에 해당하는 조합원의 동의를 받은 정산서는 해산인가신청을 위하여 제출해야 하는 서류이다.

06 주택법령상 지역주택조합에 관한 설명으로 옳은 것은? 제29회

① 조합설립에 동의한 조합원은 조합설립인가가 있은 이후에는 자신의 의사에 의해 조합을 탈퇴할 수 없다.
② 총회의 의결로 제명된 조합원은 조합에 자신이 부담한 비용의 환급을 청구할 수 없다.
③ 조합임원의 선임을 의결하는 총회의 경우에는 조합원의 100분의 20 이상이 직접 출석하여야 한다.
④ 조합원을 공개모집한 이후 조합원의 자격상실로 인한 결원을 충원하려면 시장·군수·구청장에게 신고하고 공개모집의 방법으로 조합원을 충원하여야 한다.
⑤ 조합의 임원이 금고 이상의 실형을 받아 당연퇴직을 하면 그가 퇴직 전에 관여한 행위는 그 효력을 상실한다.

톺아보기

오답해설
① 조합원은 조합규약으로 정하는 바에 따라 조합에 탈퇴의사를 알리고 탈퇴할 수 있다.
② 탈퇴한 조합원(제명된 조합원을 포함한다)은 조합규약으로 정하는 바에 따라 부담한 비용의 환급을 청구할 수 있다.
★ ④ 공개모집 이후 조합원의 사망·자격상실·탈퇴 등으로 인한 결원을 충원하거나 미달된 조합원을 재모집하는 경우에는 신고하지 않고 선착순의 방법으로 조합원을 모집할 수 있다.
★ ⑤ 퇴직된 임원이 퇴직 전에 관여한 행위는 그 효력을 상실하지 않는다.

정답 | 04 ④ 05 ② 06 ③

07 주택법령상 주택조합에 관한 설명으로 틀린 것은?

제28회

① 지역주택조합설립인가를 받으려는 자는 해당 주택건설대지의 80% 이상에 해당하는 토지의 사용권원을 확보하여야 한다.
② 탈퇴한 조합원은 조합규약으로 정하는 바에 따라 부담한 비용의 환급을 청구할 수 있다.
③ 주택조합은 주택건설 예정 세대수의 50% 이상의 조합원으로 구성하되, 조합원은 10명 이상이어야 한다.
④ 지역주택조합은 그 구성원을 위하여 건설하는 주택을 그 조합원에게 우선 공급할 수 있다.
⑤ 조합원의 공개모집 이후 조합원의 사망·자격상실·탈퇴 등으로 인한 결원을 충원하거나 미달된 조합원을 재모집하는 경우에는 신고하지 아니하고 선착순의 방법으로 조합원을 모집할 수 있다.

톺아보기

★ 주택조합(리모델링주택조합은 제외한다)은 주택건설 예정 세대수의 50% 이상의 조합원으로 구성하되, 조합원은 20명 이상이어야 한다.

더 알아보기

조합원의 구성요건

주택조합(리모델링주택조합은 제외한다)은 주택조합설립인가를 받는 날부터 사용검사를 받는 날까지 계속하여 다음의 요건을 모두 충족해야 한다.
1. 주택건설 예정 세대수(설립인가 당시의 사업계획서상 주택건설 예정 세대수를 말하되, 임대주택으로 건설·공급하는 세대수는 제외한다)의 50% 이상의 조합원으로 구성할 것. 다만, 사업계획승인 등의 과정에서 세대수가 변경된 경우에는 변경된 세대수를 기준으로 한다.
2. 조합원은 20명 이상일 것

08 주택법령상 지역주택조합의 조합원에 관한 설명으로 틀린 것은? 제28회

① 조합원의 사망으로 그 지위를 상속받는 자는 조합원이 될 수 있다.
② 조합원이 근무로 인하여 세대주 자격을 일시적으로 상실한 경우로서 시장·군수·구청장이 인정하는 경우에는 조합원 자격이 있는 것으로 본다.
③ 조합설립인가 후에 조합원의 탈퇴로 조합원 수가 주택건설 예정 세대수의 50% 미만이 되는 경우에는 결원이 발생한 범위에서 조합원을 신규로 가입하게 할 수 있다.
④ 조합설립인가 후에 조합원으로 추가모집되는 자가 조합원 자격요건을 갖추었는지를 판단할 때에는 추가모집 공고일을 기준으로 한다.
⑤ 조합원 추가모집에 따른 주택조합의 변경인가 신청은 사업계획승인 신청일까지 하여야 한다.

톺아보기

★ 조합원으로 추가모집되거나 충원되는 자가 조합원 자격요건을 갖추었는지를 판단할 때에는 해당 조합설립인가 신청일을 기준으로 한다.

정답 | 07 ③ 08 ④

09 주택법령상 주택조합에 관한 설명으로 옳은 것은? 제27회

① 국민주택을 공급받기 위하여 설립한 직장주택조합을 해산하려면 관할 시장·군수·구청장의 인가를 받아야 한다.
② 지역주택조합은 임대주택으로 건설·공급하여야 하는 세대수를 포함하여 주택건설 예정 세대수의 3분의 1 이상의 조합원으로 구성하여야 한다.
③ 리모델링주택조합의 경우 공동주택의 소유권이 수인의 공유에 속하는 경우에는 그 수인 모두를 조합원으로 본다.
④ 지역주택조합의 설립인가 후 조합원이 사망하였더라도 조합원 수가 주택건설 예정 세대수의 2분의 1 이상을 유지하고 있다면 조합원을 충원할 수 없다.
⑤ 지역주택조합이 설립인가를 받은 후에 조합원을 추가모집한 경우에는 주택조합의 변경인가를 받아야 한다.

톺아보기

오답해설

★ ① 국민주택을 공급받기 위하여 직장주택조합을 설립하려는 자는 관할 시장·군수·구청장에게 신고해야 한다. 신고한 내용을 변경하거나 직장주택조합을 해산하려는 경우에도 또한 같다.
② 지역주택조합은 주택건설 예정 세대수(설립인가 당시의 사업계획서상 주택건설 예정 세대수를 말하되, 임대주택으로 건설·공급하는 세대수는 제외한다)의 50% 이상의 조합원으로 구성해야 한다. 다만, 사업계획승인 등의 과정에서 세대수가 변경된 경우에는 변경된 세대수를 기준으로 한다.
③ 공동주택, 복리시설 또는 공동주택 외의 시설의 소유권이 여러 명의 공유(共有)에 속할 때에는 그 여러 명을 대표하는 1명을 조합원으로 본다.
④ 조합원의 사망으로 결원이 발생한 범위에서 조합원을 충원할 수 있다.

10 주택법령상 사업계획의 승인 등에 관한 설명으로 틀린 것은?   제35회

① 승인받은 사업계획 중 공공시설 설치계획의 변경이 필요한 경우에는 사업계획승인권자로부터 변경승인을 받지 않아도 된다.
② 주택건설사업계획에는 부대시설 및 복리시설의 설치에 관한 계획 등이 포함되어야 한다.
③ 주택건설사업을 시행하려는 자는 전체 세대수가 600세대 이상인 주택단지를 공구별로 분할하여 주택을 건설·공급할 수 있다.
④ 주택건설사업계획의 승인을 받으려는 한국토지주택공사는 해당 주택건설대지의 소유권을 확보하지 않아도 된다.
⑤ 사업주체는 입주자 모집공고를 한 후 사업계획변경승인을 받은 경우에는 14일 이내에 문서로 입주예정자에게 그 내용을 통보해야 한다.

톺아보기

공공시설 설치계획의 변경이 필요한 경우는 변경승인을 받아야 한다.

더 알아보기

변경승인을 받지 않아도 되는 경미한 사항의 변경(「주택법 시행규칙」 제13조). 다만, 1.부터 3.은 사업주체가 국가, 지방자치단체, 한국토지주택공사 또는 지방공사인 경우로 한정한다.

1. 총사업비의 20%의 범위에서의 사업비 증감. 다만, 국민주택을 건설하는 경우로서 지원받는 주택도시기금이 증가되는 경우는 제외한다.
2. 대지면적의 20%의 범위에서의 면적 증감. 다만, 지구경계의 변경을 수반하거나 토지 또는 토지에 정착된 물건 및 그 토지나 물건에 관한 소유권 외의 권리를 수용할 필요를 발생시키는 경우는 제외한다.
3. 건축물의 설계와 용도별 위치를 변경하지 않는 범위에서의 건축물의 배치조정 및 주택단지 내 도로의 선형변경
4. 세대수 또는 세대당 주택공급면적을 변경하지 않는 범위에서의 내부구조의 위치나 면적 변경(사업계획승인을 받은 면적의 10% 범위에서의 변경으로 한정한다)
5. 내장 재료 및 외장 재료의 변경(재료의 품질이 사업계획승인을 받을 당시의 재료와 같거나 그 이상인 경우로 한정한다)
6. 사업계획승인의 조건으로 부과된 사항을 이행함에 따라 발생되는 변경. 다만, 공공시설 설치계획의 변경이 필요한 경우는 제외한다.
7. 건축물이 아닌 부대시설 및 복리시설의 설치기준 변경으로서 다음의 요건을 모두 갖춘 변경
   • 해당 부대시설 및 복리시설 설치기준 이상으로의 변경일 것
   • 위치변경(건축설비의 위치변경은 제외한다)이 발생하지 않는 변경일 것

정답 | 09 ⑤ 10 ①

11 주택법령상 주택의 건설에 관한 설명으로 옳은 것은? (단, 조례는 고려하지 않음)

제35회

① 하나의 건축물에는 단지형 연립주택 또는 단지형 다세대주택과 소형 주택을 함께 건축할 수 없다.
② 국토교통부장관이 적정한 주택수급을 위하여 필요하다고 인정하는 경우, 고용자가 건설하는 주택에 대하여 국민주택규모로 건설하게 할 수 있는 비율은 주택의 75% 이하이다.
③ 「주택법」에 따라 건설업자로 간주하는 등록사업자는 주택건설사업계획승인을 받은 주택의 건설공사를 시공할 수 없다.
④ 장수명 주택의 인증기준 인증절차 및 수수료 등은 「주택공급에 관한 규칙」으로 정한다.
⑤ 국토교통부장관은 바닥충격음 성능등급을 인정받은 제품이 인정받은 내용과 다르게 판매시공한 경우에 해당하면 그 인정을 취소해야 한다.

톺아보기

오답해설

② 국토교통부장관은 적정한 주택수급을 위하여 필요하다고 인정하는 경우에는 사업주체가 건설하는 주택의 75%(주택조합이나 고용자가 건설하는 주택은 100%) 이하의 범위에서 일정 비율 이상을 국민주택규모로 건설하게 할 수 있다.
③ 사업계획승인을 받은 주택의 건설공사는 「건설산업기본법」에 따른 건설사업자로서 대통령령으로 정하는 자 또는 건설사업자로 간주하는 등록사업자가 아니면 이를 시공할 수 없다.
④ 장수명 주택의 인증제도의 운영과 관련하여 인증기준, 인증절차, 수수료 등은 국토교통부령으로 정한다.
⑤ 바닥충격음 성능등급 인정기관은 성능등급을 인정받은 제품이 인정받은 내용과 다르게 판매·시공한 경우 그 인정을 취소할 수 있다.

12. 주택법령상 사업계획승인 등에 관한 설명으로 틀린 것은? (단, 다른 법률에 따른 사업은 제외함)
제32회

① 주택건설사업을 시행하려는 자는 전체 세대수가 600세대 이상의 주택단지를 공구별로 분할하여 주택을 건설·공급할 수 있다.
② 사업계획승인권자는 착공신고를 받은 날부터 20일 이내에 신고수리 여부를 신고인에게 통지하여야 한다.
③ 사업계획승인권자는 사업계획승인의 신청을 받았을 때에는 정당한 사유가 없으면 신청받은 날부터 60일 이내에 사업주체에게 승인 여부를 통보하여야 한다.
④ 사업주체는 사업계획승인을 받은 날부터 1년 이내에 공사를 착수하여야 한다.
⑤ 사업계획에는 부대시설 및 복리시설의 설치에 관한 계획 등이 포함되어야 한다.

톺아보기

★ 사업주체는 사업계획승인을 받은 날부터 5년 이내에 공사를 시작해야 한다.

13. 주택법령상 사업계획의 승인 등에 관한 설명으로 옳은 것을 모두 고른 것은? (단, 다른 법률에 따른 사업은 제외함)
제31회

㉠ 대지조성사업계획승인을 받으려는 자는 사업계획승인신청서에 조성한 대지의 공급계획서를 첨부하여 사업계획승인권자에게 제출하여야 한다.
㉡ 등록사업자는 동일한 규모의 주택을 대량으로 건설하려는 경우에는 시·도지사에게 주택의 형별로 표본설계도서를 작성·제출하여 승인을 받을 수 있다.
㉢ 지방공사가 사업주체인 경우 건축물의 설계와 용도별 위치를 변경하지 아니하는 범위에서의 건축물의 배치조정은 사업계획변경승인을 받지 않아도 된다.

① ㉠   ② ㉠, ㉡   ③ ㉠, ㉢   ④ ㉡, ㉢   ⑤ ㉠, ㉡, ㉢

톺아보기

옳은 것은 ㉠㉢이다.
★ ㉡ 한국토지주택공사, 지방공사 또는 등록사업자는 동일한 규모의 주택을 대량으로 건설하려는 경우에는 국토교통부장관에게 주택의 형별(型別)로 표본설계도서를 작성·제출하여 승인을 받을 수 있다.

정답 | 11 ①   12 ④   13 ③

14 주택법령상 주택건설사업계획승인에 관한 설명으로 틀린 것은?

제30회

① 사업계획에는 부대시설 및 복리시설의 설치에 관한 계획 등이 포함되어야 한다.
② 주택단지의 전체 세대수가 500세대인 주택건설사업을 시행하려는 자는 주택단지를 공구별로 분할하여 주택을 건설·공급할 수 있다.
③ 「한국토지주택공사법」에 따른 한국토지주택공사는 동일한 규모의 주택을 대량으로 건설하려는 경우에는 국토교통부장관에게 주택의 형별(型別)로 표본설계도서를 작성·제출하여 승인을 받을 수 있다.
④ 사업계획승인권자는 사업계획을 승인할 때 사업주체가 제출하는 사업계획에 해당 주택건설사업과 직접적으로 관련이 없거나 과도한 기반시설의 기부채납을 요구하여서는 아니 된다.
⑤ 사업계획승인권자는 사업계획승인의 신청을 받았을 때에는 정당한 사유가 없으면 신청받은 날부터 60일 이내에 사업주체에게 승인 여부를 통보하여야 한다.

톺아보기

★ 주택건설사업을 시행하려는 자는 전체 세대수가 600세대 이상인 주택단지를 공구별로 분할하여 주택을 건설·공급할 수 있다.

15 주택법령상 사업계획승인권자가 사업주체의 신청을 받아 공사의 착수기간을 연장할 수 있는 경우가 아닌 것은? (단, 공사에 착수하지 못할 다른 부득이한 사유는 고려하지 않음)   제30회

① 사업계획승인의 조건으로 부과된 사항을 이행함에 따라 공사착수가 지연되는 경우
② 공공택지의 개발·조성을 위한 계획에 포함된 기반시설의 설치지연으로 공사착수가 지연되는 경우
③ 「매장문화재 보호 및 조사에 관한 법률」에 따라 문화재청장의 매장문화재 발굴허가를 받은 경우
④ 해당 사업시행지에 대한 소유권 분쟁을 사업주체가 소송 외의 방법으로 해결하는 과정에서 공사착수가 지연되는 경우
⑤ 사업주체에게 책임이 없는 불가항력적인 사유로 인하여 공사착수가 지연되는 경우

톺아보기

해당 사업시행지에 대한 소유권 분쟁(소송절차가 진행 중인 경우만 해당한다)으로 인하여 공사착수가 지연되는 경우이다.

더 알아보기

착수기간의 연장

사업계획승인권자는 다음의 정당한 사유가 있다고 인정하는 경우에는 사업주체의 신청을 받아 그 사유가 없어진 날부터 1년의 범위에서 공사의 착수기간을 연장할 수 있다.
1. 「매장문화재 보호 및 조사에 관한 법률」에 따라 문화재청장의 매장문화재 발굴허가를 받은 경우
2. 해당 사업시행지에 대한 소유권 분쟁(소송절차가 진행 중인 경우만 해당한다)으로 인하여 공사착수가 지연되는 경우
3. 사업계획승인의 조건으로 부과된 사항을 이행함에 따라 공사착수가 지연되는 경우
4. 천재지변 또는 사업주체에게 책임이 없는 불가항력적인 사유로 인하여 공사착수가 지연되는 경우
5. 공공택지의 개발·조성을 위한 계획에 포함된 기반시설의 설치지연으로 공사착수가 지연되는 경우
6. 해당 지역의 미분양주택 증가 등으로 사업성이 악화될 우려가 있거나 주택건설경기가 침체되는 등 공사에 착수하지 못할 부득이한 사유가 있다고 사업계획승인권자가 인정하는 경우

정답 | 14 ② 15 ④

16 주택법령상 주택건설사업에 대한 사업계획의 승인에 관한 설명으로 틀린 것은?

제29회

① 지역주택조합은 설립인가를 받은 날부터 2년 이내에 사업계획승인을 신청하여야 한다.
② 사업주체가 승인받은 사업계획에 따라 공사를 시작하려는 경우 사업계획승인권자에게 신고하여야 한다.
③ 사업계획승인권자는 사업주체가 경매로 인하여 대지소유권을 상실한 경우에는 그 사업계획의 승인을 취소하여야 한다.
④ 사업주체가 주택건설대지를 사용할 수 있는 권원을 확보한 경우에는 그 대지의 소유권을 확보하지 못한 경우에도 사업계획의 승인을 받을 수 있다.
⑤ 주택조합이 승인받은 총사업비의 10%를 감액하는 변경을 하려면 변경승인을 받아야 한다.

톺아보기

사업계획의 승인을 취소할 수 있다. 즉, 임의적 취소사유에 해당한다.

더 알아보기

사업계획승인의 취소

사업계획승인권자는 다음의 어느 하나에 해당하는 경우 그 사업계획의 승인을 취소(2. 또는 3.에 해당하는 경우 「주택도시기금법」에 따라 주택분양보증이 된 사업은 제외한다)할 수 있다.
1. 사업주체가 사업계획승인을 받은 날부터 5년 이내에 공사를 시작하지 않는 경우(공구별 분할시행의 경우 최초로 공사를 진행하는 공구 외의 공구는 제외한다)
2. 사업주체가 경매·공매 등으로 인하여 대지소유권을 상실한 경우
3. 사업주체의 부도·파산 등으로 공사의 완료가 불가능한 경우

17 주택법령상 주택건설사업계획의 승인 등에 관한 설명으로 틀린 것은? (단, 다른 법률에 따른 사업은 제외함)
제28회

① 주거전용 단독주택인 건축법령상의 한옥 50호 이상의 건설사업을 시행하려는 자는 사업계획승인을 받아야 한다.
② 주택건설사업을 시행하려는 자는 전체 세대수가 600세대 이상의 주택단지를 공구별로 분할하여 주택을 건설·공급할 수 있다.
③ 사업주체는 공사의 착수기간이 연장되지 않는 한 주택건설사업계획의 승인을 받은 날부터 5년 이내에 공사를 시작하여야 한다.
④ 사업계획승인권자는 사업계획승인의 신청을 받았을 때에는 정당한 사유가 없으면 신청받은 날부터 60일 이내에 사업주체에게 승인 여부를 통보하여야 한다.
⑤ 사업계획승인의 조건으로 부과된 사항을 이행함에 따라 공사착수가 지연되는 경우, 사업계획승인권자는 그 사유가 없어진 날부터 3년의 범위에서 공사의 착수기간을 연장할 수 있다.

톺아보기

★ 사업계획승인의 조건으로 부과된 사항을 이행함에 따라 공사 착수가 지연되는 경우, 사업계획승인권자는 그 사유가 없어진 날부터 1년의 범위에서 공사의 착수기간을 연장할 수 있다.

정답 | 16 ③ 17 ⑤

18 주택법령상 (   ) 안에 들어갈 내용으로 옳게 연결된 것은? (단, 주택 외의 시설과 주택이 동일 건축물로 건축되지 않음을 전제로 함)
제26회

> • 한국토지주택공사가 서울특별시 A구에서 대지면적 10만m²에 50호의 한옥건설사업을 시행하려는 경우 (㉠)으로부터 사업계획승인을 받아야 한다.
> • B광역시 C구에서 지역균형개발이 필요하여 국토교통부장관이 지정·고시하는 지역 안에 50호의 한옥건설사업을 시행하는 경우 (㉡)으로부터 사업계획승인을 받아야 한다.

① ㉠: 국토교통부장관,   ㉡: 국토교통부장관
② ㉠: 서울특별시장,   ㉡: C구청장
③ ㉠: 서울특별시장,   ㉡: 국토교통부장관
④ ㉠: A구청장,   ㉡: C구청장
⑤ ㉠: 국토교통부장관,   ㉡: B광역시장

톺아보기

• 한국토지주택공사가 서울특별시 A구에서 대지면적 10만m²에 50호의 한옥건설사업을 시행하려는 경우 '국토교통부장관'으로부터 사업계획승인을 받아야 한다.
• B광역시 C구에서 지역균형개발이 필요하여 국토교통부장관이 지정·고시하는 지역 안에 50호의 한옥건설사업을 시행하는 경우 '국토교통부장관'으로부터 사업계획승인을 받아야 한다.

더 알아보기

사업계획승인권자가 국토교통부장관인 경우

다음의 경우에는 국토교통부장관에게 사업계획승인을 받아야 한다.
1. 국가 및 한국토지주택공사가 시행하는 경우
2. 330만m² 이상의 규모로 「택지개발촉진법」에 의한 택지개발사업 또는 「도시개발법」에 의한 도시개발사업을 추진하는 지역 중 국토교통부장관이 지정·고시하는 지역에서 주택건설사업을 시행하는 경우
3. 수도권·광역시 지역의 긴급한 주택난 해소가 필요하거나 지역균형개발 또는 광역적 차원의 조정이 필요하여 국토교통부장관이 지정·고시하는 지역에서 주택건설사업을 시행하는 경우
4. 국가·지방자치단체·한국토지주택공사 및 지방공사가 단독 또는 공동으로 총지분의 50%를 초과하여 출자한 부동산투자회사(해당 부동산투자회사의 자산관리회사가 한국토지주택공사인 경우만 해당한다)가 「공공주택 특별법」에 따른 공공주택건설사업을 시행하는 경우

19 주택법령상 사업계획승인을 받은 사업주체에게 인정되는 매도청구권에 관한 설명으로 옳은 것은?
제26회

① 주택건설대지에 사용권원을 확보하지 못한 건축물이 있는 경우 그 건축물은 매도청구의 대상이 되지 않는다.
② 사업주체는 매도청구일 전 60일부터 매도청구대상이 되는 대지의 소유자와 협의를 진행하여야 한다.
③ 사업주체가 주택건설대지면적의 90%에 대하여 사용권원을 확보한 경우, 사용권원을 확보하지 못한 대지의 모든 소유자에게 매도청구를 할 수 있다.
④ 사업주체가 주택건설대지면적의 80%에 대하여 사용권원을 확보한 경우, 사용권원을 확보하지 못한 대지의 소유자 중 지구단위계획구역 결정·고시일 10년 이전에 해당 대지의 소유권을 취득하여 계속 보유하고 있는 자에 대하여는 매도청구를 할 수 없다.
⑤ 사업주체가 리모델링주택조합인 경우 리모델링 결의에 찬성하지 아니하는 자의 주택에 대하여는 매도청구를 할 수 없다.

톺아보기

오답해설

★ ①② 사업계획승인을 받은 사업주체는 해당 주택건설대지 중 사용할 수 있는 권원을 확보하지 못한 대지(건축물을 포함한다)의 소유자에게 그 대지를 시가(市價)로 매도할 것을 청구할 수 있다. 이 경우 매도청구대상이 되는 대지의 소유자와 매도청구를 하기 전에 3개월 이상 협의를 해야 한다.
★ ③ 주택건설대지면적의 95% 이상의 사용권원을 확보한 경우 사용권원을 확보하지 못한 대지의 모든 소유자에게 매도청구를 할 수 있다.
★ ⑤ 리모델링의 허가를 신청하기 위한 동의율을 확보한 경우 리모델링주택조합은 그 리모델링 결의에 찬성하지 않는 자의 주택 및 토지에 대하여 매도청구를 할 수 있다.

정답 | 18 ① 19 ④

20 상중하 주택법령상 사전방문 등에 관한 설명으로 틀린 것은? 제35회

① 사전방문한 입주예정자가 보수공사 등 적절한 조치를 요청한 사항이 하자가 아니라고 판단하는 사업주체는 사용검사권자에게 하자 여부를 확인해줄 것을 요청할 수 있다.
② 사업주체는 사전방문을 주택공급계약에 따라 정한 입주지정기간 시작일 60일 전까지 1일 이상 실시해야 한다.
③ 사업주체가 사전방문을 실시하려는 경우, 사용검사권자에 대한 사전방문계획의 제출은 사전방문기간 시작일 1개월 전까지 해야 한다.
④ 사용검사권자는 사업주체로부터 하자 여부나 확인 요청을 받은 날부터 7일 이내에 하자 여부를 확인하여 해당 사업주체에게 통보해야 한다.
⑤ 보수공사 등의 조치계획을 수립한 사업주체는 사전방문 기간의 종료일부터 7일 이내에 사용검사권자에게 해당 조치계획을 제출해야 한다.

톺아보기

사업주체는 사전방문을 주택공급계약에 따라 정한 입주지정기간 시작일 45일 전까지 2일 이상 실시해야 한다.

더 알아보기

사전방문

사업주체는 사용검사를 받기 전에 입주예정자가 해당 주택을 방문하여 공사 상태를 미리 점검(이하 '사전방문'이라 한다)할 수 있게 해야 한다.

사전방문의 절차 및 방법 등(「주택법 시행규칙」 제20조의2)
1. 사업주체는 사전방문을 주택공급계약에 따라 정한 입주지정기간 시작일 45일 전까지 2일 이상 실시해야 한다.
2. 사업주체가 사전방문을 실시하려는 경우에는 사전방문기간 및 방법 등 사전방문에 필요한 사항을 포함한 사전방문계획을 수립하여 사용검사권자에게 제출하고, 입주예정자에게 그 내용을 서면(전자문서를 포함한다)으로 알려야 한다. 이 경우 사전방문계획의 제출 및 통보는 사전방문기간 시작일 1개월 전까지 해야 한다.

21

주택법령상 주택의 감리자에 관한 설명으로 옳은 것을 모두 고른 것은? 제31회

> ㉠ 사업계획승인권자는 감리자가 업무수행 중 위반사항이 있음을 알고도 묵인한 경우 그 감리자에 대하여 2년의 범위에서 감리업무의 지정을 제한할 수 있다.
> ㉡ 설계도서가 해당 지형 등에 적합한지에 대한 확인은 감리자의 업무에 해당한다.
> ㉢ 감리자는 업무를 수행하면서 위반 사항을 발견하였을 때에는 지체 없이 시공자 및 사업주체에게 위반사항을 시정할 것을 통지하고, 7일 이내에 사업계획승인권자에게 그 내용을 보고해야 한다.

① ㉠ ② ㉡ ③ ㉠, ㉡ ④ ㉠, ㉢ ⑤ ㉡, ㉢

톺아보기

㉠ 사업계획승인권자는 감리자가 감리업무 수행 중 발견한 위반 사항을 묵인한 경우에는 감리자를 교체하고, 그 감리자에 대하여는 1년의 범위에서 감리업무의 지정을 제한할 수 있다.

22

주택법령상 주택의 사용검사 등에 관한 설명으로 틀린 것은? 제34회

① 하나의 주택단지의 입주자를 분할모집하여 전체 단지의 사용검사를 마치기 전에 입주가 필요한 경우에는 공사가 완료된 주택에 대하여 동별로 사용검사를 받을 수 있다.
② 사용검사는 사용검사 신청일부터 15일 이내에 해야 한다.
③ 사업주체는 건축물의 동별로 공사가 완료된 경우로서 사용검사권자의 임시사용승인을 받은 경우에는 사용검사를 받기 전에 주택을 사용하게 할 수 있다.
④ 사업주체가 파산 등으로 사용검사를 받을 수 없는 경우에는 해당 주택의 시공을 보증한 자, 해당 주택의 시공자 또는 입주예정자는 사용검사를 받을 수 있다.
⑤ 무단거주가 아닌 입주예정자가 사업주체의 파산 등으로 사용검사를 받을 때에는 입주예정자의 대표회의가 사용검사권자에게 사용검사를 신청할 때 하자보수보증금을 예치해야 한다.

톺아보기

사업주체가 파산 등으로 사용검사를 받을 수 없는 경우에는 해당 주택의 시공을 보증한 자 또는 입주예정자가 사용검사를 받을 수 있다. 주택의 시공자는 해당하지 않는다.

정답 | 20 ② 21 ⑤ 22 ④

23 「주택법」상 사용검사 후 매도청구 등에 관한 조문의 일부이다. ( )에 들어갈 숫자를 바르게 나열한 것은?

제30회

> 「주택법」 제62조(사용검사 후 매도청구 등)
> ① ~ ③ 〈생략〉
> ④ 제1항에 따라 매도청구를 하려는 경우에는 해당 토지의 면적이 주택단지 전체 대지면적의 (㉠)% 미만이어야 한다.
> ⑤ 제1항에 따른 매도청구의 의사표시는 실소유자가 해당 토지소유권을 회복한 날부터 (㉡)년 이내에 해당 실소유자에게 송달되어야 한다.
> ⑥ 〈생략〉

① ㉠: 5, ㉡: 1
② ㉠: 5, ㉡: 2
③ ㉠: 5, ㉡: 3
④ ㉠: 10, ㉡: 1
⑤ ㉠: 10, ㉡: 2

톺아보기

- 제1항에 따라 매도청구를 하려는 경우에는 해당 토지의 면적이 주택단지 전체 대지면적의 '5'% 미만이어야 한다.
- 제1항에 따른 매도청구의 의사표시는 실소유자가 해당 토지소유권을 회복한 날부터 '2'년 이내에 해당 실소유자에게 송달되어야 한다.

24

주택건설사업이 완료되어 사용검사가 있은 후에 甲이 주택단지 일부의 토지에 대해 소유권이전등기 말소소송에 따라 해당 토지의 소유권을 회복하게 되었다. 주택법령상 이에 관한 설명으로 옳은 것은? 제29회

① 주택의 소유자들은 甲에게 해당 토지를 공시지가로 매도할 것을 청구할 수 있다.
② 대표자를 선정하여 매도청구에 관한 소송을 하는 경우 대표자는 복리시설을 포함하여 주택의 소유자 전체의 4분의 3 이상의 동의를 받아 선정한다.
③ 대표자를 선정하여 매도청구에 관한 소송을 하는 경우 그 판결은 대표자 선정에 동의하지 않은 주택의 소유자에게는 효력이 미치지 않는다.
④ 甲이 소유권을 회복한 토지의 면적이 주택단지 전체 대지면적의 5%를 넘는 경우에는 주택소유자 전원의 동의가 있어야 매도청구를 할 수 있다.
⑤ 甲이 해당 토지의 소유권을 회복한 날부터 1년이 경과한 이후에는 甲에게 매도청구를 할 수 없다.

톺아보기

오답해설

★ ① 시가로 매도할 것을 청구할 수 있다.
③ 매도청구에 관한 소송에 대한 판결은 주택의 소유자 전체에 대하여 효력이 있다.
★ ④ 매도청구를 하려는 경우에는 해당 토지의 면적이 주택단지 전체 대지면적의 5% 미만이어야 한다.
★ ⑤ 매도청구의 의사표시는 실소유자가 해당 토지소유권을 회복한 날부터 2년 이내에 해당 실소유자에게 송달되어야 한다.

정답 | 23 ② 24 ②

제3장 / 주택의 공급

01 주택법령상 입주자저축에 관한 설명으로 틀린 것은? 제35회

① 입주자저축정보를 제공하는 입주자저축취급기관의 장은 입주자저축정보의 명의인이 요구하더라도 입주자저축정보의 제공사실을 통보하지 아니할 수 있다.
② 국토교통부장관으로부터 「주택법」에 따라 입주자저축정보의 제공 요청을 받은 입주자저축취급기관의 장은 「금융실명거래 및 비밀보장에 관한 법률」에도 불구하고 입주자저축정보를 제공해야 한다.
③ '입주자저축'이란 국민주택과 민영주택을 공급받기 위하여 가입하는 주택청약종합저축을 말한다.
④ 국토교통부장관은 입주자저축의 납입방식·금액 및 조건 등에 필요한 사항에 관한 국토교통부령을 제정하거나 개정할 때에는 기획재정부장관과 미리 협의해야 한다.
⑤ 입주자저축은 한 사람이 한 계좌만 가입할 수 있다.

톺아보기

입주자저축정보를 제공하는 입주자저축취급기관의 장은 입주자저축정보의 명의인이 요구할 때에는 입주자저축정보의 제공사실을 통보해야 한다.

02 주택법령상 「주택공급에 관한 규칙」으로 정하는 사항을 모두 고른 것은? 제35회

㉠ 법 제54조에 따른 주택의 공급
㉡ 법 제57조에 따른 분양가격 산정방식
㉢ 법 제60조에 따른 견본주택의 건축기준
㉣ 법 제65조 제5항에 따른 입주자자격 제한

① ㉠, ㉡, ㉢
② ㉠, ㉡, ㉣
③ ㉠, ㉢, ㉣
④ ㉡, ㉢, ㉣
⑤ ㉠, ㉡, ㉢, ㉣

톺아보기

해당하는 것은 ㉠㉢㉣이다.
㉡ 법 제57조에 따른 분양가격 산정방식 등은 「공동주택 분양가격의 산정 등에 관한 규칙」으로 정한다.
다음의 사항은 「주택공급에 관한 규칙」으로 정한다(「주택법 시행규칙」 제23조).
1. 법 제54조에 따른 주택의 공급
2. 법 제56조에 따른 입주자저축
3. 법 제60조에 따른 견본주택의 건축기준
4. 법 제65조제5항에 따른 입주자자격 제한

정답 | 01 ① 02 ③

03 주택법령상 조정대상지역의 지정기준의 일부이다. ( )에 들어갈 숫자로 옳은 것은?

제34회

> 조정대상지역지정직전월부터 소급하여 6개월간의 평균 주택가격상승률이 마이너스 (㉠)% 이하인 지역으로서 다음에 해당하는 지역
> - 조정대상지역지정직전월부터 소급하여 (㉡)개월 연속 주택매매거래량이 직전 연도의 같은 기간보다 (㉢)% 이상 감소한 지역
> - 조정대상지역지정직전월부터 소급하여 (㉡)개월간의 평균 미분양주택(「주택법」 제15조 제1항에 따른 사업계획승인을 받아 입주자를 모집했으나 입주자가 선정되지 않은 주택을 말한다)의 수가 직전 연도의 같은 기간보다 2배 이상인 지역

① ㉠: 1, ㉡: 3, ㉢: 20
② ㉠: 1, ㉡: 3, ㉢: 30
③ ㉠: 1, ㉡: 6, ㉢: 30
④ ㉠: 3, ㉡: 3, ㉢: 20
⑤ ㉠: 3, ㉡: 6, ㉢: 20

톺아보기

㉠: 1, ㉡: 3, ㉢: 20

더 알아보기

조정대상지역의 지정기준: 위축지역

조정대상지역지정직전월부터 소급하여 6개월간의 평균 주택가격상승률이 마이너스 1% 이하인 지역으로서 다음에 해당하는 지역

1. 조정대상지역지정직전월부터 소급하여 3개월 연속 주택매매거래량이 직전 연도의 같은 기간보다 20% 이상 감소한 지역
2. 조정대상지역지정직전월부터 소급하여 3개월간의 평균 미분양주택의 수가 직전 연도의 같은 기간보다 2배 이상인 지역
3. 해당 지역이 속하는 시·도의 주택보급률 또는 자가주택비율이 전국 평균을 초과하는 지역

04 주택법령상 분양가상한제 적용주택에 관한 설명으로 옳은 것을 모두 고른 것은?

제33회

㉠ 도시형 생활주택은 분양가상한제 적용주택에 해당하지 않는다.
㉡ 토지임대부 분양주택의 분양가격은 택지비와 건축비로 구성된다.
㉢ 사업주체는 분양가상한제 적용주택으로서 공공택지에서 공급하는 주택에 대하여 입주자 모집공고에 분양가격을 공시해야 하는데, 간접비는 공시해야 하는 분양가격에 포함되지 않는다.

① ㉠
② ㉠, ㉡
③ ㉠, ㉢
④ ㉡, ㉢
⑤ ㉠, ㉡, ㉢

톺아보기

옳은 것은 ㉠이다.

★ ㉡ 분양가상한제 적용주택의 분양가격은 택지비와 건축비로 구성(토지임대부 분양주택의 경우에는 건축비만 해당한다)된다.

㉢ 사업주체는 분양가상한제 적용주택으로서 공공택지에서 공급하는 주택에 대하여 입주자 모집승인을 받았을 때에는 입주자 모집공고에 다음에 대하여 분양가격을 공시해야 한다.
  1. 택지비
  2. 공사비
  3. 간접비
  4. 그 밖에 국토교통부령으로 정하는 비용

05 주택법령상 투기과열지구의 지정기준에 관한 설명이다. ( )에 들어갈 숫자와 내용을 바르게 나열한 것은?   제32회 수정

- 투기과열지구로 지정하는 날이 속하는 달의 바로 전달(이하 '투기과열지구지정직전월')부터 소급하여 주택공급이 있었던 (㉠)개월 동안 해당 지역에서 공급되는 주택의 월평균 청약경쟁률이 모두 5대 1을 초과하였거나 국민주택규모 주택의 월평균 청약경쟁률이 모두 (㉡)대 1을 초과한 곳
- 투기과열지구지정직전월의 주택(㉢)이 전달보다 30% 이상 감소하여 주택공급이 위축될 우려가 있는 곳

① ㉠: 2, ㉡: 10, ㉢: 분양실적
② ㉠: 2, ㉡: 10, ㉢: 건축허가실적
③ ㉠: 2, ㉡: 20, ㉢: 건축허가실적
④ ㉠: 3, ㉡: 10, ㉢: 분양실적
⑤ ㉠: 3, ㉡: 20, ㉢: 건축허가실적

톺아보기

★ • 투기과열지구로 지정하는 날이 속하는 달의 바로 전달(이하 '투기과열지구지정직전월')부터 소급하여 주택공급이 있었던 '2'개월 동안 해당 지역에서 공급되는 주택의 월평균 청약경쟁률이 모두 5대 1을 초과했거나 국민주택규모 주택의 월평균 청약경쟁률이 모두 '10'대 1을 초과한 곳
★ • 투기과열지구지정직전월의 주택'분양실적'이 전달보다 30% 이상 감소하여 주택공급이 위축될 우려가 있는 곳

더 알아보기

투기과열지구의 지정대상

투기과열지구는 해당 지역의 주택가격상승률이 물가상승률보다 현저히 높은 지역으로서 그 지역의 청약경쟁률·주택가격·주택보급률 및 주택공급계획 등과 지역 주택시장여건 등을 고려했을 때 주택에 대한 투기가 성행하고 있거나 성행할 우려가 있는 지역 중 대통령령으로 정하는 다음의 기준을 충족하는 곳이어야 한다.

1. 투기과열지구로 지정하는 날이 속하는 달의 바로 전달(이하 '투기과열지구지정직전월'이라 한다)부터 소급하여 주택공급이 있었던 2개월 동안 해당 지역에서 공급되는 주택의 월별 평균 청약경쟁률이 모두 5대 1을 초과했거나 국민주택규모 주택의 월별 평균 청약경쟁률이 모두 10대 1을 초과한 곳
2. 다음에 해당하는 곳으로서 주택공급이 위축될 우려가 있는 곳
   - 투기과열지구지정직전월의 주택분양실적이 전달보다 30% 이상 감소한 곳
   - 사업계획승인 건수나 「건축법」에 따른 건축허가 건수(투기과열지구지정직전월부터 소급하여 6개월간의 건수를 말한다)가 직전 연도보다 급격하게 감소한 곳 … (중간 생략)
   - 해당 지역의 분양주택의 수가 입주자저축에 가입한 사람으로서 주택청약 제1순위자의 수보다 현저히 적은 곳

06 주택법령상 주택공급과 관련하여 금지되는 공급질서 교란행위에 해당하는 것을 모두 고른 것은?

제32회

> ㉠ 주택을 공급받을 수 있는 조합원 지위의 상속
> ㉡ 입주자저축 증서의 저당
> ㉢ 공공사업의 시행으로 인한 이주대책에 따라 주택을 공급받을 수 있는 지위의 매매
> ㉣ 주택을 공급받을 수 있는 증서로서 시장·군수·구청장이 발행한 무허가건물 확인서의 증여

① ㉠, ㉡
② ㉠, ㉣
③ ㉢, ㉣
④ ㉠, ㉡, ㉢
⑤ ㉡, ㉢, ㉣

톺아보기

금지되는 공급질서 교란행위에 해당하는 것은 ㉢㉣이다.

더 알아보기

금지되는 공급질서 교란행위

누구든지 다음의 어느 하나에 해당하는 증서 또는 지위를 양도·양수(매매·증여나 그 밖에 권리변동을 수반하는 모든 행위를 포함하되, 상속·저당의 경우는 제외한다) 또는 이를 알선하거나 양도·양수 또는 이를 알선할 목적으로 하는 광고(각종 간행물·인쇄물·전화·인터넷, 그 밖의 매체를 통한 행위를 포함한다)를 해서는 안 된다.
1. 주택을 공급받을 수 있는 주택조합원 지위
2. 입주자저축 증서
3. 주택상환사채
4. 그 밖에 주택을 공급받을 수 있는 증서 또는 지위로서 대통령령으로 정하는 것
    • 시장·군수·구청장이 발행한 무허가건물 확인서, 건물철거예정 증명서 또는 건물철거 확인서
    • 공공사업의 시행으로 인한 이주대책에 따라 주택을 공급받을 수 있는 지위 또는 이주대책대상자 확인서

정답 | 05 ① 06 ③

07 주택법령상 주거정책심의위원회의 심의를 거치도록 규정되어 있는 것만을 모두 고른 것은?

제30회

> ㉠ 「주택법」 제20조에 따라 시장·군수·구청장의 요청을 받아 국토교통부장관이 임대주택의 인수자를 지정하는 경우
> ㉡ 「주택법」 제58조에 따라 국토교통부장관이 분양가상한제 적용지역을 지정하는 경우
> ㉢ 「주택법」 제63조에 따라 국토교통부장관이 투기과열지구의 지정을 해제하는 경우

① ㉡
② ㉠, ㉡
③ ㉠, ㉢
④ ㉡, ㉢
⑤ ㉠, ㉡, ㉢

톺아보기

해당하는 것은 ㉡㉢이다.

★ ㉡ 국토교통부장관은 공공택지 외의 택지에서 주택가격상승률이 물가상승률보다 현저히 높은 지역으로서 주택가격이 급등하거나 급등할 우려가 있는 지역 중 대통령령으로 정하는 기준을 충족하는 지역은 주거정책심의위원회 심의를 거쳐 분양가상한제 적용지역으로 지정할 수 있다.

★ ㉢ 국토교통부장관 또는 시·도지사는 주택가격의 안정을 위하여 필요한 경우에는 주거정책심의위원회(시·도지사의 경우에는 시·도 주거정책심의위원회를 말한다)의 심의를 거쳐 일정한 지역을 투기과열지구로 지정하거나 이를 해제할 수 있다.

08 주택법령상 투기과열지구 및 조정대상지역에 관한 설명으로 옳은 것은? 제29회

① 국토교통부장관은 시·도별 주택보급률 또는 자가주택비율이 전국 평균을 초과하는 지역을 투기과열지구로 지정할 수 있다.
② 시·도지사는 주택의 분양·매매 등 거래가 위축될 우려가 있는 지역을 시·도 주거정책심의위원회의 심의를 거쳐 조정대상지역으로 지정할 수 있다.
③ 투기과열지구의 지정기간은 3년으로 하되, 해당 지역 시장·군수·구청장의 의견을 들어 연장할 수 있다.
④ 투기과열지구로 지정되면 지구 내 주택은 전매행위가 제한된다.
⑤ 조정대상지역으로 지정된 지역의 시장·군수·구청장은 조정대상지역으로 유지할 필요가 없다고 판단되는 경우 국토교통부장관에게 그 지정의 해제를 요청할 수 있다.

톺아보기

[오답해설]
① 시·도별 주택보급률 또는 자가주택비율이 전국 평균 이하인 지역이다.
★ ② 국토교통부장관은 다음의 어느 하나에 해당하는 지역으로서 대통령령으로 정하는 기준을 충족하는 지역을 주거정책심의위원회의 심의를 거쳐 조정대상지역으로 지정할 수 있다.
  1. 과열지역: 주택가격, 청약경쟁률, 분양권 전매량 및 주택보급률 등을 고려했을 때 주택분양 등이 과열되어 있거나 과열될 우려가 있는 지역
  2. 위축지역: 주택가격, 주택거래량, 미분양주택의 수 및 주택보급률 등을 고려하여 주택의 분양·매매 등 거래가 위축되어 있거나 위축될 우려가 있는 지역
★ ③ 투기과열지구의 지정기간은 따로 없고, 국토교통부장관은 반기마다 주거정책심의위원회의 회의를 소집하여 투기과열지구로 지정된 지역별로 해당 지역의 주택가격안정여건의 변화 등을 고려하여 투기과열지구 지정의 유지 여부를 재검토해야 한다.
★ ④ 투기과열지구 내 기존 주택은 전매행위가 제한되지 않는다.

정답 | 07 ④ 08 ⑤

09 주택법령상 주택의 공급에 관한 설명으로 옳은 것은? 제27회 수정

① 한국토지주택공사가 총지분의 전부를 출자한 부동산투자회사가 사업주체로서 입주자를 모집하려는 경우에는 시장·군수·구청장의 승인을 받아야 한다.
② 「관광진흥법」에 따라 지정된 관광특구에서 건설·공급하는 층수가 51층이고 높이가 140m인 아파트는 분양가상한제의 적용대상이다.
③ 시·도지사는 주택가격상승률이 물가상승률보다 현저히 높은 지역으로서 주택가격의 급등이 우려되는 지역에 대해서 분양가상한제 적용지역으로 지정할 수 있다.
④ 주택의 사용검사 후 주택단지 내 일부의 토지의 소유권을 회복한 자에게 주택소유자들이 매도청구를 하려면 해당 토지의 면적이 주택단지 전체 대지면적의 5% 미만이어야 한다.
⑤ 사업주체가 투기과열지구에서 건설·공급하는 주택의 입주자로 선정된 지위는 매매하거나 상속할 수 없다.

톺아보기

오답해설

★ ① 사업주체가 입주자를 모집하려는 경우에는 국토교통부령으로 정하는 바에 따라 시장·군수·구청장의 승인(복리시설의 경우에는 신고를 말한다)을 받아야 한다. 다만, 다음의 공공주택사업자는 제외한다.
  1. 국가 또는 지방자치단체
  2. 「한국토지주택공사법」에 따른 한국토지주택공사
  3. 「지방공기업법」에 따라 주택사업을 목적으로 설립된 지방공사
  4. 「공공기관의 운영에 관한 법률」에 따른 공공기관 중 대통령령으로 정하는 기관
  5. 1.부터 4.까지의 규정 중 어느 하나에 해당하는 자가 총지분의 50%를 초과하여 출자·설립한 법인
  6. 주택도시기금 또는 1.부터 4.까지의 규정 중 어느 하나에 해당하는 자가 총지분의 전부를 출자(공동으로 출자한 경우를 포함한다)하여 「부동산투자회사법」에 따라 설립한 부동산투자회사

★ ② 관광특구에서 건설·공급하는 공동주택으로서 해당 건축물의 층수가 50층 이상이거나 높이가 150m 이상인 경우 분양가상한제를 적용하지 않는다.
③ 국토교통부장관이 분양가상한제 적용지역을 지정할 수 있다.
⑤ 상속은 제외한다.

10 주택법령상 주택의 전매행위제한에 관한 설명으로 틀린 것은? (단, 수도권은 「수도권정비계획법」에 의한 것임)

제27회 수정

① 전매제한기간은 주택의 수급상황 및 투기우려 등을 고려하여 지역별로 달리 정할 수 있다.
② 사업주체가 공공택지 외의 택지에서 건설·공급하는 주택을 공급하는 경우에는 그 주택의 소유권을 제3자에게 이전할 수 없음을 소유권에 관한 등기에 부기등기하여야 한다.
③ 세대원 전원이 2년 이상의 기간 해외에 체류하고자 하는 경우로서 한국토지주택공사의 동의를 받은 경우에는 전매제한 주택을 전매할 수 있다.
④ 상속에 의하여 취득한 주택으로 세대원 전원이 이전하는 경우로서 한국토지주택공사의 동의를 받은 경우에는 전매제한 주택을 전매할 수 있다.
⑤ 공공택지 외의 택지에서 건설·공급되는 주택의 소유자가 국가에 대한 채무를 이행하지 못하여 공매가 시행되는 경우에는 한국토지주택공사의 동의 없이도 전매를 할 수 있다.

톺아보기

★ 주택의 소유자가 국가·지방자치단체 및 금융기관에 대한 채무를 이행하지 못하여 경매 또는 공매가 시행되는 경우 한국토지주택공사의 동의를 받아야 전매를 할 수 있다.

더 알아보기

전매행위 제한의 예외

다음의 어느 하나에 해당하여 한국토지주택공사(사업주체가 「공공주택 특별법」의 공공주택사업자인 경우에는 공공주택사업자를 말한다)의 동의를 받은 때에는 전매제한을 적용하지 않는다. 다만, 분양가상한제 적용주택을 공급받은 자가 전매하는 경우에는 한국토지주택공사가 그 주택을 우선 매입할 수 있다.

1. 세대원이 근무 또는 생업상의 사정이나 질병치료·취학·결혼으로 인하여 세대원 전원이 다른 광역시, 특별자치시, 특별자치도, 시 또는 군(광역시의 관할구역에 있는 군은 제외한다)으로 이전하는 경우. 다만, 수도권 안에서 이전하는 경우는 제외한다.
2. 상속에 따라 취득한 주택으로 세대원 전원이 이전하는 경우
3. 세대원 전원이 해외로 이주하거나 2년 이상의 기간 동안 해외에 체류하려는 경우
4. 이혼으로 인하여 입주자로 선정된 지위 또는 주택을 배우자에게 이전하는 경우
5. 「공익사업을 위한 토지 등의 취득 및 보상에 관한 법률」에 따라 공익사업의 시행으로 주거용 건축물을 제공한 자가 사업시행자로부터 이주대책용 주택을 공급받은 경우로서 시장·군수·구청장이 확인하는 경우
6. 주택의 소유자가 국가·지방자치단체 및 금융기관에 대한 채무를 이행하지 못하여 경매 또는 공매가 시행되는 경우
7. 입주자로 선정된 지위 또는 주택의 일부를 배우자에게 증여하는 경우
8. 실직·파산 또는 신용불량으로 경제적 어려움이 발생한 경우

정답 | 09 ④ 10 ⑤

11 주택법령상 주택의 공급에 관한 설명으로 옳은 것은? 제26회

① 한국토지주택공사가 사업주체로서 복리시설의 입주자를 모집하려는 경우 시장·군수·구청장에게 신고하여야 한다.
② 지방공사가 사업주체로서 견본주택을 건설하는 경우에는 견본주택에 사용되는 마감자재 목록표와 견본주택의 각 실의 내부를 촬영한 영상물 등을 제작하여 시장·군수·구청장에게 제출하여야 한다.
③ 「관광진흥법」에 따라 지정된 관광특구에서 건설·공급하는 50층 이상의 공동주택은 분양가상한제의 적용을 받는다.
④ 공공택지 외의 택지로서 분양가상한제가 적용되는 지역에서 공급하는 도시형 생활주택은 분양가상한제의 적용을 받는다.
⑤ 시·도지사는 사업계획승인신청이 있는 날부터 30일 이내에 분양가심사위원회를 설치·운영하여야 한다.

톺아보기

오답해설

★ ① 공공주택사업자가 입주자를 모집하려는 경우에는 시장·군수·구청장의 승인(복리시설의 경우에는 신고를 말한다)을 받지 않는다.
★ ③④ 다음의 어느 하나에 해당하는 경우에는 분양가상한제를 적용하지 않는다.
  1. 도시형 생활주택
  2. 경제자유구역에서 건설·공급하는 공동주택으로서 경제자유구역위원회에서 외자유치 촉진과 관련이 있다고 인정하여 분양가격 제한을 적용하지 않기로 심의·의결한 경우
  3. 관광특구에서 건설·공급하는 공동주택으로서 해당 건축물의 층수가 50층 이상이거나 높이가 150m 이상인 경우
  4. 한국토지주택공사 또는 지방공사가 다음의 정비사업의 시행자로 참여하는 등 공공성 요건(전체 세대수의 10% 이상을 임대주택으로 건설·공급할 것)을 충족하는 경우로서 해당 사업에서 건설·공급하는 주택
     • 다음에 해당하는 정비사업: 정비구역의 면적이 2만m² 미만 또는 전체 세대수가 200세대 미만
     • 「빈집 및 소규모주택 정비에 관한 특례법」에 따른 소규모주택정비사업
  5. 「도시 및 주거환경정비법」에 따른 주거환경개선사업 및 공공재개발사업에서 건설·공급하는 주택
  6. 「도시재생 활성화 및 지원에 관한 특별법」에 따른 주거재생혁신지구에서 시행하는 혁신지구재생사업에서 건설·공급하는주택
  7. 「공공주택특별법」에 따른 도심 공공주택 복합사업에서 건설·공급하는 주택
⑤ 시장·군수·구청장은 사업계획승인신청(「도시 및 주거환경정비법」에 따른 사업시행계획인가, 「건축법」에 따른 건축허가를 포함한다)이 있는 날부터 20일 이내에 분양가심사위원회를 설치·운영해야 한다.

정답 | 11 ②

제4장 / 리모델링

기본서 p.528~533

01 주택법령상 리모델링에 관한 설명으로 <u>틀린</u> 것은? (단, 조례는 고려하지 않음)

제34회

① 세대수 증가형 리모델링으로 인한 도시과밀, 이주수요집중 등을 체계적으로 관리하기 위하여 수립하는 계획을 리모델링 기본계획이라 한다.
② 리모델링에 동의한 소유자는 리모델링 결의를 한 리모델링주택조합이나 소유자 전원의 동의를 받은 입주자대표회의가 시장·군수·구청장에게 리모델링 허가신청서를 제출하기 전까지 서면으로 동의를 철회할 수 있다.
③ 특별시장·광역시장 및 대도시의 시장은 리모델링 기본계획을 수립하거나 변경한 때에는 이를 지체 없이 해당 지방자치단체의 공보에 고시해야 한다.
④ 수직증축형 리모델링의 설계자는 국토교통부장관이 정하여 고시하는 구조기준에 맞게 구조설계도서를 작성해야 한다.
⑤ 대수선인 리모델링을 하려는 자는 시장·군수·구청장에게 안전진단을 요청해야 한다.

톺아보기

★ 증축형 리모델링을 하려는 자는 시장·군수·구청장에게 안전진단을 요청해야 한다.

정답 | 01 ⑤

02 주택법령상 리모델링에 관한 설명으로 옳은 것은? (단, 조례는 고려하지 않음)

제33회

① 대수선은 리모델링에 포함되지 않는다.
② 공동주택의 리모델링은 동별로 할 수 있다.
③ 주택단지 전체를 리모델링하고자 주택조합을 설립하기 위해서는 주택단지 전체의 구분소유자와 의결권의 각 과반수의 결의가 필요하다.
④ 공동주택 리모델링의 허가는 시 · 도지사가 한다.
⑤ 리모델링주택조합 설립에 동의한 자로부터 건축물을 취득하였더라도 리모델링주택조합 설립에 동의한 것으로 보지 않는다.

톺아보기

오답해설

★ ① 리모델링이란 건축물의 노후화 억제 또는 기능 향상 등을 위한 대수선 또는 증축하는 행위를 말한다.
★ ③ 주택을 리모델링하기 위하여 리모델링주택조합을 설립하려는 경우에는 다음의 구분에 따른 구분소유자와 의결권의 결의를 증명하는 서류를 첨부하여 관할 시장 · 군수 · 구청장의 인가를 받아야 한다.
  1. 주택단지 전체를 리모델링하고자 하는 경우: 주택단지 전체의 구분소유자와 의결권의 각 3분의 2 이상의 결의 및 각 동의 구분소유자와 의결권의 각 과반수의 결의
  2. 동을 리모델링하고자 하는 경우: 그 동의 구분소유자 및 의결권의 각 3분의 2 이상의 결의
★ ④ 공동주택을 리모델링하려는 경우에는 시장 · 군수 · 구청장의 허가를 받아야 한다.
  ⑤ 리모델링주택조합 설립에 동의한 자로부터 건축물을 취득한 자는 리모델링주택조합 설립에 동의한 것으로 본다.

03 주택법령상 공동주택의 리모델링에 관한 설명으로 틀린 것은? (단, 조례는 고려하지 않음)

제31회

① 입주자대표회의가 리모델링하려는 경우에는 리모델링 설계개요, 공사비, 소유자의 비용분담 명세가 적혀 있는 결의서에 주택단지 소유자 전원의 동의를 받아야 한다.
② 공동주택의 입주자가 공동주택을 리모델링하려고 하는 경우에는 시장·군수·구청장의 허가를 받아야 한다.
③ 사업비에 관한 사항은 세대수가 증가되는 리모델링을 하는 경우 수립하여야 하는 권리변동계획에 포함되지 않는다.
④ 증축형 리모델링을 하려는 자는 시장·군수·구청장에게 안전진단을 요청하여야 한다.
⑤ 수직증축형 리모델링의 대상이 되는 기존 건축물의 층수가 12층인 경우에는 2개 층까지 증축할 수 있다.

톺아보기

사업비에 관한 사항은 세대수가 증가되는 리모델링을 하는 경우 수립해야 하는 권리변동계획에 포함된다.

더 알아보기

권리변동계획의 수립

세대수가 증가되는 리모델링을 하는 경우에는 다음의 사항에 대한 권리변동계획을 수립하여 사업계획승인 또는 행위허가를 받아야 한다.
1. 리모델링 전후의 대지 및 건축물의 권리변동 명세
2. 조합원의 비용분담
3. 사업비
4. 조합원 외의 자에 대한 분양계획
5. 그 밖에 리모델링과 관련된 권리 등에 대하여 해당 시·도 또는 시·군의 조례로 정하는 사항

정답 | 02 ② 03 ③

제5장 / 보칙·벌칙

기본서 p.534~543

01 상중하

주택법령상 토지임대부 분양주택에 관한 설명으로 옳은 것은?   제33회 수정

① 토지임대부 분양주택의 토지에 대한 임대차기간은 50년 이내로 한다.
② 토지임대부 분양주택의 토지에 대한 임대차기간을 갱신하기 위해서는 토지임대부 분양주택 소유자의 3분의 2 이상이 계약갱신을 청구하여야 한다.
③ 토지임대료를 보증금으로 전환하여 납부하는 경우, 그 보증금을 산정할 때 적용되는 이자율은 「은행법」에 따른 은행의 3년 만기 정기예금 평균이자율 이상이어야 한다.
④ 토지임대부 분양주택을 공급받은 자는 전매제한기간이 지나기 전에 시·도지사에게 해당 주택의 매입을 신청할 수 있다.
⑤ 토지임대료는 분기별 임대료를 원칙으로 한다.

톺아보기

[오답해설]

★ ①② 토지임대부 분양주택의 토지에 대한 임대차기간은 40년 이내로 한다. 이 경우 토지임대부 분양주택 소유자의 75% 이상이 계약갱신을 청구하는 경우 40년의 범위에서 이를 갱신할 수 있다.
④ 토지임대부 분양주택을 공급받은 자는 전매제한기간이 지나기 전에 한국토지주택공사에 해당 주택의 매입을 신청할 수 있다.
⑤ 토지임대료는 월별 임대료를 원칙으로 한다.

02 주택법령상 주택상환사채에 관한 설명으로 옳은 것은? 제33회

① 법인으로서 자본금이 3억원인 등록사업자는 주택상환사채를 발행할 수 있다.
② 발행 조건은 주택상환사채권에 적어야 하는 사항에 포함된다.
③ 주택상환사채를 발행하려는 자는 주택상환사채발행계획을 수립하여 시·도지사의 승인을 받아야 한다.
④ 주택상환사채는 액면으로 발행하고, 할인의 방법으로는 발행할 수 없다.
⑤ 주택상환사채는 무기명증권(無記名證券)으로 발행한다.

톺아보기

오답해설
① 법인으로서 자본금이 5억원 이상인 등록사업자는 주택상환사채를 발행할 수 있다.
★ ③ 주택상환사채를 발행하려는 자는 주택상환사채발행계획을 수립하여 국토교통부장관의 승인을 받아야 한다.
④ 주택상환사채는 액면 또는 할인의 방법으로 발행한다.
★ ⑤ 주택상환사채는 기명증권(記名證券)으로 한다.

정답 | 01 ③ 02 ②

03 주택법령상 주택상환사채의 납입금이 사용될 수 있는 용도로 명시된 것을 모두 고른 것은?

제32회

㉠ 주택건설자재의 구입
㉡ 택지의 구입 및 조성
㉢ 주택조합 운영비에의 충당
㉣ 주택조합 가입 청약철회자의 가입비 반환

① ㉠, ㉡ ② ㉠, ㉣ ③ ㉢, ㉣
④ ㉠, ㉡, ㉢ ⑤ ㉡, ㉢, ㉣

톺아보기
주택상환사채의 납입금의 사용용도로 명시된 것은 ㉠㉡이다.

더 알아보기

납입금의 사용

주택상환사채의 납입금은 다음의 용도로만 사용할 수 있다.
1. 택지의 구입 및 조성
2. 주택건설자재의 구입
3. 건설공사비에의 충당
4. 그 밖에 주택상환을 위하여 필요한 비용으로서 국토교통부장관의 승인을 받은 비용에의 충당

04 주택법령상 주택상환사채에 관한 설명으로 틀린 것은?

제31회

① 한국토지주택공사는 주택상환사채를 발행할 수 있다.
② 주택상환사채는 기명증권으로 한다.
③ 사채권자의 명의변경은 취득자의 성명과 주소를 사채원부에 기록하는 방법으로 한다.
④ 주택상환사채를 발행한 자는 발행조건에 따라 주택을 건설하여 사채권자에게 상환하여야 한다.
⑤ 등록사업자의 등록이 말소된 경우에는 등록사업자가 발행한 주택상환사채도 효력을 상실한다.

톺아보기

★ 등록사업자의 등록이 말소된 경우에도 등록사업자가 발행한 주택상환사채의 효력에는 영향을 미치지 않는다.

05 상중하

「주택법」상 청문을 해야 하는 처분이 아닌 것은? (단, 다른 법령에 따른 청문은 고려하지 않음) 제30회

① 공업화주택의 인정취소
② 주택조합의 설립인가취소
③ 주택건설사업계획승인의 취소
④ 공동주택 리모델링허가의 취소
⑤ 주택건설사업의 등록말소

톺아보기

공업화주택의 인정취소는 청문을 해야 하는 처분이 아니다.

더 알아보기

청문

국토교통부장관 또는 지방자치단체의 장은 다음의 어느 하나에 해당하는 처분을 하려면 청문을 해야 한다.
1. 주택건설사업 등의 등록말소
2. 주택조합의 설립인가취소
3. 사업계획승인의 취소
4. 행위허가의 취소

정답 | 03 ① 04 ⑤ 05 ①

land.Hackers.com
해커스 공인중개사 단원별 기출문제집

3개년 출제비중분석

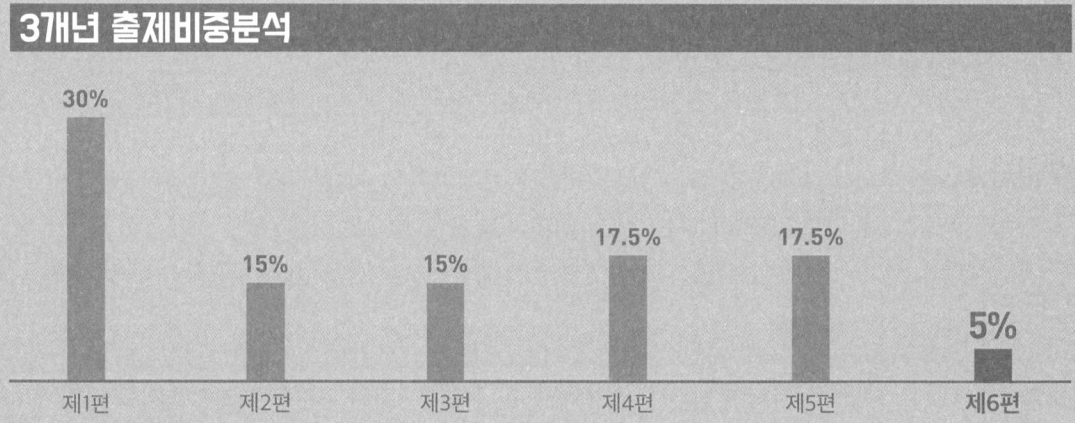

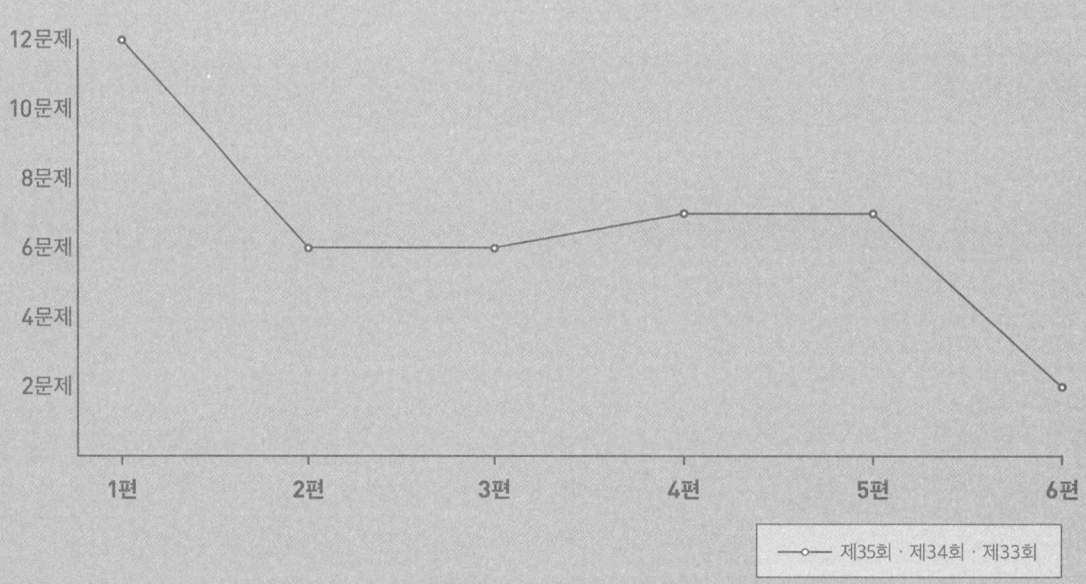

제6편

농지법

제1장 총칙
제2장 농지의 소유
제3장 농지의 이용 및 보전 등

제1장 / 총칙

기본서 p.547~549

01 농지법령상 농지를 농축산물 생산시설의 부지로 사용할 경우 농지의 전용으로 보지 않는 것을 모두 고른 것은?

제35회

| ㉠ 연면적 33m²인 농막
| ㉡ 연면적 33m²인 간이저온저장고
| ㉢ 저장 용량이 200t인 간이액비저장조

① ㉠ ② ㉡ ③ ㉠, ㉢
④ ㉡, ㉢ ⑤ ㉠, ㉡, ㉢

톺아보기

㉠ 농지의 개량시설과 농축산물 생산시설의 부지로 사용하는 경우에는 농지의 전용으로 보지 않는다. 연면적 33m²인 농막의 부지로 사용하는 경우 농축산물 생산시설의 부지가 아니므로 농지의 전용에 해당한다.

더 알아보기

농지에 해당하는 농축산물 생산시설의 범위(「농지법 시행규칙」 제3조의2)

1. 농막: 연면적 20m² 이하이고, 주거 목적이 아닌 경우로 한정한다.
2. 간이저온저장고: 연면적 33m² 이하일 것
3. 간이액비저장조: 저장 용량이 200톤 이하일 것

02 농지법령상 농지에 해당하는 것만을 모두 고른 것은?
제30회

㉠ 대통령령으로 정하는 다년생식물 재배지로 실제로 이용되는 토지(「초지법」에 따라 조성된 초지 등 대통령령으로 정하는 토지는 제외)
㉡ 관상용 수목의 묘목을 조경목적으로 식재한 재배지로 실제로 이용되는 토지
㉢ 「공간정보의 구축 및 관리 등에 관한 법률」에 따른 지목이 답(畓)이고 농작물 경작지로 실제로 이용되는 토지의 개량시설에 해당하는 양·배수시설의 부지

① ㉠
② ㉠, ㉡
③ ㉠, ㉢
④ ㉡, ㉢
⑤ ㉠, ㉡, ㉢

톺아보기

해당하는 것은 ㉠㉢이다.
㉡ 조경 또는 관상용 수목과 그 묘목을 조경목적으로 식재한 재배지로 이용되는 토지는 농지에 해당하지 않는다.

03 농지법령상 농업에 종사하는 개인으로서 농업인에 해당하는 자는?
제28회

① 꿀벌 10군을 사육하는 자
② 가금 500수를 사육하는 자
③ 1년 중 100일을 축산업에 종사하는 자
④ 농산물의 연간 판매액이 100만원인 자
⑤ 농지에 300m²의 비닐하우스를 설치하여 다년생식물을 재배하는 자

톺아보기

오답해설

② 가금 1천수 이상을 사육하는 자
③ 1년 중 120일 이상 축산업에 종사하는 자
★ ④ 농업경영을 통한 농산물의 연간 판매액이 120만원 이상인 자
⑤ 농지에 330m² 이상의 고정식온실·버섯재배사·비닐하우스 등을 설치하여 농작물 또는 다년생식물을 경작 또는 재배하는 자

정답 | 01 ④ 02 ③ 03 ①

04 농지법령상 용어에 관한 설명으로 <u>틀린</u> 것은?

제27회

① 실제로 농작물 경작지로 이용되는 토지이더라도 법적 지목이 과수원인 경우는 '농지'에 해당하지 않는다.
② 소가축 80두를 사육하면서 1년 중 150일을 축산업에 종사하는 개인은 '농업인'에 해당한다.
③ 3,000m²의 농지에서 농작물을 경작하면서 1년 중 80일을 농업에 종사하는 개인은 '농업인'에 해당한다.
④ 인삼의 재배지로 계속하여 이용되는 기간이 4년인 지목이 전(田)인 토지는 '농지'에 해당한다.
⑤ 농지소유자가 타인에게 일정한 보수를 지급하기로 약정하고 농작업의 일부만을 위탁하여 행하는 농업경영도 '위탁경영'에 해당한다.

톺아보기

★ 전·답, 과수원, 그 밖에 법적 지목(地目)을 불문하고 실제로 농작물 경작지 또는 다년생식물 재배지로 이용되는 토지는 농지에 해당한다.

정답 | 04 ①

제2장 / 농지의 소유

기본서 p.550~559

01 상중하

농지법령상 농지소유자가 소유농지를 위탁경영할 수 있는 경우가 <u>아닌</u> 것은?

제34회

① 선거에 따른 공직취임으로 자경할 수 없는 경우
② 「병역법」에 따라 징집 또는 소집된 경우
③ 농업법인이 청산 중인 경우
④ 농지이용증진사업 시행계획에 따라 위탁경영하는 경우
⑤ 농업인이 자기 노동력이 부족하여 농작업의 전부를 위탁하는 경우

톺아보기

★ 농업인이 자기 노동력이 부족하여 농작업의 일부를 위탁하는 경우이다.

더 알아보기

위탁경영의 허용사유

농지소유자는 다음의 어느 하나에 해당하는 경우 외에는 소유농지를 위탁경영할 수 없다.
1. 「병역법」에 따라 징집 또는 소집된 경우
2. 3개월 이상 국외여행 중인 경우
3. 농업법인이 청산 중인 경우
4. **질병, 취학, 선거에 따른 공직취임, 그 밖에 다음의 사유로 자경할 수 없는 경우**
   • 부상으로 3개월 이상의 치료가 필요한 경우
   • 교도소·구치소 또는 보호감호시설에 수용 중인 경우
   • 임신 중이거나 분만 후 6개월 미만인 경우
5. 농지이용증진사업 시행계획에 따라 위탁경영하는 경우
6. 농업인이 자기 노동력이 부족하여 농작업의 일부를 위탁하는 경우

정답 | 01 ⑤

02 농지법령상 농지는 자기의 농업경영에 이용하거나 이용할 자가 아니면 소유하지 못함이 원칙이다. 그 예외에 해당하지 않는 것은? 제33회

① 8년 이상 농업경영을 하던 사람이 이농한 후에도 이농 당시 소유농지 중 1만m^2를 계속 소유하면서 농업경영에 이용되도록 하는 경우
② 농림축산식품부장관과 협의를 마치고 「공익사업을 위한 토지 등의 취득 및 보상에 관한 법률」에 따라 농지를 취득하여 소유하면서 농업경영에 이용되도록 하는 경우
③ 「공유수면 관리 및 매립에 관한 법률」에 따라 매립농지를 취득하여 소유하면서 농업경영에 이용되도록 하는 경우
④ 주말·체험영농을 하려고 농업진흥지역 내의 농지를 소유하는 경우
⑤ 「초·중등교육법」 및 「고등교육법」에 따른 학교가 그 목적사업을 수행하기 위하여 필요한 연구지·실습지로 쓰기 위하여 농림축산식품부령으로 정하는 바에 따라 농지를 취득하여 소유하는 경우

톺아보기

★ 주말·체험영농을 하려고 농업진흥지역 외의 농지를 소유하는 경우이다.

03 농지법령상 농지취득자격증명을 발급받지 아니하고 농지를 취득할 수 있는 경우가 아닌 것은? 제32회

① 시효의 완성으로 농지를 취득하는 경우
② 공유농지의 분할로 농지를 취득하는 경우
③ 농업법인의 합병으로 농지를 취득하는 경우
④ 국가나 지방자치단체가 농지를 소유하는 경우
⑤ 주말·체험영농을 하려고 농업진흥지역 외의 농지를 소유하는 경우

톺아보기

★ 주말·체험영농을 하려고 농업진흥지역 외의 농지를 소유하는 경우에는 농지취득자격증명을 발급받아야 한다.

04

농지법령상 농지의 소유자가 소유농지를 위탁경영할 수 없는 경우만을 모두 고른 것은? 제30회

> ⊙ 과수를 가지치기 또는 열매솎기, 재배관리 및 수확하는 농작업에 1년 중 4주간을 직접 종사하는 경우
> ⓒ 6개월간 대한민국 전역을 일주하는 여행 중인 경우
> ⓒ 선거에 따른 공직취임으로 자경할 수 없는 경우

① ⊙　　② ⓒ　　③ ⊙, ⓒ
④ ⓒ, ⓒ　　⑤ ⊙, ⓒ, ⓒ

톺아보기

소유농지를 위탁경영할 수 없는 경우는 ⊙ⓒ이다.
 ⊙ 과수의 가지치기 또는 열매솎기, 재배관리 및 수확하는 농작업에 1년 중 '30일 이상' 직접 종사하는 경우
★ ⓒ 3개월 이상 '국외여행' 중인 경우

05

농지법령상 주말·체험영농을 하려고 농업진흥지역 외의 농지를 소유하는 경우에 관한 설명으로 틀린 것은? 제26회

① 농업인이 아닌 개인도 농지를 소유할 수 있다.
② 세대원 전부가 소유한 면적을 합하여 총 1천m^2 미만의 농지를 소유할 수 있다.
③ 농지를 취득하려면 농지취득자격증명을 발급받아야 한다.
④ 소유농지를 농수산물 유통·가공시설의 부지로 전용하려면 농지전용신고를 하여야 한다.
⑤ 농지를 취득한 자가 징집으로 인하여 그 농지를 주말·체험영농에 이용하지 못하게 되면 1년 이내에 그 농지를 처분하여야 한다.

톺아보기

「병역법」에 따라 징집 또는 소집되어 휴경하는 경우에는 농지처분사유에 해당하지 않는다.

정답 | 02 ④　03 ⑤　04 ③　05 ⑤

06 농지법령상 농업경영에 이용하지 아니하는 농지의 처분의무에 관한 설명으로 옳은 것은?

제25회

① 농지소유자가 선거에 따른 공직취임으로 휴경하는 경우에는 소유농지를 자기의 농업경영에 이용하지 아니하더라도 농지처분의무가 면제된다.
② 농지소유상한을 초과하여 농지를 소유한 것이 판명된 경우에는 소유농지 전부를 처분하여야 한다.
③ 농지처분의무기간은 처분사유가 발생한 날부터 6개월이다.
④ 농지전용신고를 하고 그 농지를 취득한 자가 질병으로 인하여 취득한 날부터 2년이 초과하도록 그 목적사업에 착수하지 아니한 경우에는 농지처분의무가 면제된다.
⑤ 농지소유자가 시장·군수 또는 구청장으로부터 농지처분명령을 받은 경우 한국토지주택공사에 그 농지의 매수를 청구할 수 있다.

톺아보기

오답해설
② 농지소유상한을 초과하는 면적에 해당하는 농지를 처분해야 한다.
★ ③ 처분사유가 발생한 날부터 1년 이내에 해당 농지를 처분해야 한다.
④ 농지전용허가를 받거나 농지전용신고를 하고 농지를 취득한 자가 취득한 날부터 2년 이내에 그 목적사업에 착수하지 않은 경우에는 해당 농지를 처분해야 한다.
⑤ 한국농어촌공사에 그 농지의 매수를 청구할 수 있다.

정답 | 06 ①

제3장 / 농지의 이용 및 보전 등

기본서 p.560~586

01 상중하

농지법령상 농지를 임대하거나 무상사용하게 할 수 있는 요건 중 일부이다. ( )에 들어갈 숫자로 옳은 것은?

제34회

- (㉠)세 이상인 농업인이 거주하는 시·군에 있는 소유농지 중에서 자기의 농업 경영에 이용한 기간이 (㉡)년이 넘은 농지
- (㉢)월 이상의 국외여행으로 인하여 일시적으로 농업경영에 종사하지 않게 된 자가 소유하고 있는 농지

① ㉠: 55, ㉡: 3, ㉢: 3
② ㉠: 60, ㉡: 3, ㉢: 5
③ ㉠: 60, ㉡: 5, ㉢: 3
④ ㉠: 60, ㉡: 4, ㉢: 5
⑤ ㉠: 65, ㉡: 5, ㉢: 1

톺아보기

㉠: 60, ㉡: 5, ㉢: 3

더 알아보기

임대차 허용사유

다음의 어느 하나에 해당하는 경우 외에는 농지를 임대하거나 무상사용하게 할 수 없다.

1. 다음에 해당하는 농지(경자유전의 예외)를 임대하거나 무상사용하게 하는 경우
   (1) 국가나 지방자치단체가 농지를 소유하는 경우
   (2) 상속(상속인에게 한 유증을 포함한다)으로 농지를 취득하여 소유하는 경우
   (3) 8년 이상 농업경영을 하던 사람이 이농한 후에도 이농 당시 소유하고 있던 농지를 계속 소유하는 경우
   … [이하 (9)까지 생략]
2. 농지이용증진사업 시행계획에 따라 농지를 임대하거나 무상사용하게 하는 경우
3. 질병, 징집, 취학, 선거에 따른 공직취임, 그 밖에 대통령령으로 정하는 부득이한 사유로 인하여 일시적으로 농업경영에 종사하지 않게 된 자가 소유하고 있는 농지를 임대하거나 무상사용하게 하는 경우
   (1) 부상으로 3개월 이상의 치료가 필요한 경우

정답 | 01 ③

(2) 교도소·구치소 또는 보호감호시설에 수용 중인 경우
(3) 3개월 이상 국외여행을 하는 경우
(4) 농업법인이 청산 중인 경우
(5) 임신 중이거나 분만 후 6개월 미만인 경우
4. 60세 이상인 농업인이나 농업경영에 더 이상 종사하지 않게 된 사람이 소유하고 있는 농지 중에서 자기의 농업경영에 이용한 기간이 5년이 넘은 농지를 임대하거나 무상사용하게 하는 경우
5. 개인이 소유하고 있는 농지 중 3년 이상 소유한 농지를 주말·체험영농을 하려는 자에게 임대하거나 무상사용하게 하는 경우, 또는 주말·체험영농을 하려는 자에게 임대하는 것을 업(業)으로 하는 자에게 임대하거나 무상사용하게 하는 경우
6. 농업법인이 소유하고 있는 농지를 주말·체험영농을 하려는 자에게 임대하거나 무상사용하게 하는 경우
7. 개인이 소유하고 있는 농지 중 3년 이상 소유한 농지를 한국농어촌공사나 그 밖에 대통령령으로 정하는 자에게 위탁하여 임대하거나 무상사용하게 하는 경우
8. 자경농지를 농림축산식품부장관이 정하는 이모작을 위하여 8개월 이내로 임대하거나 무상사용하게 하는 경우 … (이하 10.까지 생략)

02 농지법령상 유휴농지에 대한 대리경작자의 지정에 관한 설명으로 옳은 것은? 제32회

① 지력의 증진이나 토양의 개량·보전을 위하여 필요한 기간 동안 휴경하는 농지에 대하여도 대리경작자를 지정할 수 있다.
② 대리경작자 지정은 유휴농지를 경작하려는 농업인 또는 농업법인의 신청이 있을 때에만 할 수 있고, 직권으로는 할 수 없다.
③ 대리경작자가 경작을 게을리하는 경우에는 대리경작기간이 끝나기 전이라도 대리경작자 지정을 해지할 수 있다.
④ 대리경작기간은 3년이고, 이와 다른 기간을 따로 정할 수 없다.
⑤ 농지소유권자를 대신할 대리경작자만 지정할 수 있고, 농지임차권자를 대신할 대리경작자를 지정할 수는 없다.

톺아보기

오답해설
① 지력의 증진이나 토양의 개량·보전을 위하여 필요한 기간 동안 휴경하는 농지는 대리경작자를 지정할 수 없다.
②⑤ 시장·군수 또는 구청장은 유휴농지에 대하여 대통령령으로 정하는 바에 따라 그 농지의 소유권자나 임차권자를 대신하여 농작물을 경작할 자(대리경작자)를 직권으로 지정하거나 농림축산식품부령으로 정하는 바에 따라 유휴농지를 경작하려는 자의 신청을 받아 대리경작자를 지정할 수 있다.
★ ④ 대리경작기간은 따로 정하지 않으면 3년으로 한다.

03

농지법령상 농지의 임대차에 관한 설명으로 틀린 것은? (단, 농업경영을 하려는 자에게 임대하는 경우를 전제로 함) 제31회

① 60세 이상 농업인은 자신이 거주하는 시·군에 있는 소유농지 중에서 자기의 농업경영에 이용한 기간이 5년이 넘은 농지를 임대할 수 있다.
② 농지를 임차한 임차인이 그 농지를 정당한 사유 없이 농업경영에 사용하지 아니할 때에는 시장·군수·구청장은 임대차의 종료를 명할 수 있다.
③ 임대차계약은 그 등기가 없는 경우에도 임차인이 농지소재지를 관할하는 시·구·읍·면의 장의 확인을 받고, 해당 농지를 인도받은 경우에는 그 다음 날부터 제3자에 대하여 효력이 생긴다.
④ 농지의 임차인이 농작물의 재배시설로서 비닐하우스를 설치한 농지의 임대차기간은 10년 이상으로 하여야 한다.
⑤ 농지임대차조정위원회에서 작성한 조정안을 임대차계약 당사자가 수락한 때에는 이를 당사자간에 체결된 계약의 내용으로 본다.

톺아보기

★ ④ 농지의 임차인이 농작물의 재배시설로서 고정식온실 또는 비닐하우스를 설치한 농지의 임대차기간은 5년 이상으로 해야 한다.
★ ① 60세 이상 농업인은 자신이 거주하는 시·군에 있는 소유농지 중에서 자기의 농업경영에 이용한 기간이 5년이 넘은 농지를 임대할 수 있다.
★ ③ 임대차계약은 그 등기가 없는 경우에도 임차인이 농지소재지를 관할하는 시·구·읍·면의 장의 확인을 받고, 해당 농지를 인도받은 경우에는 그 다음 날부터 제3자에 대하여 효력이 생긴다.

더 알아보기

농지의 임대차기간

임대차기간은 3년 이상으로 해야 한다. 다만, 다음의 어느 하나에 해당하는 농지의 경우에는 5년 이상으로 해야 한다.
1. 농지의 임차인이 다년생식물의 재배지로 이용하는 농지
2. 농지의 임차인이 농작물의 재배시설로서 고정식온실 또는 비닐하우스를 설치한 농지

정답 | 02 ③ 03 ④

04 농지법령상 농지의 타용도 일시사용신고를 할 수 있는 용도에 해당하지 않는 것은? (단, 일시사용기간은 6개월 이내이며, 신고의 다른 요건은 충족한 것으로 봄)

제35회

① 썰매장으로 사용하는 경우
② 지역축제장으로 사용하는 경우
③ 해당 농지에서 허용되는 주목적 사업을 위하여 물건을 매설하는 경우
④ 해당 농지에서 허용되는 주목적 사업을 위하여 현장 사무소를 설치하는 경우
⑤ 「전기사업법」상 전기사업을 영위하기 위한 목적으로 「신에너지 및 재생에너지 개발·이용·보급 촉진법」에 따른 태양 에너지 발전설비를 설치하는 경우

톺아보기

「전기사업법」상 전기사업을 영위하기 위한 목적으로 설치하는 「신에너지 및 재생에너지 개발·이용·보급 촉진법」에 따른 태양에너지 발전설비는 농지의 타용도 일시사용허가대상이다.

더 알아보기

농지의 타용도 일시사용신고

농지를 다음의 어느 하나에 해당하는 용도로 일시사용하려는 자는 대통령령으로 정하는 바에 따라 지력을 훼손하지 않는 범위에서 일정 기간 사용한 후 농지로 원상복구한다는 조건으로 시장·군수 또는 자치구구청장에게 신고해야 한다.

1. 썰매장, 지역축제장 등으로 일시적으로 사용하는 경우
2. 「건축법」에 따른 건축허가 또는 건축신고 대상시설이 아닌 간이 농수축산업용 시설(농지개량시설과 농축산물 생산시설은 제외한다)과 농수산물의 간이 처리 시설을 설치하는 경우
3. 주(主)목적사업(해당 농지에서 허용되는 사업만 해당한다)을 위하여 현장 사무소나 부대시설, 그 밖에 이에 준하는 시설을 설치하거나 물건을 적치(積置)하거나 매설(埋設)하는 경우

05 농지법령상 농지대장에 관한 설명으로 틀린 것은? 제33회

① 농지대장은 모든 농지에 대해 필지별로 작성하는 것은 아니다.
② 농지대장에 적을 사항을 전산정보처리조직으로 처리하는 경우 그 농지대장 파일은 농지대장으로 본다.
③ 시·구·읍·면의 장은 관할 구역 안에 있는 농지가 농지전용허가로 농지에 해당하지 않게 된 경우에는 그 농지대장을 따로 편철하여 10년간 보존해야 한다.
④ 농지소유자 또는 임차인은 농지의 임대차계약이 체결된 경우 그날부터 60일 이내에 시·구·읍·면의 장에게 농지대장의 변경을 신청하여야 한다.
⑤ 농지대장의 열람은 해당 시·구·읍·면의 사무소 안에서 관계공무원의 참여하에 해야 한다.

톺아보기

★ 농지대장은 모든 농지에 대해 필지별로 작성한다.

06 농지법령상 농업진흥지역을 지정할 수 없는 지역은? 제31회

① 특별시의 녹지지역
② 특별시의 관리지역
③ 광역시의 관리지역
④ 광역시의 농림지역
⑤ 군의 자연환경보전지역

톺아보기

★ 농업진흥지역의 지정은 녹지지역·관리지역·농림지역 및 자연환경보전지역을 대상으로 한다. 다만, 특별시의 녹지지역은 제외한다.

정답 | 04 ⑤ 05 ① 06 ①

07 농지법령상 농지의 전용에 관한 설명으로 옳은 것은? 제29회

① 과수원인 토지를 재해로 인한 농작물의 피해를 방지하기 위한 방풍림 부지로 사용하는 것은 농지의 전용에 해당하지 않는다.
② 전용허가를 받은 농지의 위치를 동일 필지 안에서 변경하는 경우에는 농지전용신고를 하여야 한다.
③ 산지전용허가를 받지 아니하고 불법으로 개간한 농지라도 이를 다시 산림으로 복구하려면 농지전용허가를 받아야 한다.
④ 농지를 농업인 주택의 부지로 전용하려는 경우에는 농림축산식품부장관에게 농지전용신고를 하여야 한다.
⑤ 농지전용신고를 하고 농지를 전용하는 경우에는 농지를 전·답·과수원 외의 지목으로 변경하지 못한다.

톺아보기

오답해설

② 전용허가를 받은 농지의 위치(동일 필지 안에서 위치를 변경하는 경우에 한한다) 등 중요사항을 변경하려는 경우에도 농림축산식품부장관의 허가를 받아야 한다.
★ ③ 「산지관리법」에 따른 산지전용허가를 받지 않거나 산지전용신고를 하지 않고 불법으로 개간한 농지를 산림으로 복구하는 경우는 농지전용허가대상이 아니다.
④ 시장·군수 또는 자치구구청장에게 농지전용신고를 해야 한다.
⑤ 농지전용신고를 하고 농지를 전용하는 경우에는 농지를 전·답·과수원 외의 지목으로 변경할 수 있다.

08 농지법령상 조문의 일부이다. 다음 ( )에 들어갈 숫자를 옳게 연결한 것은?

제28회 수정

- 유휴농지의 대리경작자는 수확량의 100분의 (㉠)을 농림축산식품부령으로 정하는 바에 따라 그 농지의 소유권자나 임차권자에게 토지사용료로 지급해야 한다.
- 농업진흥지역 밖의 농지를 농지전용허가를 받지 않고 전용한 자는 3년 이하의 징역 또는 해당 토지가액의 100분의 (㉡)에 해당하는 금액 이하의 벌금에 처한다.
- 군수는 처분명령을 받은 후 정당한 사유 없이 지정기간까지 그 처분명령을 이행하지 아니한 자에게 해당 농지의 감정가격 또는 개별공시지가 중 더 높은 가액의 100분의 (㉢)에 해당하는 이행강제금을 부과한다.

① ㉠: 10, ㉡: 20, ㉢: 50
② ㉠: 10, ㉡: 50, ㉢: 25
③ ㉠: 20, ㉡: 10, ㉢: 30
④ ㉠: 20, ㉡: 50, ㉢: 10
⑤ ㉠: 50, ㉡: 10, ㉢: 20

톺아보기

- 대리경작자는 수확량의 100분의 '10'을 농림축산식품부령으로 정하는 바에 따라 그 농지의 소유권자나 임차권자에게 토지사용료로 지급해야 한다.
- 농업진흥지역 밖의 농지를 농지전용허가를 받지 않고 전용하거나 거짓이나 그 밖의 부정한 방법으로 농지전용허가를 받은 자는 3년 이하의 징역 또는 해당 토지가액의 100분의 '50'에 해당하는 금액 이하의 벌금에 처한다.
- ★ 시장·군수 또는 구청장은 처분명령을 받은 후 정당한 사유 없이 지정기간까지 그 처분명령을 이행하지 않은 자에게 해당 농지의 감정가격 또는 개별공시지가 중 더 높은 가액의 100분의 '25'에 해당하는 이행강제금을 부과한다.

정답 | 07 ① 08 ②

09 농지법령상 농지의 전용에 관한 설명으로 옳은 것은? 제24회 수정

① 농업진흥지역 밖의 농지를 마을회관 부지로 전용하려는 자는 농지전용허가를 받아야 한다.
② 농지전용허가를 받은 자가 조업의 정지명령을 위반한 경우에는 그 허가를 취소하여야 한다.
③ 농지의 타용도 일시사용허가를 받은 자는 농지보전부담금을 납부하여야 한다.
④ 농지전용허가권자는 농지전용의 허가를 하려는 때에는 농지보전부담금을 미리 납부하게 할 수 없다.
⑤ 해당 농지에서 허용되는 주목적사업을 위하여 현장사무소를 설치하는 용도로 농지를 일시사용하려는 자는 시장·군수 또는 자치구구청장에게 신고하여야 한다.

톺아보기

오답해설

★ ① 농지를 어린이놀이터·마을회관 등 농업인의 공동생활 편의시설의 부지로 전용하려는 자는 시장·군수 또는 자치구구청장에게 농지전용신고를 해야 한다.
★ ③ 농지의 타용도 일시사용허가를 받은 자는 농지보전부담금의 납부대상이 아니다.
④ 농림축산식품부장관이나 시장·군수 또는 자치구구청장은 농지전용의 허가 또는 농지전용의 신고수리를 하려는 때에는 농지보전부담금의 전부 또는 일부를 미리 납부하게 해야 한다.
⑤ 농지를 주(主)목적사업(해당 농지에서 허용되는 사업만 해당한다)을 위하여 현장사무소나 부대시설, 그 밖에 이에 준하는 시설을 설치하거나 물건을 적치(積置)하거나 매설(埋設)하는 용도로 일시사용하려는 자는 일정 기간 사용한 후 농지로 복구한다는 조건으로 시장·군수 또는 자치구구청장의 허가를 받아야 한다.

정답 | 09 ②

빈출지문 노트

부록 빈출지문 노트

제1편 국토의 계획 및 이용에 관한 법률

01 지구단위계획이란 도시·군계획 수립 대상지역의 일부에 대하여 토지 이용을 합리화하고 그 기능을 증진시키며 미관을 개선하고 양호한 환경을 확보하며, 그 지역을 체계적·계획적으로 관리하기 위하여 수립하는 도시·군관리계획을 말한다.

02 '용도지구'란 토지의 이용 및 건축물의 용도·건폐율·용적률·높이 등에 대한 용도지역의 제한을 강화하거나 완화하여 적용함으로써 용도지역의 기능을 증진시키고 경관·안전 등을 도모하기 위하여 도시·군관리계획으로 결정하는 지역을 말한다.

03 도시·군계획사업이란 도시·군관리계획을 시행하기 위한 도시·군계획시설사업, 「도시개발법」에 따른 도시개발사업 및 「도시 및 주거환경정비법」에 따른 정비사업을 말한다.

04 도시·군계획시설은 기반시설 중 도시·군관리계획으로 결정된 시설을 말한다.

05 광역계획권이 둘 이상의 시·도의 관할 구역에 걸쳐 있는 경우에는 국토교통부장관이 광역계획권을 지정한다.

06 광역계획권이 도의 관할 구역에 속하여 있는 경우 도지사가 광역계획권을 지정한다.

07 국토교통부장관은 광역계획권을 지정하거나 변경하려면 관계 시·도지사, 시장 또는 군수의 의견을 들은 후 중앙도시계획위원회의 심의를 거쳐야 한다.

08 광역계획권이 같은 도의 관할 구역에 속하여 있는 경우 관할 시장 또는 군수가 공동으로 광역도시계획을 수립해야 한다.

09 중앙행정기관의 장, 시·도지사, 시장 또는 군수는 국토교통부장관이나 도지사에게 광역계획권의 지정 또는 변경을 요청할 수 있다.

10 시장 또는 군수는 광역도시계획을 수립하거나 변경하려면 도지사의 승인을 받아야 한다.

11 「수도권정비계획법」에 의한 수도권에 속하지 않고 광역시와 경계를 같이하지 않은 시 또는 군으로서 인구 10만명 이하인 시 또는 군은 도시·군기본계획을 수립하지 않을 수 있다.

12 시장 또는 군수는 도시·군기본계획을 수립하거나 변경하려면 도지사의 승인을 받아야 하고, 도지사는 도시·군기본계획을 승인하려면 관계 행정기관의 장과 협의한 후 지방도시계획위원회의 심의를 거쳐야 한다.

13 특별시장·광역시장·특별자치시장·특별자치도지사·시장 또는 군수는 지역여건상 필요하다고 인정되면 인접한 특별시·광역시·특별자치시·특별자치도·시 또는 군의 관할 구역 전부 또는 일부를 포함하여 도시·군기본계획을 수립할 수 있다.

14 광역도시계획이 수립되어 있는 지역에 대하여 수립하는 도시·군기본계획은 그 광역도시계획에 부합되어야 하며, 도시·군기본계획의 내용이 광역도시계획의 내용과 다를 때에는 광역도시계획의 내용이 우선한다.

15 특별시장·광역시장·특별자치시장 또는 특별자치도지사는 도시·군기본계획을 수립하거나 변경하려는 경우 국토교통부장관의 승인을 받지 않는다.

16 도시·군기본계획을 수립 또는 변경하는 경우에는 공청회를 통해서 주민과 관계 전문가의 의견을 들어야 한다.

17 도시·군관리계획결정의 효력은 지형도면을 고시한 날부터 발생한다.

18 산업·유통개발진흥지구의 지정 및 변경에 관한 사항은 주민이 도시·군관리계획의 입안을 제안하는 대상에 해당한다.

19 국토교통부장관이 직접 입안한 도시·군관리계획은 국토교통부장관이 결정한다.

20 시장 또는 군수가 입안한 지구단위계획구역의 지정·변경과 지구단위계획의 수립·변경에 관한 도시·군관리계획은 시장 또는 군수가 직접 결정한다.

21 시가화조정구역의 지정에 관한 도시·군관리계획의 결정 당시 이미 사업 또는 공사에 착수한 자는 그 사업 또는 공사를 계속하고자 하는 때에는 시가화조정구역의 지정에 관한 도시·군관리계획결정의 고시일부터 3개월 이내에 그 사업 또는 공사의 내용을 관할 특별시장·광역시장·특별자치시장·특별자치도지사·시장 또는 군수에게 신고해야 한다.

22 용도지역이란 토지의 이용 및 건축물의 용도, 건폐율, 용적률, 높이 등을 제한함으로써 토지를 경제적·효율적으로 이용하고 공공복리의 증진을 도모하기 위하여 서로 중복되지 않게 도시·군관리계획으로 결정하는 지역을 말한다.

23 국토교통부장관, 시·도지사 또는 대도시 시장은 용도지역의 지정 또는 변경을 도시·군관리계획으로 결정한다.

24 「택지개발촉진법」에 따른 택지개발지구로 지정·고시된 지역은 「국토의 계획 및 이용에 관한 법률」에 따른 도시지역으로 결정·고시된 것으로 본다.

25 도시·군계획시설에 대하여는 용도지역·용도지구 안에서의 건축제한의 규정을 적용하지 않는다.

26 집단취락지구란 개발제한구역 안의 취락을 정비하기 위하여 필요한 지구를 말한다.

27 '산업·유통개발진흥지구'란 공업기능 및 유통·물류기능을 중심으로 개발·정비할 필요가 있는 지구를 말한다.

28 공유수면의 매립 목적이 그 매립구역과 이웃하고 있는 용도지역의 내용과 다른 경우 및 그 매립구역이 둘 이상의 용도지역에 걸쳐 있거나 이웃하고 있는 경우 그 매립구역이 속할 용도지역은 도시·군관리계획결정으로 지정해야 한다.

29 아파트는 제2종 전용주거지역, 제2종 일반주거지역, 제3종 일반주거지역, 준주거지역, 중심상업지역, 일반상업지역, 근린상업지역 및 준공업지역에서 건축할 수 있다.

30 도시지역이 세부 용도지역으로 지정되지 않은 경우에는 건폐율의 최대한도를 적용할 때에 보전녹지지역에 관한 규정을 적용한다.

31 개발진흥지구는 주거개발진흥지구, 산업·유통개발진흥지구, 관광·휴양개발진흥지구, 복합개발진흥지구 및 특정개발진흥지구로 세분하여 지정할 수 있다.

32 시·도지사 또는 대도시 시장은 일반주거지역·일반공업지역 및 계획관리지역에 복합용도지구를 지정할 수 있다.

33 시·도지사 또는 대도시 시장은 지역여건상 필요하면 대통령령으로 정하는 기준에 따라 그 시·도 또는 대도시의 조례로 용도지구의 명칭 및 지정목적, 건축이나 그 밖의 행위의 금지 및 제한에 관한 사항 등을 정하여 법령에서 정한 용도지구 외의 용도지구의 지정 또는 변경을 도시·군관리계획으로 결정할 수 있다.

34 국토교통부장관은 개발제한구역의 지정 또는 변경을 도시·군관리계획으로 결정할 수 있다.

35 해양수산부장관은 수산자원보호구역의 지정 또는 변경을 도시·군관리계획으로 결정할 수 있다.

36 시·도지사는 시가화조정구역의 지정 또는 변경을 도시·군관리계획으로 결정할 수 있다. 다만, 국가계획과 연계하여 시가화조정구역의 지정 또는 변경이 필요한 경우에는 국토교통부장관이 직접 시가화조정구역의 지정 또는 변경을 도시·군관리계획으로 결정할 수 있다.

37 시가화유보기간은 5년 이상 20년 이내의 기간이다.

38 시가화조정구역의 지정에 관한 도시·군관리계획의 결정은 시가화유보기간이 끝난 날의 다음 날부터 그 효력을 잃는다.

39 한국토지주택공사는 토지소유자의 동의를 받을 필요 없이 도시·군계획시설사업의 시행자로 지정을 받을 수 있다.

40 타인의 토지에 출입하려는 행정청인 사업시행자는 출입하려는 날의 7일 전까지 그 토지의 소유자·점유자 또는 관리인에게 그 일시와 장소를 알려야 한다.

41 행정청인 도시·군계획시설사업의 시행자는 허가를 받지 않고 타인의 토지에 출입할 수 있다.

42 도시·군계획시설사업이 둘 이상의 특별시·광역시·특별자치시·특별자치도·시 또는 군의 관할 구역에 걸쳐 시행되게 되는 경우에는 관계 특별시장·광역시장·특별자치시장·시장 또는 군수가 서로 협의하여 시행자를 정한다.

43 200만m²를 초과하는 「도시개발법」에 따른 도시개발구역에서 개발사업을 시행하는 자는 공동구를 설치해야 한다.

44 개발행위허가를 받은 자가 새로 공공시설을 설치한 경우, 새로 설치된 공공시설은 그 시설을 관리할 관리청에 무상으로 귀속된다.

45 협의가 성립되지 않는 경우 같은 도의 관할 구역에 속하는 경우에는 관할 도지사가, 둘 이상의 시·도의 관할 구역에 걸치는 경우에는 국토교통부장관이 시행자를 지정한다.

46 도시·군계획시설 부지의 매수의무자가 지방자치단체인 경우에는 도시·군계획시설채권을 발행하여 그 대금을 지급할 수 있다.

47 매수청구를 한 토지의 소유자는 매수의무자가 매수하지 않기로 결정한 경우 또는 매수결정을 알린 날부터 2년이 지날 때까지 해당 토지를 매수하지 않는 경우 개발행위허가를 받아 단독주택으로서 3층 이하인 것, 제1종 근린생활시설로서 3층 이하인 것, 제2종 근린생활시설(다중생활시설, 단란주점, 안마시술소 및 노래연습장은 제외한다)로서 3층 이하인 것, 공작물을 설치할 수 있다.

48 도시·군계획시설결정이 고시된 도시·군계획시설에 대하여 그 고시일부터 20년이 지날 때까지 그 시설의 설치에 관한 도시·군계획시설사업이 시행되지 않는 경우 그 도시·군계획시설결정은 그 고시일부터 20년이 되는 날의 다음 날에 그 효력을 잃는다.

49 국가 또는 지방자치단체가 시행하는 도시·군계획시설사업에는 이행보증금을 예치하지 않는다.

50 공동구관리자는 5년마다 해당 공동구의 안전 및 유지관리계획을 대통령령으로 정하는 바에 따라 수립·시행해야 한다.

51 도시·군계획시설결정의 고시일부터 10년 이내에 도시·군계획시설의 설치에 관한 도시·군계획시설사업이 시행되지 않는 경우(실시계획의 인가나 그에 상당하는 절차가 진행된 경우는 제외한다) 그 도시·군계획시설의 부지로 되어 있는 토지 중 지목이 대인 토지(그 토지에 있는 건축물 및 정착물을 포함한다)의 소유자는 대통령령으로 정하는 바에 따라 특별시장·광역시장·특별자치시장·특별자치도지사·시장 또는 군수에게 그 토지의 매수를 청구할 수 있다.

52 택지개발지구에서 시행되는 사업이 끝난 후 10년이 지난 지역은 지구단위계획구역으로 지정해야 한다.

53 지구단위계획(주민이 입안을 제안한 것에 한정한다)에 관한 도시·군관리계획결정의 고시일부터 5년 이내에 「국토의 계획 및 이용에 관한 법률」 또는 다른 법률에 따라 허가·인가·승인 등을 받아 사업이나 공사에 착수하지 않으면 그 5년이 된 날의 다음 날에 그 지구단위계획에 관한 도시·군관리계획결정은 효력을 잃는다.

54 공원에서 해제되는 지역으로서 그 면적이 30만m² 이상인 지역은 지구단위계획구역으로 지정해야 한다.

55 지구단위계획에는 대통령령으로 정하는 기반시설의 배치와 규모, 건축물의 용도제한, 건축물의 건폐율 또는 용적률, 건축물의 높이의 최고한도 또는 최저한도를 포함한 둘 이상의 사항이 포함되어야 한다.

56 도시·군계획사업에 의한 개발행위는 허가를 받지 않는다.

57 지구단위계획구역으로 지정된 지역에 대해서는 개발행위허가를 제한할 수 있다.

58 국토교통부장관, 시·도지사, 시장 또는 군수는 기반시설부담구역으로 지정된 지역에 대해서는 중앙도시계획위원회나 지방도시계획위원회의 심의를 거쳐 한 차례만 3년 이내의 기간 동안 개발행위허가를 제한할 수 있다. 다만, 중앙도시계획위원회나 지방도시계획위원회의 심의를 거치지 않고 한 차례만 2년 이내의 기간 동안 개발행위허가의 제한을 연장할 수 있다.

59 토지분할에 대한 개발행위허가를 받은 자는 그 개발행위를 마치면 특별시장·광역시장·특별자치시장·특별자치도지사·시장 또는 군수의 준공검사를 받지 않는다.

60 개발행위허가를 받은 자가 행정청인 경우 종래의 공공시설은 개발행위허가를 받은 자에게 무상으로 귀속된다.

61 성장관리계획구역 내 계획관리지역에서는 125% 이하의 범위에서 성장관리계획으로 정하는 바에 따라 용적률을 완화하여 적용할 수 있다.

62 국가나 지방자치단체가 시행하는 개발행위에는 이행보증금을 예치하지 않는다.

63 개발행위허가를 받은 자가 행정청이 아닌 경우, 용도가 폐지되는 공공시설은 새로 설치한 공공시설의 설치비용에 상당하는 범위에서 개발행위허가를 받은 자에게 무상으로 양도할 수 있다.

64 기반시설부담구역이란 개발밀도관리구역 외의 지역으로서 개발로 인하여 도로, 공원, 녹지 등 대통령령으로 정하는 기반시설의 설치가 필요한 지역을 대상으로 기반시설을 설치하거나 그에 필요한 용지를 확보하게 하기 위하여 지정·고시하는 구역을 말한다.

65 기반시설부담구역의 지정·고시일부터 1년이 되는 날까지 기반시설설치계획을 수립하지 않으면 그 1년이 되는 날의 다음 날에 기반시설부담구역의 지정은 해제된 것으로 본다.

66 특별시장·광역시장·특별자치시장·특별자치도지사·시장 또는 군수는 기반시설설치비용 납부의무자가 국가 또는 지방자치단체로부터 건축허가를 받은 날부터 2개월 이내에 기반시설설치비용을 부과해야 하고, 납부의무자는 사용승인신청시까지 이를 내야 한다.

67 기반시설부담구역에서 기반시설설치비용의 부과대상인 건축행위는 200m^2(기존 건축물의 연면적을 포함한다)를 초과하는 건축물의 신축·증축행위로 한다.

68 개발밀도관리구역에서는 해당 용도지역에 적용되는 용적률의 최대한도의 50% 범위에서 용적률을 강화하여 적용한다.

69 행위제한이 완화되는 지역에 대하여는 기반시설부담구역으로 지정해야 한다.

70 개발밀도관리구역에서는 대통령령으로 정하는 범위에서 건폐율 또는 용적률을 강화하여 적용한다.

71 주거·상업 또는 공업지역에서의 개발행위로 기반시설의 처리·공급 또는 수용능력이 부족할 것으로 예상되는 지역 중 기반시설의 설치가 곤란한 지역을 개발밀도관리구역으로 지정할 수 있다.

72 특별시장·광역시장·특별자치시장·특별자치도지사·시장 또는 군수는 녹지지역, 관리지역, 농림지역 및 자연환경보전지역에서 성장관리계획구역을 지정할 수 있다.

제2편 도시개발법

01 도시개발구역의 토지면적을 산정하는 경우: 국·공유지를 포함하여 산정할 것

02 1필지의 토지 소유권을 여럿이 공유하는 경우: 다른 공유자의 동의를 받은 대표 공유자 1인을 해당 토지소유자로 볼 것. 다만, 「집합건물의 소유 및 관리에 관한 법률」에 따른 구분소유자는 각각을 토지소유자 1인으로 본다.

03 해당 도시개발구역에 포함되는 주거지역·상업지역·공업지역의 면적의 합계가 전체 도시개발구역 지정 면적의 100분의 30 이하인 지역은 도시개발구역을 지정한 후에 개발계획을 수립할 수 있다.

04 지정권자는 도시개발사업을 환지방식으로 시행하려고 개발계획을 수립하거나 변경할 때에 도시개발사업의 시행자가 국가나 지방자치단체이면 토지소유자의 동의를 받을 필요가 없다.

05 도시개발구역은 국토교통부장관, 시·도지사 또는 대도시 시장이 지정할 수 있다.

06 도시개발구역을 둘 이상의 사업시행지구로 분할할 수 있는 경우는 분할 후 각 사업시행지구의 면적이 각각 1만m^2 이상인 경우로 한다.

07 자연녹지지역은 도시개발구역을 지정한 후에 개발계획을 수립할 수 있다.

08 한국토지주택공사의 사장이 30만m^2 이상으로서 국가계획과 밀접한 관련이 있는 도시개발구역의 지정을 제안하는 경우 국토교통부장관이 도시개발구역을 지정할 수 있다.

09 도시개발구역의 지정은 도시개발사업의 공사완료(환지방식에 따른 사업인 경우에는 그 환지처분)의 공고일의 다음 날에 해제된 것으로 본다.

10 도시개발구역의 토지소유자가 도시개발을 위하여 설립한 조합은 도시개발사업의 전부를 환지방식으로 시행하는 경우만 시행자가 될 수 있다.

11 의결권을 가진 조합원의 수가 50인 이상인 조합은 총회의 권한을 대행하게 하기 위하여 대의원회를 둘 수 있다.

12 조합이 인가를 받은 사항을 변경하려면 지정권자로부터 변경인가를 받아야 한다. 다만, 주된 사무소의 소재지를 변경하려는 경우, 공고방법을 변경하려는 경우에는 신고해야 한다.

13 조합설립의 인가를 신청하려면 해당 도시개발구역의 토지면적의 3분의 2 이상에 해당하는 토지소유자와 그 구역의 토지소유자 총수의 2분의 1 이상의 동의를 받아야 한다. 이 경우 도시개발구역의 토지면적에는 국·공유지를 포함하여 산정한다.

14 공공시행자는 도시개발사업을 효율적으로 시행하기 위하여 필요한 경우에는 대통령령으로 정하는 바에 따라 설계·분양 등 도시개발사업의 일부를 「주택법」에 따른 주택건설사업자 등으로 하여금 대행하게 할 수 있다.

15 조합을 설립하려면 도시개발구역의 토지소유자 7명 이상이 지정권자에게 조합설립의 인가를 받아야 한다.

16 도시개발구역의 전부를 환지방식으로 시행하는 경우로서 시행자로 지정된 자(토지소유자 또는 조합)가 도시개발구역 지정의 고시일부터 1년 이내에 도시개발사업에 관한 실시계획의 인가를 신청하지 않는 경우에 시행자를 변경할 수 있다.

17 지정권자는 시행자가 도시개발사업에 관한 실시계획의 인가를 받은 후 2년 이내에 사업을 착수하지 않는 경우 시행자를 변경할 수 있다.

18 지정권자인 국토교통부장관이 도시개발사업의 실시계획을 작성하는 경우 시·도지사 또는 대도시 시장의 의견을 미리 들어야 한다.

19 계획적이고 체계적인 도시개발 등 집단적인 조성과 공급이 필요한 경우에는 수용 또는 사용방식으로 정한다.

20 원형지 공급가격은 개발계획이 반영된 원형지의 감정가격에 시행자가 원형지에 설치한 기반시설 등의 공사비를 더한 금액을 기준으로 시행자와 원형지개발자가 협의하여 결정한다.

21 원형지개발자(국가 및 지방자치단체는 제외한다)는 10년의 범위에서 대통령령으로 정하는 기간 안에는 원형지를 매각할 수 없다.

22 지방공사는 금융기관 등의 지급보증을 받지 않고 토지상환채권을 발행할 수 있다.

23 토지상환채권은 이전할 수 있다.

24 정부출연기관은 공공시행자이므로 수용요건이 필요 없다. 민간시행자(도시개발조합은 제외한다)는 사업대상 토지면적의 3분의 2 이상에 해당하는 토지를 소유하고 토지소유자 총수의 2분의 1 이상에 해당하는 자의 동의를 받아야 한다.

25 시행자는 토지소유자가 원하면 토지 등의 매수대금의 일부를 지급하기 위하여 토지상환채권을 발행할 수 있다.

26 공공시행자는 도시개발사업의 시행방식을 혼용방식에서 전부 환지방식으로 변경할 수 있다.

27 원형지개발자의 선정은 수의계약의 방법으로 한다. 다만, 원형지를 학교나 공장 등의 부지로 직접 사용하는 자의 선정은 경쟁입찰의 방식으로 하며, 경쟁입찰이 2회 이상 유찰된 경우에는 수의계약의 방법으로 할 수 있다.

28 「지방공기업법」에 따라 설립된 지방공사가 시행자인 경우 토지소유자의 동의 없이 도시개발사업에 필요한 토지 등을 수용하거나 사용할 수 있다.

29 시행자(지정권자가 시행자인 경우는 제외한다)는 선수금을 미리 받으려면 지정권자의 승인을 받아야 한다.

30 공급될 수 있는 원형지의 면적은 도시개발구역 전체 토지면적의 3분의 1 이내로 한정한다.

31 시행자가 토지상환채권을 발행할 경우, 그 발행규모는 토지상환채권으로 상환할 토지·건축물이 해당 도시개발사업으로 조성되는 분양토지 또는 분양건축물 면적의 2분의 1을 초과하지 않아야 한다.

32 환지대상에서 제외한 토지 등에 대하여는 청산금을 교부하는 때에 청산금을 결정할 수 있다.

33 시행자는 토지면적의 규모를 조정할 특별한 필요가 있으면 면적이 작은 토지는 과소(過小)토지가 되지 않도록 면적을 늘려 환지를 정하거나 환지대상에서 제외할 수 있고, 면적이 넓은 토지는 그 면적을 줄여서 환지를 정할 수 있다.

34 행정청이 아닌 시행자가 환지계획을 작성한 경우에는 특별자치도지사·시장·군수 또는 구청장의 인가를 받아야 한다.

35 환지방식에 의한 도시개발사업의 시행자는 지정권자에 의한 준공검사를 받은 경우(지정권자가 시행자인 경우에는 공사완료 공고가 있는 때)에는 60일 이내에 환지처분을 해야 한다.

36 도시개발사업의 시행자는 환지방식이 적용되는 도시개발구역에 있는 조성토지 등의 가격을 평가할 때에는 토지평가협의회의 심의를 거쳐 결정하되, 그에 앞서 대통령령으로 정하는 공인평가기관(감정평가법인 등)이 평가하게 해야 한다.

37 환지예정지가 지정되면 종전의 토지의 소유자와 임차권자 등은 환지예정지 지정의 효력발생일부터 환지처분이 공고되는 날까지 환지예정지나 해당 부분에 대하여 종전과 같은 내용의 권리를 행사할 수 있으며, 종전의 토지는 사용하거나 수익할 수 없다.

38 도시개발사업의 시행으로 행사할 이익이 없어진 지역권은 환지처분이 공고된 날이 끝나는 때에 소멸한다.

39 환지계획에서 정하여진 환지는 그 환지처분이 공고된 날의 다음 날부터 종전의 토지로 보며, 환지계획에서 환지를 정하지 않은 종전의 토지에 있던 권리는 그 환지처분이 공고된 날이 끝나는 때에 소멸한다.

40 시·도지사는 도시개발채권을 발행하려는 경우 채권의 발행총액 등에 대하여 행정안전부장관의 승인을 받아야 한다.

41 시·도지사는 도시개발사업 또는 도시·군계획시설사업에 필요한 자금을 조달하기 위하여 도시개발채권을 발행할 수 있다.

42 도시개발채권의 상환은 5년부터 10년까지의 범위에서 지방자치단체의 조례로 정한다.

43 도시개발채권의 소멸시효는 상환일부터 기산하여 원금은 5년, 이자는 2년으로 한다.

제3편 도시 및 주거환경정비법

01 재건축사업의 경우 토지등소유자란 정비구역에 위치한 건축물 및 그 부속토지의 소유자를 말한다.

02 '정비기반시설'이란 도로·상하수도·구거(溝渠: 도랑)·공원·공용주차장·공동구, 그 밖에 주민의 생활에 필요한 열·가스 등의 공급시설 및 녹지, 하천, 공공공지, 광장 등의 시설을 말한다.

03 '주거환경개선사업'이란 도시저소득 주민이 집단거주하는 지역으로서 정비기반시설이 극히 열악하고 노후·불량건축물이 과도하게 밀집한 지역의 주거환경을 개선하거나 단독주택 및 다세대주택이 밀집한 지역에서 정비기반시설과 공동이용시설의 확충을 통하여 주거환경을 보전·정비·개량하기 위한 사업을 말한다.

04 공동이용시설이란 주민이 공동으로 사용하는 놀이터·마을회관·공동작업장, 그 밖에 구판장·세탁장· 화장실 및 수도, 탁아소·어린이집·경로당 등 노유자시설 등을 말한다.

05 재개발사업이란 정비기반시설이 열악하고 노후·불량건축물이 밀집한 지역에서 주거환경을 개선하거나 상업지역·공업지역 등에서 도시기능의 회복 및 상권활성화 등을 위하여 도시환경을 개선하기 위한 사업을 말한다.

06 정비구역에서 이동이 쉽지 않은 물건을 1개월 이상 쌓아두기 위해서는 시장·군수 등의 허가를 받아야 한다.

07 특별시장·광역시장·특별자치시장·특별자치도지사 또는 시장은 기본계획에 대하여 5년마다 타당성 여부를 검토하여 그 결과를 기본계획에 반영해야 한다.

08 재건축사업에서 오피스텔을 건설하여 공급하는 경우에는 「국토의 계획 및 이용에 관한 법률」에 따른 준주거지역 및 상업지역에서만 건설할 수 있다.

09 토지등소유자가 20인 미만인 경우 토지등소유자는 조합을 설립하지 않고 재개발사업을 시행할 수 있다.

10 사업시행자가 정비구역에서 인가받은 관리처분계획에 따라 주택 및 부대시설·복리시설을 건설하여 공급하는 방법은 주거환경개선사업의 시행방법이다.

11 조합이 정관을 변경하려는 경우 총회를 개최하여 조합원 3분의 2 이상의 찬성을 받아야 하는 사항은 조합원의 자격, 조합원의 제명·탈퇴 및 교체, 정비구역의 위치 및 면적, 조합의 비용부담 및 조합의 회계, 정비사업비의 부담시기 및 절차, 시공자·설계자의 선정 및 계약서에 포함될 내용이다.

12 조합임원이 결격사유에 해당하게 되어 당연퇴임한 경우 그가 퇴임 전에 관여한 행위는 그 효력을 잃지 않는다.

13 조합장이 아닌 조합임원은 대의원이 될 수 없다.

14 재개발사업의 추진위원회가 조합을 설립하려면 토지등소유자의 4분의 3 이상 및 토지면적의 2분의 1 이상의 토지소유자의 동의를 받아야 한다.

15 재건축사업의 추진위원회가 조합을 설립하려는 경우 주택단지가 아닌 지역의 토지 또는 건축물 소유자의 4분의 3 이상 및 토지면적의 3분의 2 이상의 토지소유자의 동의를 받아야 한다.

16 조합장 또는 이사가 자기를 위하여 조합과 계약이나 소송을 할 때에는 감사가 조합을 대표한다.

17 조합은 조합설립인가를 받은 날부터 30일 이내에 주된 사무소의 소재지에서 대통령령으로 정하는 사항을 등기하는 때에 성립한다.

18 조합임원은 같은 목적의 정비사업을 하는 다른 조합의 임원 또는 직원을 겸할 수 없다.

19 조합원의 수가 100명 이상인 조합은 대의원회를 두어야 한다.

20 분양신청을 하지 않은 토지등소유자가 있는 경우 사업시행자는 관리처분계획이 인가·고시된 다음 날부터 90일 이내에 그 자와 토지, 건축물 또는 그 밖의 권리의 손실보상에 관한 협의를 해야 한다.

21 분양신청기간은 통지한 날부터 30일 이상 60일 이내로 해야 한다. 다만, 사업시행자는 관리처분계획의 수립에 지장이 없다고 판단하는 경우에는 분양신청기간을 20일의 범위에서 한 차례만 연장할 수 있다.

22 같은 세대에 속하지 않는 2명 이상이 1주택 또는 1토지를 공유한 경우에는 1주택만 공급한다.

23 조합이 재개발임대주택의 인수를 요청하는 경우 시·도지사 또는 시장, 군수, 구청장이 우선하여 인수해야 한다.

24 사업시행자는 정비사업의 시행으로 건설된 건축물을 인가된 관리처분계획에 따라 토지등소유자에게 공급해야 한다.

25 재개발사업은 정비구역의 토지등소유자(지상권자를 제외한다)에게 분양해야 한다.

26 분양설계에 관한 계획은 분양신청기간이 만료하는 날을 기준으로 하여 수립한다.

27 준공인가에 따른 정비구역의 해제는 조합의 존속에 영향을 주지 않는다.

28 청산금을 지급(분할지급을 포함한다)받을 권리 또는 이를 징수할 권리는 이전고시일의 다음 날부터 5년간 행사하지 않으면 소멸한다.

제4편 건축법

01 '건축물'이란 토지에 정착하는 공작물 중 지붕과 기둥 또는 벽이 있는 것과 이에 딸린 시설물, 지하나 고가의 공작물에 설치하는 사무소·공연장·점포·차고·창고, 그 밖에 대통령령으로 정하는 것을 말한다.

02 '주요구조부'란 내력벽, 기둥, 바닥, 보, 지붕틀 및 주계단을 말한다. 다만, 사이 기둥, 최하층 바닥, 작은 보, 차양, 옥외 계단, 그 밖에 이와 유사한 것으로 건축물의 구조상 중요하지 않은 부분은 제외한다.

03 높이 4m를 넘는 장식탑은 신고해야 하는 공작물에 해당한다.

04 보를 증설 또는 해체하거나 세 개 이상 수선 또는 변경하는 것은 대수선에 해당한다.

05 '고층건축물'이란 층수가 30층 이상이거나 높이가 120m 이상인 건축물을 말한다.

06 '이전'이란 건축물의 주요구조부를 해체하지 않고 같은 대지의 다른 위치로 옮기는 것을 말한다.

07 허가나 신고대상인 경우로서 용도변경하려는 부분의 합계가 100m² 이상인 경우에는 사용승인을 받아야 한다.

08 기둥과 기둥 사이의 거리가 20m인 건축물은 특수구조 건축물로서 건축물 내진등급의 설정에 관한 규정을 강화하여 적용할 수 있다.

09 허가권자는 초고층 건축물에 대하여 건축허가를 하기 전에 건축물 안전영향평가를 실시해야 한다.

10 안전영향평가 결과는 건축위원회의 심의를 거쳐 확정한다.

11 국토교통부장관은 국토관리를 위하여 특히 필요하다고 인정하거나 주무부장관이 국방, 국가유산의 보존, 환경보전 또는 국민경제를 위하여 특히 필요하다고 인정하여 요청하면 허가권자의 건축허가나 허가를 받은 건축물의 착공을 제한할 수 있다.

12 건축허가를 제한하는 경우 건축허가 제한기간은 2년 이내로 하며, 1회에 한하여 1년 이내의 범위에서 제한기간을 연장할 수 있다.

13 특별시장·광역시장·도지사는 지역계획이나 도시·군계획에 특히 필요하다고 인정하면 시장·군수·구청장의 건축허가나 허가를 받은 건축물의 착공을 제한할 수 있다.

14 연면적이 200m² 미만이고 3층 미만인 건축물을 대수선하려는 경우에는 미리 특별자치시장·특별자치도지사 또는 시장·군수·구청장에게 신고를 하면 건축허가를 받은 것으로 본다.

15 건축주·설계자·공사시공자 또는 공사감리자를 변경하는 경우에는 신고해야 한다.

16 건축신고를 한 자가 신고일부터 1년 이내에 공사에 착수하지 않으면 그 신고의 효력은 없어진다.

17 신고해야 하는 가설건축물의 존치기간은 3년 이내로 한다.

18 사전결정신청자는 사전결정을 통지받은 날부터 2년 이내에 건축허가를 신청해야 하며, 이 기간에 건축허가를 신청하지 않으면 사전결정의 효력이 상실된다.

19 층수가 21층 이상이거나 연면적의 합계가 10만m² 이상인 건축물(연면적의 10분의 3 이상을 증축하여 층수가 21층 이상으로 되거나 연면적의 합계가 10만m² 이상으로 되는 경우를 포함한다)을 특별시나 광역시에 건축하려면 특별시장이나 광역시장의 허가를 받아야 한다. 다만, 공장, 창고 등은 제외한다.

20 연면적의 합계가 1,500m² 미만인 물류시설(주거지역 또는 상업지역에 건축하는 것은 제외한다)은 조경 등의 조치를 하지 않을 수 있다.

21 공개공지는 필로티의 구조로 설치할 수 있다.

22 소요너비에 못 미치는 너비의 도로인 경우에는 그 중심선으로부터 그 소요너비의 2분의 1의 수평거리만큼 물러난 선을 건축선으로 하되, 그 도로의 반대쪽에 하천이 있는 경우에는 그 하천이 있는 쪽의 도로경계선에서 소요너비에 해당하는 수평거리의 선을 건축선으로 하며, 그 건축선과 도로 사이의 대지면적은 건축물의 대지면적산정시 제외한다.

23 연면적의 합계가 2천m²(공장인 경우에는 3천m²) 이상인 건축물(축사, 작물 재배사, 그 밖에 이와 비슷한 건축물로서 건축조례로 정하는 규모의 건축물은 제외한다)의 대지는 너비 6m 이상의 도로에 4m 이상 접해야 한다.

24 공개공지 등의 면적은 대지면적의 100분의 10 이하의 범위에서 건축조례로 정한다.

25 건축물에 공개공지 등을 설치하는 경우에는 해당 지역에 적용하는 용적률의 1.2배 이하의 범위에서 대지면적에 대한 공개공지 등 면적비율에 따라 용적률을 완화하여 적용할 수 있다.

26 건축물이 있는 대지는 주거지역은 60m², 상업지역은 150m², 공업지역은 150m², 녹지지역은 200m², 이외의 지역은 60m² 이상의 범위에서 해당 지방자치단체의 조례로 정하는 면적에 못 미치게 분할할 수 없다.

27 처마높이가 9m 이상인 건축물은 구조안전 확인서류의 제출이 필요한 건축물이다.

28 공동주택으로서 지상층에 설치한 기계실, 전기실, 어린이놀이터, 조경시설 및 생활폐기물 보관시설의 면적은 바닥면적에 산입하지 않는다.

29 지하층의 면적은 용적률을 산정할 때에는 연면적에서 제외한다.

30 건축물이 부분에 따라 그 층수가 다른 경우에는 그중 가장 많은 층수를 그 건축물의 층수로 본다.

31 필로티나 그 밖에 이와 비슷한 구조의 부분은 그 부분이 공중의 통행이나 차량의 통행 또는 주차에 전용되는 경우와 공동주택의 경우에는 바닥면적에 산입하지 않는다.

32 하나의 건축물이 방화지구와 그 밖의 구역에 걸치는 경우에는 그 전부에 대하여 방화지구 안의 건축물에 관한 「건축법」의 규정을 적용한다. 다만, 건축물의 방화지구에 속한 부분과 그 밖의 구역에 속한 부분의 경계가 방화벽으로 구획되는 경우 그 밖의 구역에 있는 부분에 대하여는 그러하지 않다.

33 공동주택(일반상업지역과 중심상업지역에 건축하는 것은 제외한다)은 채광 등의 확보를 위하여 대통령령으로 정하는 높이 이하로 해야 한다.

34 건폐율은 대지면적에 대한 건축면적(대지에 건축물이 둘 이상 있는 경우에는 이들 건축면적의 합계로 한다)의 비율이다.

35 특별건축구역에서는 「주차장법」에 따른 부설주차장의 설치에 관한 규정은 개별 건축물마다 적용하지 않고 특별건축구역 전부 또는 일부를 대상으로 통합하여 적용할 수 있다.

36 특별건축구역을 지정하거나 변경한 경우에는 「국토의 계획 및 이용에 관한 법률」에 따른 도시·군관리계획의 결정이 있는 것으로 본다. 다만, 용도지역·지구·구역의 지정 및 변경은 제외한다.

37 토지 또는 건축물의 소유자, 지상권자는 전원의 합의로 건축물의 건축·대수선 또는 리모델링에 관한 건축협정을 체결할 수 있다.

38 협정체결자는 건축협정을 폐지하려는 경우에는 협정체결자 과반수의 동의를 받아 국토교통부령으로 정하는 바에 따라 건축협정인가권자의 인가를 받아야 한다.

제5편 주택법

01 기간시설(基幹施設)이란 도로·상하수도·전기시설·가스시설·통신시설·지역난방시설 등을 말한다.

02 '도시형 생활주택'이란 300세대 미만의 국민주택규모에 해당하는 주택으로서 「국토의 계획 및 이용에 관한 법률」에 따른 도시지역에 건설하는 소형 주택, 단지형 연립주택 및 단지형 다세대주택을 말한다.

03 주택도시기금으로부터 자금을 지원받아 건설되는 1세대당 주거전용면적 84m²인 주택은 국민주택에 해당한다.

04 '단독주택'이란 단독주택, 다중주택 및 다가구주택을 말한다.

05 '공동주택'이란 아파트, 연립주택 및 다세대주택을 말한다.

06 '주택'이란 세대의 구성원이 장기간 독립된 주거생활을 할 수 있는 구조로 된 건축물의 전부 또는 일부 및 그 부속토지를 말한다.

07 어린이놀이터, 근린생활시설, 유치원, 주민운동시설은 복리시설에 해당하고, 지역난방공급시설은 기간시설에 해당한다.

08 '민영주택'이란 국민주택을 제외한 주택을 말한다.

09 폭 20m 이상의 일반도로로 분리된 토지는 각각 별개의 주택단지로 본다.

10 '공구'란 하나의 주택단지에서 둘 이상으로 구분되는 일단의 구역으로서 공구별 세대수는 300세대 이상으로 해야 한다.

11 세대구분형 공동주택은 그 구분된 공간의 일부를 구분소유할 수 없는 주택이다.

12 한국토지주택공사, 「공익법인의 설립·운영에 관한 법률」에 따라 주택건설사업을 목적으로 설립된 공익법인 등은 연간 1만m² 이상의 대지조성사업을 시행하려는 경우 국토교통부장관에게 등록하지 않는다.

13 주택조합(세대수를 증가하지 않는 리모델링주택조합은 제외한다)이 그 구성원의 주택을 건설하는 경우에는 대통령령으로 정하는 바에 따라 등록사업자(지방자치단체·한국토지주택공사 및 지방공사를 포함한다)와 공동으로 사업을 시행할 수 있다.

14 지역주택조합은 조합원의 탈퇴 등으로 조합원 수가 주택건설 예정 세대수의 50% 미만이 되는 경우 결원이 발생한 범위에서 충원할 수 있다.

15 조합원을 공개모집한 이후 조합원의 사망·자격상실·탈퇴 등으로 인한 결원을 충원하거나 미달된 조합원을 재모집하는 경우에는 신고하지 않고 선착순의 방법으로 조합원을 모집할 수 있다.

16 금고 이상의 실형을 받아 당연퇴직된 조합의 임원이 퇴직 전에 관여한 행위는 그 효력을 상실하지 않는다.

17 주택조합(리모델링주택조합은 제외한다)은 주택건설 예정 세대수의 50% 이상의 조합원으로 구성하되, 조합원은 20명 이상이어야 한다.

18 조합원으로 추가모집되거나 충원되는 자가 조합원 자격요건을 갖추었는지를 판단할 때에는 해당 조합설립인가 신청일을 기준으로 한다.

19 국민주택을 공급받기 위하여 직장주택조합을 설립하려는 자는 관할 시장·군수·구청장에게 신고해야 한다. 신고한 내용을 변경하거나 직장주택조합을 해산하려는 경우에도 또한 같다.

20 연간 단독주택의 경우에는 20호, 공동주택의 경우에는 20세대(도시형 생활주택의 경우에는 30세대) 이상의 주택건설사업을 시행하려는 자 또는 연간 1만m² 이상의 대지조성사업을 시행하려는 자는 국토교통부장관에게 등록해야 한다.

21 사업주체는 사업계획승인을 받은 날부터 5년 이내에 공사를 시작해야 한다.

22 한국토지주택공사, 지방공사 또는 등록사업자는 동일한 규모의 주택을 대량으로 건설하려는 경우에는 국토교통부장관에게 주택의 형별로 표본설계도서를 작성·제출하여 승인을 받을 수 있다.

23 주택건설사업을 시행하려는 자는 전체 세대수가 600세대 이상인 주택단지를 공구별로 분할하여 주택을 건설·공급할 수 있다.

24 사업계획승인의 조건으로 부과된 사항을 이행함에 따라 공사 착수가 지연되는 경우, 사업계획승인권자는 그 사유가 없어진 날부터 1년의 범위에서 공사의 착수기간을 연장할 수 있다.

25 사업계획승인을 받은 사업주체는 해당 주택건설대지 중 사용할 수 있는 권원을 확보하지 못한 대지(건축물을 포함한다)의 소유자에게 그 대지를 시가로 매도할 것을 청구할 수 있다. 이 경우 매도청구대상이 되는 대지의 소유자와 매도청구를 하기 전에 3개월 이상 협의를 해야 한다.

26 주택건설대지면적의 95% 이상의 사용권원을 확보한 경우 사용권원을 확보하지 못한 대지의 모든 소유자에게 매도청구를 할 수 있다.

27 리모델링의 허가를 신청하기 위한 동의율을 확보한 경우 리모델링 결의를 한 리모델링주택조합은 그 리모델링 결의에 찬성하지 않는 자의 주택 및 토지에 대하여 매도청구를 할 수 있다.

28 주택(복리시설을 포함한다)의 소유자들은 주택단지 전체 대지에 속하는 일부의 토지에 대한 소유권이전등기 말소소송 등에 따라 사용검사(동별 사용검사를 포함한다)를 받은 이후에 해당 토지의 소유권을 회복한 자(실소유자)에게 해당 토지를 시가(市價)로 매도할 것을 청구할 수 있다.

29 사용검사 후 매도청구를 하려는 경우에는 해당 토지의 면적이 주택단지 전체 대지면적의 5% 미만이어야 한다.

30 사용검사 후 매도청구의 의사표시는 실소유자가 해당 토지소유권을 회복한 날부터 2년 이내에 해당 실소유자에게 송달되어야 한다.

31 분양가상한제 적용주택의 분양가격은 택지비와 건축비로 구성(토지임대부 분양주택의 경우에는 건축비만 해당한다)된다.

32 투기과열지구지정직전월부터 소급하여 주택공급이 있었던 2개월 동안 해당 지역에서 공급되는 주택의 월별 평균 청약경쟁률이 모두 5대 1을 초과했거나 국민주택규모 주택의 월별 평균 청약경쟁률이 모두 10대 1을 초과한 곳은 투기과열지구의 지정기준이다.

33 투기과열지구지정직전월의 주택분양실적이 전달보다 30% 이상 감소한 곳으로서 주택공급이 위축될 우려가 있는 곳은 투기과열지구의 지정기준이다.

34 국토교통부장관은 공공택지 외의 택지에서 주택가격상승률이 물가상승률보다 현저히 높은 지역으로서 주택가격이 급등하거나 급등할 우려가 있는 지역 중 대통령령으로 정하는 기준을 충족하는 지역은 주거정책심의위원회 심의를 거쳐 분양가상한제 적용지역으로 지정할 수 있다.

35 국토교통부장관 또는 시·도지사는 주택가격의 안정을 위하여 필요한 경우에는 주거정책심의위원회(시·도지사의 경우에는 시·도 주거정책심의위원회를 말한다)의 심의를 거쳐 일정한 지역을 투기과열지구로 지정하거나 이를 해제할 수 있다.

36 국토교통부장관은 주거정책심의위원회의 심의를 거쳐 조정대상지역으로 지정할 수 있다.

37 국토교통부장관은 반기마다 주거정책심의위원회의 회의를 소집하여 투기과열지구로 지정된 지역별로 해당 지역의 주택가격안정여건의 변화 등을 고려하여 투기과열지구 지정의 유지 여부를 재검토해야 한다.

38 투기과열지구 내 기존 주택은 전매행위가 제한되지 않는다.

39 주택의 소유자가 국가·지방자치단체 및 금융기관에 대한 채무를 이행하지 못하여 경매 또는 공매가 시행되는 경우 한국토지주택공사의 동의를 받아야 전매를 할 수 있다.

40 공공주택사업자가 입주자를 모집하려는 경우에는 국토교통부령으로 정하는 바에 따라 시장·군수·구청장의 승인(복리시설의 경우에는 신고를 말한다)을 받지 않는다.

41 도시형 생활주택은 분양가상한제를 적용하지 않는다.

42 「관광진흥법」에 따라 지정된 관광특구에서 건설·공급하는 50층 이상이거나 높이가 150m 이상인 공동주택은 분양가상한제를 적용하지 않는다.

43 증축형 리모델링을 하려는 자는 시장·군수·구청장에게 안전진단을 요청해야 한다.

44 리모델링이란 건축물의 노후화 억제 또는 기능 향상 등을 위한 대수선 또는 증축하는 행위를 말한다.

45 주택단지 전체를 리모델링하기 위하여 리모델링주택조합을 설립하려는 경우 주택단지 전체의 구분소유자와 의결권의 각 3분의 2 이상의 결의 및 각 동의 구분소유자와 의결권의 각 과반수의 결의를 증명하는 서류를 첨부하여 관할 시장·군수·구청장에게 제출해야 한다.

46 공동주택을 리모델링하려는 경우에는 시장·군수·구청장의 허가를 받아야 한다.

47 토지임대부 분양주택의 토지에 대한 임대차기간은 40년 이내로 한다. 이 경우 토지임대부 분양주택 소유자의 75% 이상이 계약갱신을 청구하는 경우 40년의 범위에서 이를 갱신할 수 있다.

48 주택상환사채를 발행하려는 자는 주택상환사채발행계획을 수립하여 국토교통부장관의 승인을 받아야 한다.

49 주택상환사채는 기명증권(記名證券)으로 한다.

50 등록사업자의 등록이 말소된 경우에도 등록사업자가 발행한 주택상환사채의 효력에는 영향을 미치지 않는다.

제6편 농지법

01 농업경영을 통한 농산물의 연간 판매액이 120만원 이상인 자는 농업에 종사하는 개인으로서 농업인에 해당한다.

02 전·답, 과수원, 그 밖에 법적 지목을 불문하고 실제로 농작물 경작지 또는 다년생식물 재배지로 이용되는 토지는 농지에 해당한다.

03 주말·체험영농을 하려고 농업진흥지역 외의 농지를 소유하는 경우에는 자기의 농업경영에 이용하거나 이용할 자가 아니어도 농지를 소유할 수 있다.

04 주말·체험영농을 하려고 농업진흥지역 외의 농지를 소유하는 경우에는 농지취득자격증명을 발급받아야 한다.

05 3개월 이상 국외여행 중인 농지의 소유자와 농업인이 자기 노동력이 부족하여 농작업의 일부를 위탁하는 경우에는 소유농지를 위탁경영할 수 있다.

06 시장·군수 또는 구청장은 처분명령을 받은 후 정당한 사유 없이 지정기간까지 그 처분명령을 이행하지 않은 자에게 해당 농지의 감정가격 또는 개별공시지가 중 더 높은 가액의 100분의 25에 해당하는 이행강제금을 부과한다.

07 농지처분의무기간은 처분사유가 발생한 날부터 1년 이내이다.

08 대리경작기간은 따로 정하지 않으면 3년으로 한다.

09 농지의 임차인이 농작물의 재배시설로서 고정식온실 또는 비닐하우스를 설치한 농지의 임대차기간은 5년 이상으로 해야 한다.

10 60세 이상 농업인은 자신이 거주하는 시·군에 있는 소유농지 중에서 자기의 농업경영에 이용한 기간이 5년이 넘은 농지를 임대할 수 있다.

11 농지의 임대차계약은 그 등기가 없는 경우에도 임차인이 농지소재지를 관할하는 시·구·읍·면의 장의 확인을 받고, 해당 농지를 인도받은 경우에는 그 다음 날부터 제3자에 대하여 효력이 생긴다.

12 농업진흥지역의 지정은 녹지지역·관리지역·농림지역 및 자연환경보전지역을 대상으로 한다. 다만, 특별시의 녹지지역은 제외한다.

13 「산지관리법」에 따른 산지전용허가를 받지 않거나 산지전용신고를 하지 않고 불법으로 개간한 농지를 산림으로 복구하는 경우는 농지전용허가대상이 아니다.

14 농지를 어린이놀이터·마을회관 등 농업인의 공동생활 편의시설의 부지로 전용하려는 자는 시장·군수 또는 자치구구청장에게 농지전용신고를 해야 한다.

15 농지의 타용도 일시사용허가를 받은 자는 농지보전부담금의 납부대상이 아니다.

16 농지대장은 모든 농지에 대해 필지별로 작성한다.

Memo

해커스 공인중개사

공인중개사 1위 해커스
한경비즈니스 2024 한국브랜드만족지수 교육(온·오프라인 공인중개사 학원) 1위

시간이 없을수록, 기초가 부족할수록, 결국 강사력

강의만족도 96.4%
최정상급 스타교수진

[96.4%] 해커스 공인중개사 2023 수강생 온라인 설문결과(해당 항목 응답자 중 만족의견 표시 비율)

다른 학원에 비해 교수님들의 **강의실력이 월등히 높다**는 생각에 해커스에서 공부를 하게 되었습니다.

-해커스 합격생 김정헌 님-

해커스의 가장 큰 장점은 최고의 교수진이 아닌가 생각합니다. 어디를 내놔도 최고의 **막강한 교수진**이라고 생각합니다.

-해커스 합격생 조용우 님-

해커스 교수님들의 강의력은 타 어떤 학원에 비해 정말 **최고**라고 단언할 수 있습니다.

-해커스 합격생 홍진한 님-

잘 가르치는 정도가 아니라 어떤 교수님이라도 너무 열심히, 너무 열성적으로 가르쳐주시는데 대해서 정말 감사히 생각합니다.

-해커스 합격생 정용진 님-

해커스 공인중개사 교수진이 정말 **최고입니다.** 그래서 합격했고요.

-해커스 합격생 한주석 님-

해커스처럼 이렇게 열심히 의욕적으로 가르쳐주시는 교수님들 타학원에는 **없다고 확신**합니다.

-해커스 합격생 노준영 님-

해커스 공인중개사

공인중개사 1위 해커스
한경비즈니스 2024 한국브랜드만족지수 교육(온·오프라인 공인중개사 학원) 1위

무료가입만 해도
6가지 특별혜택 제공!

전과목 강의 0원

스타교수진 최신강의
100% 무료수강
* 7일간 제공

합격에 꼭 필요한 교재 무료배포

최종합격에 꼭 필요한
다양한 무료배포 이벤트
* 비매품

기출문제 해설특강

시험 전 반드시 봐야 할
기출문제 해설강의 무료

전국모의고사 서비스 제공

실전모의고사 9회분
+해설강의까지 제공

막판 점수 UP! 파이널 학습자료

시험 직전 핵심자료 &
반드시 풀어야 할 600제 무료
* 비매품   * 이벤트 신청 시

개정법령 업데이트 서비스

계속되는 법령 개정도
끝까지 책임지는 해커스!

공인중개사 1위 해커스
지금 무료가입하고 이 모든 혜택 받기

저자 약력

한종민 교수
서울시립대학교 법학과 졸업 및 동대학원 수료

현 | 해커스 공인중개사학원 부동산공법 대표강사
　　해커스 공인중개사 부동산공법 동영상강의 대표강사
전 | EBS 명품직업 공인중개사 부동산공법 전임강사

저서 | 부동산공법(기본서), 해커스패스, 2021~2025
　　　부동산공법(체계도), 해커스패스, 2021~2025
　　　부동산공법(한손노트), 해커스패스, 2023~2025
　　　부동산공법(핵심요약집), 해커스패스, 2024~2025
　　　부동산공법(출제예상문제집), 해커스패스, 2021~2024
　　　공인중개사 2차(기초입문서), 해커스패스, 2021~2025
　　　공인중개사 2차(핵심요약집), 해커스패스, 2021~2023
　　　공인중개사 2차(단원별 기출문제집), 해커스패스, 2021~2024
　　　공인중개사 2차(회차별 기출문제집), 해커스패스, 2022~2024
　　　공인중개사 2차(실전모의고사), 해커스패스, 2024

해커스 공인중개사 단원별 기출문제집
2차 부동산공법

초판 1쇄 발행	2025년 2월 7일
지은이	한종민, 해커스 공인중개사시험 연구소 공편저
펴낸곳	해커스패스
펴낸이	해커스 공인중개사 출판팀
주소	서울시 강남구 강남대로 428 해커스 공인중개사
고객센터	1588-2332
교재 관련 문의	land@pass.com
	해커스 공인중개사 사이트(land.Hackers.com) 1:1 무료상담
	카카오톡 플러스 친구 [해커스 공인중개사]
학원 강의 및 동영상강의	land.Hackers.com
ISBN	979-11-7244-799-1 (13360)
Serial Number	01-01-01

저작권자 ⓒ 2025, 한종민
이 책의 모든 내용, 이미지, 디자인, 편집 형태는 저작권법에 의해 보호받고 있습니다.
서면에 의한 저자와 출판사의 허락 없이 내용의 일부 혹은 전부를 인용, 발췌하거나, 복제 배포할 수 없습니다.

공인중개사 시험 전문,
해커스 공인중개사 land.Hackers.com

해커스 공인중개사

- 해커스 공인중개사학원 및 동영상강의
- 해커스 공인중개사 온라인 전국 실전모의고사
- 해커스 공인중개사 무료 학습자료 및 필수 합격정보 제공

해커스 공인중개사

공인중개사 1위 해커스
한경비즈니스 2024 한국브랜드만족지수 교육(온·오프라인 공인중개사 학원) 1위

해커스 공인중개사
100% 환급 평생수강반

합격 시 수강료 100% 환급!

*교재비, 제세공과금 22% 본인 부담 *이용 안내 필수 확인 *2026년까지 합격 시 환급

합격할 때까지 평생
무제한 수강

* 응시확인서 제출 시

전과목 최신교재
20권 제공

200만원 상당
최신 유료특강 제공

200만원 상당
유료특강

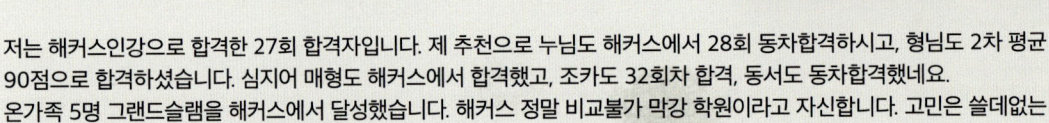

동생 누나 형 남편 아들

온가족 5명 해커스로 줄줄이 합격!

저는 해커스인강으로 합격한 27회 합격자입니다. 제 추천으로 누님도 해커스에서 28회 동차합격하시고, 형님도 2차 평균 90점으로 합격하셨습니다. 심지어 매형도 해커스에서 합격했고, 조카도 32회차 합격, 동서도 동차합격했네요. 온가족 5명 그랜드슬램을 해커스에서 달성했습니다. 해커스 정말 비교불가 막강 학원이라고 자신합니다. 고민은 쓸데없는 시간이고 빠른 결정이 합격의 지름길입니다.

해커스 합격생 정*진 님 후기

지금 등록 시
최대할인 쿠폰지급

지금 바로
수강신청 ▶

* 상품 구성 및 혜택은 추후 변동 가능성이 있습니다. 상품에 대한 자세한 정보는 이벤트페이지에서 확인하실 수 있습니다. * 상품페이지 내 유의사항 필수 확인

1588-2332

land.Hackers.com